Dietmar Friedmann, Klaus Fritz

Denken. Fühlen. Handeln.

Mit psychographischer
Menschenkenntnis
besser arbeiten und leben

Rosenberger
Fachverlag

Bibliografische Information der Deutschen Nationalbibliothek

Die Deutsche Nationalbibliothek verzeichnet diese Publikation in der Deutschen Nationalbibliografie; detaillierte bibliografische Daten sind im Internet unter http://dnb.d-nb.de abrufbar.

Neuausgabe

Früher u. d. T.: Denken, Fühlen, Handeln
im Deutschen Taschenbuch Verlag

www.rosenberger-fachverlag.de

Umschlaggestaltung: Eva Rosenberger, Stuttgart
unter Verwendung einer Illustration von © André Schirmer
Lektorat: Rosenberger Mediendienste, Leonberg
Druckvorstufe: UM-Satz- & Werbestudio Ulrike Messer, Weissach
Druck: AALEXX Buchproduktion, Großburgwedel
Printed in Germany
ISBN 978-3-931085-72-8

INHALT

PSYCHOGRAPHIE – WAS IST DAS?

Psychographie ist prozessorientierte Menschenkenntnis. Übereinstimmend mit vielen anderen Modellen beschreibt sie die Eigenschaften unterschiedlicher Persönlichkeitstypen, gleichzeitig aber auch die inneren Prozesse, die bis zur Festlegung des Typs stattfinden. Die Bezeichnung Psychographie habe ich gebildet aus den Begriffen Psychologie und Geographie – denn es geht um die Erforschung und Kartographie der Persönlichkeiten. 1990 schrieb ich: »Wenn man anfängt, diagnostisch zu arbeiten, macht man zwei interessante Entdeckungen. Die eine ist die, dass Menschen noch viel unterschiedlicher sind, als man bisher angenommen hat. Dazu gehört auch die Erkenntnis, dass diese Unterschiede gut sind – dass sie keineswegs angeglichen und eingeebnet werden sollten. Die zweite Entdeckung ist, dass Menschen erstaunlich ähnlich sein können.«

Die Idee zu diesem Buch stammt von einem meiner Mitarbeiter, Klaus Fritz, der es »fantastisch und toll« fände, wenn ich für einen neuen Typ von Leser schriebe, der aus der Praxis kommt, viel Lebenserfahrung mitbringt und nicht nur daran interessiert ist, sein Wissen zu konkretisieren, sondern auch ganz neue Qualitäten der Selbstverwirklichung erleben möchte. »Wer bin ich? Und mit wem habe ich es zu tun?« Diese Fragen haben für sie einen hohen Stellenwert.

»Das revolutionär Neue an der Psychographie«, so meinte Klaus Fritz weiter, »ist nicht nur die verblüffende Exaktheit der Typbeschreibung« (damit würde sie sich von der bisherigen Charakterkunde nicht grundsätzlich unterscheiden), »sondern die Tatsache, dass sie bisher unbekannte Wege zur persönlichen Weiterentwicklung aufzeigt.« Er schlug mir vor: »Das Buch sollte ein griffiger und gut umsetzbarer Ratgeber für den alltäglichen Gebrauch werden.« – Geschrieben haben wir es dann gemeinsam.

»Fantastisch, toll, revolutionär!« – Ist Ihnen die überschwängliche Ausdrucksweise aufgefallen? Mich überrascht sie nicht, denn ich weiß: So spricht der *Beziehungstyp.* Dieser Begriff sagt Ihnen noch wenig, aber sicher kennen Sie in Ihrer Familie und in Ihrem Freundeskreis Menschen, die besonders gefühlvoll und spontan sind. Sie könnten – von der Persönlichkeitsstruktur her – ein *Beziehungstyp* sein.

Wenn Ihnen so ein liebenswerter Mensch voll Begeisterung sagt: »Du siehst ja super aus!«, oder vielleicht auch mal mit trüber Miene meint: »Mir geht's ganz entsetzlich schlecht!«, dann werden Sie davon gleich die Hälfte abziehen, denn Sie wissen, dass das immer noch reicht, um die Situation realistisch wiederzugeben.

Der Umgang mit Menschen ist ein sensibles Thema, und wohl nichts braucht so viel von unserer Energie, Mühe und Geduld wie eine stimmige Beziehung, eine Freundschaft, eine Partnerschaft oder eine kollegiale Teamarbeit. Und ein großer Teil unserer Lebenserfahrungen wird bestimmt durch fortwährende Variationen zu dem Thema, dass Menschen sich uns gegenüber anders verhalten, als wir es von ihnen erwarten.

Wer kennt nicht die beglückenden Erfahrungen, einen Menschen, den wir lieben, in seiner Eigenart zu entdecken. Oder die schmerzlichen Erfahrungen, wenn man sich in konflikthaften Situationen missverstanden fühlt und den Eindruck hat, sich dem anderen nicht verständlich machen zu können. Vielleicht hat man es gut gemeint oder man wollte eine scherzhafte Bemerkung machen, und der andere reagiert darauf tief gekränkt.

Aus den immer wieder neuen, oft bitteren Erlebnissen, die uns zeigen, dass andere anders sind und anders erleben als wir, entsteht aber solange keine praktikable Menschenkenntnis, bis wir wissen, inwiefern der andere anders oder worin er uns eben ähnlich ist. Damit wir aus Erfahrungen lernen, brauchen wir ein genaues Wissen, das sie uns verstehbar macht. Und wir brauchen dieses Wissen besonders dann, wenn es darum geht, mit

Menschen beruflich oder privat umzugehen. Wir brauchen es, um sie zu verstehen, sie zu erreichen und überzeugen zu können. Kompetenz im Umgang mit Menschen heißt, dass wir die Wesensart des anderen – auch wenn sie uns wesensfremd ist – bewusst in unser Denken und Handeln einbeziehen.

Dieses Wissen macht uns auch klar, dass wir den anderen in seiner Andersartigkeit gar nicht wirklich verstehen können – ihn aber auch nicht zu verstehen brauchen. Das ist ungeheuer erleichternd. Wir können ihn (im positivsten Sinne) loslassen, ihn machen lassen, denn er hat ja seine Lebenserfahrung und Ziele und ein unbewusstes Wissen, das ihn leitet. Er braucht unsere (oft besserwisserischen) Ratschläge gar nicht so dringend, wie wir das bisher immer angenommen haben.

Wer andere Menschen überzeugen, anerkennen und motivieren möchte, darf nicht einfach von sich auf andere schließen. Er muss vor allem das andere, das fremde Wertesystem kennen. Denn unsere Wertesysteme sind die geheimen Quellen unserer Motivation und unserer Zielsetzungen. Wenn wir sie kennen, erscheint manches von dem, was uns bei anderen bisher merkwürdig, vielleicht sogar störend vorkam, plötzlich klar und verständlich.

Das Modell der Psychographie geht von folgenden Beobachtungen aus: Jeder Mensch hat sich von Kindheit an entweder auf die Bereiche des Fühlens, des Denkens oder des Handelns spezialisiert. Einen dieser drei Bereiche (Beziehungsgefühl beim *Beziehungstyp,* Verstand beim *Sachtyp* oder Willenskraft beim *Handlungstyp*) hat jeder unbewusst zu seinem ganz persönlichen, dominanten Lebenskonzept gemacht.

Manche Teilnehmer in unseren Seminaren zeigen sich durch diese Typisierung persönlich betroffen, ja reagieren fast beleidigt und äußern, dass sie sich selbst als so ausgewogen empfinden, dass ihnen die Psychographie wie eine etikettenhafte Reduzierung ihrer Persönlichkeit vorkomme, und sie der Überzeugung seien, ebenso viel Gefühl wie Verstand und Willenskraft zu besitzen. Sie würden sich lieber als Mischtyp bezeichnen.

Grundsätzlich gilt wohl: Wenn man die Begriffe Gefühl, Verstand und Willenskraft nicht zu eng fasst, kann man darin jede Form menschlichen Lebens und Erlebens wiederfinden, gleichgültig, ob es sich um romantische Gefühle, wissenschaftliches Forschen oder praktische Tätigkeiten handelt – und so gesehen sind wir selbstverständlich alle Mischtypen!

Der *Beziehungstyp* ist nicht nur ein Gefühlsmensch, hat nicht mehr Gefühl, sondern eine anders gefärbte Gefühlswelt als der *Handlungstyp* oder der *Sachtyp*. Typisch für ihn ist, dass er spontan von seinem Beziehungsgefühl ausgeht, während der *Sachtyp* erst einmal nachdenkt und der *Handlungstyp* sofort mit Handlungsimpulsen auf eine Situation reagiert.

Diese grundlegende Prägung der Persönlichkeit lässt sich nur aus der Selbsterfahrung heraus begreifen und zugleich bewahrheiten: Derjenige, der sich in seinem Erleben und seinen Lebensäußerungen als *Beziehungstyp, Sachtyp* oder *Handlungstyp* erkennt, indem er sich in der Typbeschreibung wiederfindet, bestätigt damit die Charakteristik der Psychographie.

Folgende drei Lebensbereiche bilden das Psychographie-Dreieck:

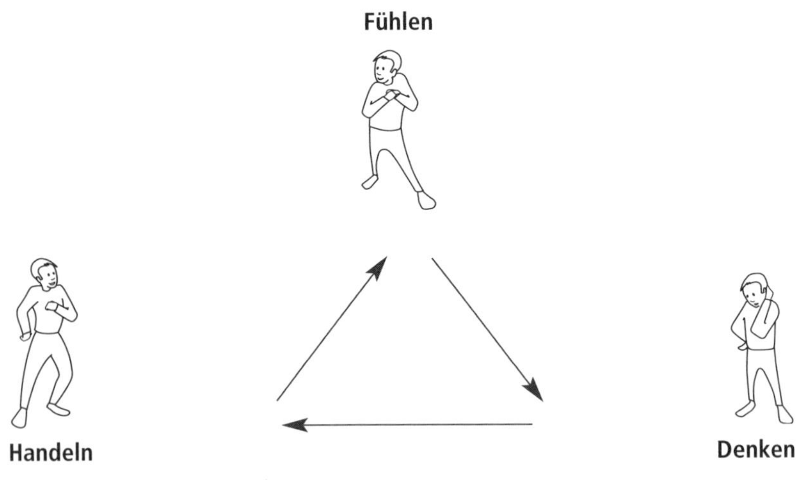

Wir können von der sich immer wieder bestätigenden Erfahrung ausgehen, dass der Mensch sich in einem dieser Bereiche besonders gut auskennt, sich vertraut und sicher fühlt und deshalb von diesem Ausgangspunkt aus alle Situationen meistern will. Doch das klappt nur, wenn dazu auch die Situation passt: Der gewinnende *Beziehungstyp* kann im persönlich vertrauten Umgang sein Talent nutzen, der rationale und denkakzentuierte *Sachtyp* bei der Lösung theoretischer Probleme und der kraftvolle *Handlungstyp* bei praktischen Aufgaben.

Wo aber die Situation und der Persönlichkeitstyp mit seinen speziellen Fähigkeiten nicht mehr übereinstimmen, sind alle drei – besonders in existenziellen Stresssituationen – überfordert: Ist klare Distanz, Sachlichkeit und Verstand am Platz, tut sich der *Beziehungstyp* schwer, bei praktischen Handlungen zeigt der *Sachtyp* Schwächen, und der *Handlungstyp* übergeht oft seine Gefühle und Bedürfnisse.

Das ändert sich allerdings mit der Entwicklung der Persönlichkeit. Dann werden aus Schwächen Stärken: Der *Beziehungstyp* fängt an konzentriert und klar zu denken, der *Sachtyp* weiß, was er will, und packt es an und der *Handlungstyp* wird einfühlend und lebt seine Bedürfnisse. Doch über einen langen Zeitraum muss auch die sich entwickelnde Persönlichkeit mit Rückfällen rechnen.

Das ist das Besondere an der Psychographie, dass sie den Weg zur persönlichen Weiterentwicklung der drei Grundtypen aufzeigt: Der *Beziehungstyp* wird sich weiterentwickeln, wenn er seine Beobachtungsgabe, seinen Intellekt, seine Konzentrationsfähigkeit etc. – also seine geistigen Fähigkeiten – ausbaut; der *Sachtyp* wird weiterkommen, wenn er seine Willensstärke und Tatkraft, seine Fähigkeit zur Entscheidung forciert und sein Leben aktiv und selbstverantwortlich gestaltet; der *Handlungstyp* wird sich entfalten, wenn er sein Herz sprechen lässt, Spontaneität entwickelt, seinem Gefühl folgt und Sympathie und Freude am Leben erfährt.

Das sind die psychischen und physischen Kräfte, die jeder Persönlichkeitstyp zunächst vernachlässigt, obwohl gerade hier seine größten Entwicklungspotenziale liegen. Diese Kräfte nennen wir die Schlüsselfähigkeiten der Persönlichkeitstypen. Sie bringen den entscheidenden Zuwachs an Kompetenz und teilen sich auch anderen mit. Sie dürften das sein, was man Ausstrahlung nennt. Sie sind also die Schlüssel für unsere Persönlichkeitsentwicklung, für mehr Arbeits- und Lebensqualität.

Das bedeutet in der Praxis: Der unentwickelte *Beziehungstyp* redet und handelt unüberlegt, dramatisiert seine Gefühle, stellt sich in den Mittelpunkt, verwendet unnötig viel Aufmerksamkeit darauf, vor den anderen gut dazustehen. Er wird, wenn er seine Persönlichkeit mit Hilfe seiner Schlüsselenergien weiterentwickelt hat, »leiser« auftreten und trotzdem präsenter sein. Er wird besser zuhören und gerade dadurch mehr überzeugen. Der *Beziehungstyp* wird realitätsbezogener denken, statt emotional auszuflippen, und er wird schwierige Situationen mit Köpfchen meistern. Es wird ihm klar, dass er die Welt und sich selbst nicht »retten« muss, sich und andere nicht ständig besser zu machen braucht.

Der wenig entwickelte *Sachtyp* bringt sich und andere immer wieder in problematische Situationen, weil er sich unentschlossen, nachlässig und verantwortungsscheu verhält. Wenn er in seine Schlüsselenergien hineinwächst, wird er entschlossener handeln (und damit erfolgreicher sein) und nicht nur denken oder grübeln, wenn Action angesagt ist. Für den *Sachtyp* ist es wichtig, zu wissen und zu sagen, was er will, die Verantwortung für sich zu übernehmen und seine Ziele und Vorhaben konsequent zu verfolgen. Das fällt ihm nicht leicht, und er muss sich immer wieder selbst dazu motivieren.

Der noch wenig entwickelte *Handlungstyp* kennt fast nur Arbeit und Pflichterfüllung. Er merkt lange Zeit gar nicht, dass er sich völlig übernimmt. Wenn er seine Schlüsselenergien entdeckt, dann wird er, der unermüdliche Macher und immer Hilfsbereite, sich erlauben, sein Leben zu genießen, und überrascht sein zu erfahren, dass Sympathie und Liebe die lohnenden Alternativen sind zu Pflicht, Moral und Sicherheitsdenken.

Da stellt sich natürlich die Frage, warum leben wir nicht unsere Schlüsselfähigkeiten, wenn das so wohltuend ist und wir damit immer wieder gute Erfahrungen machen? Warum sind wir nicht alle hochentwickelte Persönlichkeiten? Eine Antwort darauf ist, dass wir dazu neigen, in bestimmte Fallen zu gehen, die uns schwächen und daran hindern, frei und spontan wir selbst zu sein und unsere Schlüsselfähigkeiten zu realisieren.

Ich nenne diese Fallen die Abhängigkeits-Falle, die Sorgen-Falle und die (Selbst-)Zweifel-Falle. Diese Fallen decken sich nicht mit den drei Grundtypen, sondern laufen quer zu ihnen. Es gibt manche *Beziehungstypen,* die zur Abhängigkeits-Falle neigen, andere zur Sorgen-Falle und wieder andere zur (Selbst-)Zweifel-Falle. Das Gleiche gilt für die *Sach-* und die *Handlungstypen.*

Gerade in Beziehungen führt die Verschiedenheit der Partner immer wieder zu quälenden Missverständnissen. Zwar werden in der Euphorie zu Anfang einer Beziehung Gegensätze oft als Ergänzung und Gemeinsamkeiten als Selbstbestätigung empfunden. Doch später können die typischen Verschiedenheiten nicht nur in Konflikten zu Fehlinterpretationen und Kränkungen führen: Wenn sich der *Beziehungstyp* zurückzieht, um wieder zu sich selbst zu finden, kann das der *Sachtyp* als mangelndes Interesse (an ihm) interpretieren. Dem *Sachtyp* wird sein Bedürfnis nach Anerkennung vielleicht als Wichtigtuerei ausgelegt. Und der *Beziehungstyp* kann das ordnende Verhalten des *Handlungstyps* als sanften Terror empfinden.

Bedenken wir doch: Statistisch gesehen sind uns zwei Drittel der Menschen, mit denen wir es zu tun haben, vom Strukturtyp her fremd. Dabei haben wir noch nicht berücksichtigt, dass jeder Grundtyp sich wie oben beschrieben weiter differenziert in einen Typ, der sich eher abhängig oder der sich Sorgen macht oder der an sich zweifelt. – Erklärt diese Tatsache nicht plausibel den täglichen Kleinkrieg in Partnerschaft und Familie, am Arbeitsplatz oder wo auch immer sonst?

Die Psychographie soll aber nicht nur die Impulse zu einem vollständigeren Leben und deutlichen Anstieg an fühlbarer Qualität geben, sondern auch zu einer stabileren Gesundheit verhelfen. Denn die Kräfte der Schlüsselenergien richten sich, wenn sie nicht gelebt, nicht praktisch verwirklicht werden, zerstörerisch gegen die eigene Psyche und den Körper: Baut der *Beziehungstyp* seine geistigen Fähigkeiten nicht aus, so ist er innerlich von ständiger Unruhe erfüllt und anfällig für vegetativ verursachte Krankheiten. Aktiviert der *Sachtyp* nicht seine Handlungsenergie, so leidet er häufig unter so genannten »vagabundierenden« Beschwerden, verursacht durch Antriebsschwäche und zu wenig Vitalität, die häufig mit Depressionen einhergehen. Und der pflichtbewusste, ordentliche und zu zwanghaftem Tun neigende *Handlungstyp* sollte seine Liebesenergien wecken, um nicht psychische und emotionale Blockaden aufzubauen und in Gefühls- und Sinnentleerung zu enden. Er, der sein ganzes Leben nie krank war, ist unter Umständen herzinfarkt- und krebsgefährdet, wenn er zu lange seine emotionalen Bedürfnisse missachtet.

Die Psychographie will kein Allheilmittel sein. Eine ganz besondere Stärke ist ihre integrative Funktion. Sie zeigt die wirksamsten Ansatzpunkte für Veränderungen in festgefahrenen oder auch pathologisch verkrusteten Situationen und lässt sich hervorragend mit den modernen, lösungsorientierten Psychotherapiemethoden verbinden. Sie hat es mir ermöglicht, diese wirksamen Therapie-Verfahren weiterzuentwickeln zur Integrierten Lösungsorientierten Psychologie/Psychotherapie® beziehungsweise zum Autonomie-Training (www.therapieausbildung.de).

Noch kurz zum Inhalt des Buches: Machen Sie vielleicht zuerst den Persönlichkeitstest und lesen dann gezielt über Ihren Typ nach. Allerdings ist die Treffsicherheit des Testes nicht höher als 70%. Also setzen Sie hinter das Ergebnis ein Fragezeichen. Menschenkenntnis ist nicht immer einfach. Obwohl ich fast zwei Jahrzehnte Erfahrung mit der Psychographie habe, lasse ich mir viel Zeit mit der Persönlichkeitsdiagnose. Textstellen, die

Ihnen noch unverständlich sind, übergehen Sie ruhig, die Zusammenhänge werden Ihnen im Lauf der Lektüre klar. Lassen Sie sich von dem überraschen, was Ihnen zuerst bei sich oder den anderen klar wird!

Und noch etwas: Wenn wir im folgenden Text meist in der männlichen Form vom *Beziehungstyp, Sachtyp* oder *Handlungstyp* sprechen, um beide Geschlechter zu bezeichnen, so hat das stilistisch vereinfachende Gründe. Weil aber niemand darin aufgeht, ein Struktur- oder Persönlichkeitstyp zu sein, ist es zutreffender, von einem Menschen mit der Struktur eines *Beziehungstyps, Sachtyps* oder *Handlungstyps* zu sprechen. – Machen Sie bitte beim Lesen in Gedanken immer wieder diese kleinen Korrekturen und Ergänzungen.

WER BIN ICH DENN EIGENTLICH?

Fragebogen zur Selbstanalyse

Mit dem folgenden Test ermitteln Sie Ihren Persönlichkeitstyp. Zu jeder Frage sind Ihnen drei Antworten vorgegeben. Sie können pro Frage maximal 3 Punkte vergeben. Versuchen Sie nach Möglichkeit, einer Antwort alle 3 Punkte zu geben, dann wird die Typbestimmung präziser.

Ein Beispiel:

Wie gehen Sie normalerweise?	rasch – leicht – beschwingt	[3]
	zielstrebig – energievoll	[0]
	gemächlich – in sich gekehrt	[0]

Wenn jedoch zwei Antworten auf Sie zutreffen, geben Sie der zutreffenderen Antwort 2 Punkte; der weniger zutreffenden 1 Punkt. In unserem Beispiel:

Wie gehen Sie normalerweise ?	rasch – leicht – beschwingt	[2]
	zielstrebig – energievoll	[1]
	gemächlich – in sich gekehrt	[0]

Falls Sie im Moment keine Antwort wissen, lassen Sie die Frage aus und beantworten sie später. Wenn Sie sich nicht entscheiden können, dann hilft es, wenn Sie die Frage aus der Sicht einer Freundin oder eines Freundes beantworten. Häufig können andere Sie besser einschätzen. Nutzen Sie deren Wissen für den Test. Wenn Sie früher anders waren oder reagiert haben als heute, wählen Sie bitte die früheren Eigenschaften. Und noch eines: Denken Sie bei der Antwort mehr an Ihr spontanes Verhalten im Privatleben – und weniger an gelerntes Verhalten im Beruf.

Test

Wie gehen Sie normalerweise?	rasch – leicht – beschwingt	[ ] a
	zielstrebig – energievoll	[ ] c
	gemächlich – in sich gekehrt	[ ] b
Wer Sie gut kennt, der sagt von Ihnen, Sie seien meistens	aktiv – entschlossen	[ ] c
	lebendig – spontan	[ ] a
	abwartend – zurückhaltend	[ ] b
Wie sprechen Sie häufig?	melodisch – liebenswürdig	[ ] a
	leise – gleichmäßig	[ ] b
	laut – nachdrücklich	[ ] c
Wie blicken Sie?	gewinnend – viel Blickkontakt	[ ] a
	direkt – konzentriert	[ ] c
	versonnen – abwartend	[ ] b
Wie ist Ihr Gesichtsausdruck normalerweise?	gesammelt – eher freundlich	[ ] c
	eher ernst – weich	[ ] b
	gewinnend – oft lächelnd	[ ] a
Einige Ihrer besonderen Stärken sind:	Geduld – Sachlichkeit	[ ] b
	Gewissenhaftigkeit – Ausdauer	[ ] c
	Kontaktfreude – Spontaneität	[ ] a
Wie kleiden Sie sich gern?	locker – ansprechend bis chic	[ ] a
	sportlich – bequem	[ ] b
	passend – qualitativ anspruchsvoll	[ ] c
Wie erleben andere Sie in der Regel? Als . . .	zuverlässig – hilfsbereit	[ ] c
	liebenswürdig – spontan	[ ] a
	klug – verständnisvoll	[ ] b
Jemand erzählt ein Problem	Sie hören verständnisvoll zu	[ ] b
	Sie wollen helfen	[ ] a
	Sie geben praktische Ratschläge	[ ] c
Was würde Ihnen besonders zu schaffen machen? Andere halten Sie	für dumm und/oder inkompetent	[ ] a
	für langweilig und/oder unfähig	[ ] b
	für unkollegial und/oder schlampig	[ ] c
Welche Schwäche kennen Sie bei sich? Sie sind	übergenau und/oder ungeduldig	[ ] c
	zu spontan und/oder dramatisierend	[ ] a
	zu gutmütig und/oder unentschlossen	[ ] b

Wie lachen Sie?	verschmitzt – zurückhaltend	[ ]	b
	laut und/oder ausgelassen	[ ]	c
	anmutig bis gewinnend	[ ]	a
Was stört andere manchmal an Ihnen? Sie sind zu	schnell und/oder emotional	[ ]	a
	wertend und/oder bestimmend	[ ]	c
	vernünftig und/oder zurückhaltend	[ ]	b
Wie reagieren Sie auf fremde Menschen?	unbefangen bis vorsichtig	[ ]	b
	freundlich, aber korrekt	[ ]	c
	wach und neugierig	[ ]	a
Welches Kompliment für Ihre Arbeit spricht Sie an?	»Ausgezeichnet. Sehr brauchbar!«	[ ]	b
	»Fantastisch, klar und einleuchtend!«	[ ]	a
	»Sehr sympathische Lösung!«	[ ]	c
Worauf legen Sie beim Kauf eines Autos wert? Es sollte sein:	eher praktisch und ökonomisch	[ ]	b
	eher qualitativ hochwertig	[ ]	c
	eher etwas Besonderes (Design)	[ ]	a
Welche Wörter sprechen Sie positiv an?	interessant – gelassen – tief gehend	[ ]	a
	lebendig – offen – verbindlich	[ ]	c
	entschlossen – mutig – pragmatisch	[ ]	b
Was machen Sie ausgeprägter als andere?	Themen detailliert verstehen	[ ]	b
	Beziehungen wahrnehmen	[ ]	a
	Dinge in Ordnung bringen	[ ]	c
Was kommt bei Ihnen selten vor?	jemand nicht beachten	[ ]	a
	etwas nicht verstehen	[ ]	b
	Arbeit vermeiden	[ ]	c
Sie arbeiten gern mit Menschen zusammen, die	fair und kameradschaftlich sind	[ ]	c
	klug und/oder liebenswert sind	[ ]	a
	tüchtig und/oder unterstützend sind	[ ]	b
Was stört Sie bei anderen besonders? Jemand ist …	arrogant und/oder inkompetent	[ ]	a
	unkollegial und/oder chaotisch	[ ]	c
	schwach und/oder unfähig	[ ]	b
Sie leiden	dramatisch und umfassend	[ ]	a
	niedergeschlagen und aufbrausend	[ ]	b
	enttäuscht und verbittert	[ ]	c

Wie sieht eine Wohnung nach Ihrem Geschmack aus?	gut geordnet und gemütlich	[ ]	c
	bequem und pflegeleicht	[ ]	b
	freundlich und interessant	[ ]	a
Wie gehen Sie mit Anerkennung um?	Es könnte auch noch mehr sein	[ ]	b
	Ist Ihnen eher verdächtig	[ ]	c
	Sie muss genau sein	[ ]	a
Wovon hätten Sie gern noch mehr?	kraftvolles Lebensgefühl	[ ]	b
	Gelassenheit und Konstanz	[ ]	a
	Freude und Liebenswürdigkeit	[ ]	c
Bei Konflikten sind Sie	bestimmt und überzeugend	[ ]	c
	ausweichend und ernsthaft	[ ]	b
	emotional aufgebracht	[ ]	a
Sie können	rasch Hintergründe erkennen	[ ]	b
	Menschen gewinnen	[ ]	a
	gut organisieren	[ ]	c
Was ist Ihnen besonders vertraut?	mit Freude kommunizieren	[ ]	a
	sachlich über Themen sprechen	[ ]	b
	tatkräftig für Ordnung sorgen	[ ]	c

Auswertung

Addieren Sie alle Punkte	in [ ]	a	*Beziehungstyp*
	in [ ]	b	*Sachtyp*
	in [ ]	c	*Handlungstyp*

Die höchste Punktzahl zeigt Ihnen (wahrscheinlich) Ihren Persönlichkeitstyp.

Sind die Werte bei *Beziehungstyp* und *Sachtyp* etwa gleich hoch oder beim *Sachtyp* etwas höher, könnten Sie ein *Beziehungstyp* sein, der schon deutlich seine in Richtung *Sachtyp* gehenden Schlüsselfähigkeiten lebt, und/oder jemand, der häufig an sich selbst zweifelt.

Sind die Werte bei *Sachtyp* und *Handlungstyp* etwa gleich oder beim *Handlungstyp* geringfügig höher, könnten Sie ein *Sachtyp* sein, der deutlich seine in Richtung *Handlungstyp* gehenden

Schlüsselfähigkeiten lebt, und/oder jemand, der sich zu viele Sorgen um sich und andere macht.

Und sind die Werte beim *Handlungstyp* und *Beziehungstyp* ähnlich oder beim *Beziehungstyp* etwas höher, könnten Sie ein *Handlungstyp* sein, der schon deutlich seine in Richtung *Beziehungstyp* gehenden Schlüsselfähigkeiten lebt, und/oder jemand, der sich zu abhängig macht von der Meinung anderer.

Sind die Werte bei allen drei Typen etwa gleich hoch, könnten Sie ein *Beziehungstyp* sein, der sich am ehesten von allen überall wiederfindet. Sie sehen, Menschenkenntnis ist nicht immer einfach, doch das macht sie auch reizvoll. Bleiben Sie dran, es lohnt sich!

Abgrenzungsfragen

Wenn Sie zwischen zwei Typen schwanken, können Sie sich folgende Abgrenzungsfragen stellen:

Sie schwanken zwischen *Beziehungstyp (BT)* und *Sachtyp (ST)*

Nähe zum Gefühl	Reagieren Sie menschlich?	[ ]	BT
	Reagieren Sie sachlich?	[ ]	ST
Art der Kontrolle	Sie kontrollieren Ihre Wirkung.	[ ]	BT
	Sie kontrollieren Ihre Worte.	[ ]	ST
Art der Reaktionen	Reagieren Sie auf der Beziehungsebene?	[ ]	BT
	Reagieren Sie sachlich, vernünftig?	[ ]	ST
Klang der Stimme	Sprechen Sie melodisch?	[ ]	BT
	Sprechen Sie monoton?	[ ]	ST

Sie schwanken zwischen *Sachtyp (ST)* und *Handlungstyp (HT)*

Lautstärke	Sprechen Sie eher leise?	[ ]	ST
	Sprechen Sie laut?	[ ]	HT

Ordnung ist für Sie	nicht so wichtig	[ ]	ST
	sehr wichtig	[ ]	HT
Handeln	Müssen Sie sich motivieren?	[ ]	ST
	Legen Sie gleich los?	[ ]	HT
Kritik	Sie äußern sich objektiv.	[ ]	ST
	Sie äußern sich direkt.	[ ]	HT

Sie schwanken zwischen *Handlungstyp (HT)* und *Beziehungstyp (BT)*

Kommunikation	Sie verhalten sich geradlinig.	[ ]	HT
	Sie geben sich gewinnend.	[ ]	BT
Eindruck	Sie wirken kraftvoll.	[ ]	HT
	Sie wirken lebendig.	[ ]	BT
Kleidung	Sie legen Wert auf Qualität.	[ ]	HT
	Sie möchten schön sein.	[ ]	BT
Gang	Ihr Gang ist fest, zielorientiert.	[ ]	HT
	Ihr Gang wirkt leicht, beweglich.	[ ]	BT

Zwei weitere Tests siehe unter: www.psychographen.de

DER BEZIEHUNGSTYP – DER MENSCH MIT GEFÜHL UND ESPRIT

Haben Sie schon einmal versucht, durch ein Fernglas zu schauen, wenn dauernd an der Schärfeeinstellung gedreht wird? Dann ist das Bild vor Ihren Augen mal klar und gleich darauf wieder verschwommen. Genau so kann es Ihnen in vielen Situationen mit dem *Beziehungstyp* gehen, weil er immer etwas anders auf Sie wirken wird.

Und wenn Sie bei ihm in der Typbestimmung unsicher sind, wird er vielleicht argumentieren, dass er von solchen Einteilungen eh nichts hält (er befürchtet, man könnte ihn mit solchem Wissen über ihn kontrollieren), oder er wird behaupten, dass er sich in allen drei Porträts wiederfindet. Das hängt mit seinem Einfühlungsvermögen, seiner Schauspielernatur und seiner Abneigung gegen verbindliche Festlegungen zusammen.

Ist der *Handlungstyp* in seinem Auftreten energisch, der *Sachtyp* entspannt, so reicht die Palette beim *Beziehungstyp* von überschwänglich bis frostig, von herzlich bis zurückhaltend, von einladend bis abweisend. Das Verhalten kann übertrieben oder fein und kontrolliert sein. Das hängt damit zusammen, dass seine Persönlichkeit (mehr als beim *Handlungstyp* oder *Sachtyp*) stark von weiblichen oder männlichen Rollen beeinflusst wird. So zeigen *Beziehungstyp*-Frauen meist mehr Gefühl, geben sich liebenswürdiger, Männer dagegen distanzierter und sachlicher.

Allen *Beziehungstypen* gemeinsam ist, dass sie präsent sind auf der Beziehungsebene. Doch Beziehungsverhalten kann sehr unterschiedlich sein, dramatisierend oder kontrolliert, gewinnend oder konkurrierend, offen oder verschlossen und alle Abstufungen dazwischen. Bei *Beziehungstypen* kann uns so gegensätzliches Verhalten begegnen, dass man denkt, das kann nicht der gleiche Typ sein – manchmal sogar bei derselben Person in unterschiedlichen Situationen.

Ich erinnere mich an eine Ausbildungsteilnehmerin, die fast immer ernst, zurückhaltend und kritisch wirkte. Man hätte bei ihr eher auf *Sachtyp* getippt. Dabei konnte sie, wenn sie wollte, das beziehungstypisch Gewinnende ganz kurz aufblitzen lassen. Sie wirkte auf mich wie die Klinge eines Degens, fest und doch beweglich. Eine Freundin erzählte, dass sie im privaten Rahmen locker sei und viel lache.

Dann gibt es den *Beziehungstyp,* der wie ein Feuerwerk von strahlender Liebenswürdigkeit wirkt und dabei oft auffallend attraktiv ist. Es sind die Menschen, denen die Herzen nur so zufliegen. Hier erinnere ich mich an eine Teilnehmerin, die auch dann noch bezaubernd sein konnte, wenn es ihr persönlich gar nicht gut ging.

Beziehungstypen können gertenschlank oder wohlgerundet sein, sie verstehen sich immer gut zu präsentieren. Sie bewegen sich elegant, achten auf ihre Wirkung und legen Wert auf ihr Äußeres, als stünden sie auf einem imaginären Laufsteg oder vor einem unsichtbaren Spiegel. Tatsächlich können sie aus ihrer Selbstverliebtheit (oder aus einer selbstkritischen Haltung) heraus einen Tick für Spiegel entwickeln. Eine Freundin von mir hatte die penetrante Angewohnheit, sich beim Stadtbummel in jeder Schaufensterscheibe sekundenschnell zu betrachten und ihr Äußeres kritisch zu kommentieren. Sie wollte es partout nicht lassen. Wozu auch? Sie bekam doch ihre Streicheleinheiten durch meinen liebevollen Widerspruch.

Geht es dem *Beziehungstyp* schlecht, kann sein gewinnendes Verhalten in ein abweisendes kippen: Er zeigt sich angespannt, ehrgeizig, kühl und kontrolliert. Er stellt an sich und andere noch höhere Ansprüche als sonst, konkurriert mit ihnen, macht abfällige Bemerkungen und bewertet jede Situation negativ. So wirkt er egozentrisch bis abgehoben. Fühlt er sich aber wieder wohl, scheint er wie ausgewechselt zu sein. Dann ist er charmant, von ansteckendem Enthusiasmus, und er akzeptiert Menschen und Situationen (beinahe) so, wie sie sind.

Der emotionale *Beziehungstyp* ist die im doppelten Sinne »rundere« Persönlichkeit und zeigt sich meist von seiner liebenswürdigen Seite. Rein äußerlich betrachtet ist er wohlproportioniert, und er muss aufpassen, dass er nicht zu üppig wird. Das hängt damit zusammen, dass ihm das Neinsagen schwer fällt, was auch für das Essen gilt. Der weibliche *Beziehungstyp* ist immer eine Spur zu verführerisch, der männliche zu charmant.

Das Flair dieses Menschentyps bekommt eine besondere Note, wenn er seine künstlerische Veranlagung auch praktisch umsetzt. Dann spüren wir die umwerfend charmante, weibliche Ausstrahlung der Sopranistin Montserrat Caballé oder die aristokratische Kühle einer Maria Callas.

Beziehungstypen frisieren ihre Gefühle: Sie blocken ihre Bedürfnisse und Gefühle ab, haben sich »im Griff« (wenn sie es wollen oder die Situation es verlangt), oder sie spielen ihre Emotionen hoch und dramatisieren sie. Einmal, um sich in den eigenen Gefühlen zu baden und darin zu spüren, zum anderen, um ihr »Publikum« zu emotionalisieren. So kann ein *Beziehungstyp* zum Beispiel unangenehme, doch alltägliche Begebenheiten zu mittleren Katastrophen aufblasen und schlimmere Ereignisse dramatisch in »Weltuntergänge« umformulieren. Wie schon im Vorwort gesagt: Man tut gut daran, wenn man von den Superlativen, in denen der *Beziehungstyp* spricht, gleich die Hälfte abzieht – das gilt auch für die Komplimente, die er macht.

Nicht vergessen: Der *Beziehungstyp* setzt sich gern wirkungsvoll in Szene. Auch wenn die Selbstdarstellung manchmal überzogen oder allzu glitzernd ist, sie ist selten langweilig. Der *Beziehungstyp* schafft es, abzuräumen oder auf sich aufmerksam zu machen, und setzt, um bei anderen anzukommen, Stimme, Mimik und Gestik ein. So kann sein Lächeln gewinnend, liebenswürdig oder verführerisch sein, in einer kritisch abwertenden Stimmung aber auch berechnend, überlegen, verächtlich, kalt oder zynisch. Das seltene Lächeln des *Sachtyps* dagegen ist eher unkontrolliert, gutmütig, verlegen, verschmitzt oder lieb, das Lachen des *Handlungstyps* ist meist laut, herzlich und unbekümmert, und es verrät deutlich sein Engagement oder seine

Betroffenheit. In einer ihnen wenig vertrauten Umgebung geben sich manche *Beziehungstypen* kontrolliert, ernst und verschlossen, während andere permanent lächeln, obwohl es ihnen vielleicht gar nicht danach ist.

Der extravertierte, nicht selten überschäumende *Beziehungstyp,* oft auch ein an Ideen reicher Mensch, hat starke Gefühle, und was er empfindet und zum Ausdruck bringt, ist echt und wahrhaftig – jedenfalls in diesem Augenblick. Geht es ihm gut, ist er besonders lebenssprühend und spricht mit melodischer Stimme. Seine gute Laune unterstreicht er effektvoll mit lebendigen und einladenden Gesten. Doch es fehlt ihm an emotionaler Konstanz. Seine Gefühle können sich von einem Moment zum anderen total verändern. Besonders in Stresssituationen werden sie schnell und unvermittelt umschlagen. Dann reagiert er ebenso kalt, abweisend und verletzend wie der kontrollierte *Beziehungstyp.*

Hat der *Beziehungstyp* in einer euphorischen Phase wieder einmal zu dick aufgetragen, versteht er es von einer Sekunde zur anderen, die Situation – vielleicht durch ein Augenzwinkern oder ein Lächeln – zu entschärfen oder das zu korrigieren, was von anderen gesagt zu intim, zu oberflächlich, beleidigend oder gar verletzend klingen würde. Dass er auch über sich selbst lachen kann, macht ihn nicht nur sympathisch, sondern nimmt ihm auch vieles von seiner Eitelkeit.

So unterschiedlich *Beziehungstypen* sich geben und erleben können, es sind keine grundsätzlich verschiedenen Persönlichkeitstypen, sondern nahe miteinander verwandte. Die Merkmale des anderen sind ihnen vertraut, und sie pendeln zwischen beiden Möglichkeiten – trotz Bevorzugung einer Seite – hin und her.

Die Kontraste werden vor allem in Stresssituationen deutlich: Der eine reißt sich dann besonders zusammen und wird zurückhaltend auftreten, sich stark und auf seine Wirkung bedacht geben, der andere wird versuchen, durch Liebenswürdigkeit die Situation zu beeinflussen. Und weil sie sich mehr auf die Bedürfnisse und Gefühle der anderen einstellen, sei es beobachtend, sei es manipulierend, vergessen sie sich selbst. Eine dritte Variante ist, dass sich ein *Beziehungstyp* kritisch mit sich selbst beschäftigt. Doch das ist auch nicht bekömmlicher.

Der nach außen gewandte *Beziehungstyp* ist emotionaler, mitfühlender, kontakt- und beziehungsfreudiger. Er lässt, wenn Not am Mann ist, sofort alles stehen und liegen und ist als Erster da, um zu helfen. So schleppt etwa eine überfürsorgliche Mutter ihre komplette Familie zum Arzt und dramatisiert deren leichtes Unwohlsein dort beträchtlich. Das kann sehr übertriebene Formen des Rettens (und Wichtigmachens) annehmen wie etwa bei der Schauspielerin Liz Taylor. Diese Variante des *Beziehungstyps* scheint das prickelnde Gefühl zu genießen, das in ihm hochsteigt, wenn er kleine und größere zwischenmenschliche Katastrophen hautnah miterleben und helfend eingreifen kann.

Der introvertierte *Beziehungstyp* drückt sich mehr über die Körpersprache aus. Diese Art der Kommunikation und sein Retterverhalten sich selbst gegenüber lassen ihn verschlossen wirken. Der extravertierte *Beziehungstyp* dagegen bevorzugt die Kommunikation über die Sprache; dies und sein Retterverhalten anderen gegenüber lassen ihn offen und zugewandt erscheinen.

Und so reicht – je nach Geschmack und individueller Begabung – die Palette von der gefälligen Pose bis zum künstlerischen Ausdruck und vom klischeehaften Lächeln bis zur tief empfundenen Einfühlung. Der *Beziehungstyp,* der den körpersprachlichen Ausdruck bevorzugt, ist darum häufig in Berufen tätig, wo dieser direkte Ausdruck unentbehrlich ist. Er arbeitet zum Beispiel als Model, Pantomime, Balletttänzer, Körpertherapeut oder in Pflegeberufen.

Der redegewandte *Beziehungstyp* wird andere durch sein Temperament mitreißen und begeistern. Er vermittelt auf den ersten Blick Charme, Herzlichkeit, Wärme und Zuneigung. Das kann echt empfunden oder auch manipuliert sein – oft weiß er das selbst nicht so ganz genau. Er ist ein begabter Kaufmann, Schauspieler, Psychotherapeut und Künstler.

Was das Retterverhalten anbelangt, so verhält es sich wie mit den beiden Seiten einer Münze: Wer eher sich selbst rettet, hat durchaus einen Blick für die Nöte des anderen und hilft ihm dann auch. Wer ständig andere rettet, muss irgendwann die Notbremse ziehen und sich selbst retten – nämlich dann, wenn er wieder einmal zu viel versprochen hat und es nicht halten kann. Das Problem beim Retten ist in beiden Fällen, dass sie die Gefährdung dramatisieren, die eigene oder die der anderen, und die vorhandenen Fähigkeiten unterschätzen, sowohl die eigenen als auch die der anderen.

Beziehungstypen sind modebewusst, ziehen sich mit viel Geschmack und manchmal recht auffallend an. Manche kleiden sich extravagant, möchten sich abgrenzen und abheben. Andere wollen nicht so exponiert, sondern gefälliger wirken. Sie legen darum auch mehr Wert auf breitere Zustimmung und bevorzugen eine Moderichtung, die bei vielen ankommt.

So wird sich beispielsweise in der Brillenmode der *Beziehungstyp* Modelle aussuchen, die ihn gewinnend und intelligent aussehen lassen. Das ist nicht ganz leicht zu verbinden, zu auffallende Modelle in Farbe und Form könnten naiv wirken, zu strenge Modelle zwar cool, doch abweisend. Der *Sachtyp* wird Modelle in sportlichem und dynamischem Stil bevorzugen. Ich erinnere mich an einen Kollegen, ein schüchterner und etwas linkischer *Sachtyp*, dessen Brille ungeheuer dynamisch, fast schon aggressiv wirkte. Sie war seiner Persönlichkeitsentwicklung weit voraus. Und der *Handlungstyp* bevorzugt Modelle von solider Qualität und mit einem Touch zum Freundlichen und Spielerischen. Er schätzt konservative, weiche, organische Formen, wie sie in der Natur vorkommen.

Ähnliches gilt auch für die Einrichtung der Wohnungen. Der kontrollierte *Beziehungstyp* wählt (Designer-)Möbel, die intelligent, kühl, ästhetisch und funktionell konstruiert sind. Der extravertierte *Beziehungstyp* dagegen richtet sich verspielt ein, stattet seine Wohnung geschmackvoll mit vielen hübschen Details aus: Blumen, Bildern, Trockenblumensträußchen, Obstschalen etc. – Da viele dieser Dinge mit Erinnerungen verbunden sind und es ihm deshalb schwer fällt, sich von ihnen zu trennen, kann die Wohnung (freilich nur für andere) ziemlich überladen wirken.

Auch mit dem Auto will der dynamische *Beziehungstyp* seine persönliche Note unterstreichen und hat darum ein Faible für Sportwagen oder sportliche Fahrzeuge, der extravertierte dagegen für »sympathische« Autos wie einen Smart, ein Cabrio oder einen Oldtimer. Auch darin kann er auffallen. Die meisten *Beziehungstypen* kennen beide Seiten in sich, die in einem anderen Persönlichkeitsmodell mit den Farben Rot und Grün charakterisiert werden.

Ein lieber Freund von mir, *Beziehungstyp,* fuhr beruflich einen Porsche der obersten Preisklasse, doch in sein Ferienhaus fuhr er mit einem R4, obwohl es eine Strecke von über 500 km war. Gewohnt in den besten Restaurants zu speisen, ernährte er sich in seinem Ferienhaus von den einfachsten Fertiggerichten aus der Tüte. Tendiert der *Beziehungstyp* zu einem als besonders sicher geltenden Fahrzeug, zum Beispiel zu einem Volvo, mag Überfürsorglichkeit als Motiv dahinterstecken.

Zum Vergleich: Der *Sachtyp* wird seine Wohnung funktionell und bequem einrichten und auch einen praktischen, bequemen und geräumigen Wagen fahren. Wenn ich von mir auf andere Sachtypen schließen darf, bevorzugen sie sparsame und langlebige Dieselfahrzeuge. Der *Handlungstyp* mag konservative, solide Möbel und Autos, die einen qualitativ hochwertigen und wertbeständigen Eindruck machen. Sie sind in der Regel mit starken Motoren ausgestattet.

Mit der Persönlichkeitsfindung ändert sich nicht immer, doch manchmal einiges bei solchen Vorlieben. Der entwickelte *Beziehungstyp* wird sich vernunftbestimmter entscheiden. Er wird sich überlegen, ob ein Sportwagen überhaupt angemessen ist. Er wird auch darauf achten, dass die Kosten in einem sinnvollen Verhältnis zu seinem Einkommen und seinen sonstigen Bedürfnissen stehen, und er wird auch gesundheitliche und ökologische Faktoren in sein Kalkül mit einbeziehen – doch achten Sie auf den leisen Schmerz in seinen Augen, wenn sein Blick versonnen seinem Traumwagen folgt ...

Der Arbeitsstil des *Beziehungstyps* ist dynamisch, rasch und beweglich, handeln ist für ihn kein großes Problem. Doch er ist dabei auch wieder von seinen Gefühlen abhängig und wird seine Arbeit entsprechend ihrer Attraktivität für ihn gern oder weniger gern machen. Der *Beziehungstyp* arbeitet gerne im Team und ist bereit, einiges zu einer lockeren und freundschaftlichen Atmosphäre beizutragen. Weibliche *Beziehungstypen*, mit männlichen habe ich da weniger Erfahrung, sind während der Arbeit immer für ein bisschen Flirten aufgeschlossen. *Handlungstypen* reagieren oft völlig irritiert und verständnislos auf einen derartigen »Themenwechsel«.

Schwierig kann es für seine Kollegen jedoch dann werden, wenn ein *Beziehungstyp* schlecht gelaunt ist. Dann wirkt er völlig demotiviert, reagiert gereizt und macht abwertende Bemerkungen. Und es besteht bei ihm immer die Gefahr, dass seine innere Unruhe, seine nervöse Sensibilität zur Hektik führen und er seine Arbeitskollegen damit reizt oder ansteckt. Der entwickelte *Beziehungstyp*, der entspannter und gelassener geworden ist, schafft es immer wieder, dass er gedanklich innehält, Prioritäten setzt und strategisch überlegt und so Ruhe in seinen Arbeitsablauf bringt.

Anecken kann der *Beziehungstyp* im Beruf, wenn er sich zu ehrgeizig, zu dominierend oder kritisch abwertend verhält; oder wenn er zu viel verspricht, andere retten will oder gefühlsmäßig voreingenommen (beziehungsweise manipulierend) und konkurrierend mit seinen Kollegen umspringt. Manche *Beziehungstypen* begnügen sich nicht damit, sich selbst in den Mittelpunkt zu rücken, sondern setzen ihre Konkurrenten herab und/oder bringen sie in ein schlechtes Licht. Der entwickelte *Beziehungstyp* dagegen verhält sich zunehmend kooperativ, realitätsbezogen, locker und begeisterungsfähig. Er wirkt in sich ruhend, konzentriert und heiter.

Das wechselhafte und schwer kalkulierbare Verhalten des *Beziehungstyps* wirkt auf andere selbstverständlich verwirrend. Wenn man ihn nicht versteht, so meint man, dass er sich verstellt oder schauspielert. So oberflächlich ist er aber nicht. Er hat eine Flut von wechselnden Impressionen in seinem Kopf. Und er sieht diese Bilder ständig in einem anderen Licht: Sie können düster oder hell sein, in Farbe oder Schwarzweiß, gestochen scharf oder weich gezeichnet. Und synchron mit der Bilderfolge und der Bildqualität gehen seine Emotionen und sein Verhalten einher. Das lässt ihn auf andere Menschen so sprunghaft wirken.

Geht es ihm schlecht, dann ist das Gros seiner Bilder aufgrund seiner Selbstkritik und Selbstzweifel ohnehin düster und schwarzweiß. Ist es da nicht verständlich, dass er nachhilft und sie ein bisschen koloriert oder bunte noch farbiger macht, nur um etwas mehr Freude an ihnen zu haben? (Der *Handlungstyp* würde so eine »Korrektur« strikt ablehnen. Er könnte das nicht mit seinem Gewissen vereinbaren und sich nicht so »verbiegen« – wie es ein *Handlungstyp* einmal ausdrückte.)

Der *Beziehungstyp* verkauft sich exzellent samt seinen Emotionen, einzig mit dem Ziel, den für ihn typischen »Beziehungsfaden« zum anderen zu knüpfen: Er braucht diese Art von sprachlichem und nichtsprachlichem Dialog und lebendigem, herzlichem Kontakt. Doch auch hier kann man Unterschiede beobachten, wie er mit Distanz und Nähe umgeht. Manche geben sich zuerst distanziert, um sich dann, wenn sie Vertrauen gefunden haben, auf Nähe einzulassen. Andere werden sofort Nähe signalisieren, doch rasch auf spürbare Distanz gehen, wenn das zu wörtlich genommen wird.

Beide laden ihre Mitmenschen mit viel Gespür für ihr Gegenüber zum Dialog ein. Sie werben um ungeteiltes Interesse und vollkommene Aufmerksamkeit, kommunizieren mit ihrer ganzen Ausstrahlung und ihrem ganzen Körper, mit Augen, Gesten, Sprache, Tonfall. Sie geben ihrer Stimme vielleicht etwas Suggestives oder legen ihre Hand (wie unabsichtlich) auf den Arm des anderen und finden instinktiv die richtigen Komplimente oder Worte, die man gerade hören will. Man fragt sich oft: Woher weiß der *Beziehungstyp* das nur?

Viele Menschen mögen sich vom Übernatürlichen oder Übersinnlichen angezogen fühlen. Der ohnehin sehr intuitive und zum Metaphysischen neigende *Beziehungstyp* ist jedoch auf diesem Gebiet besonders begabt und empfänglich – vorausgesetzt, er interessiert sich überhaupt dafür. Er kann in die tiefsten, geheimsten Winkel der Seele anderer Menschen dringen, zumindest erscheint es ihm so, und er wird mit großer Intuition und tiefem Verständnis auch sensibel mit ihren Gefühlen umgehen.

Der eher intellektuelle *Beziehungstyp* wird nicht so direkt auf die Probleme und Sorgen anderer reagieren, sondern aus einer gewissen Distanz heraus versuchen, ihnen zu helfen und ihre Probleme mehr rational zu lösen – zum Beispiel durch ein weltanschauliches Alternativmodell. Außerdem kann er sich so selbst besser davor schützen, zu viel seelische Kraft an andere abzugeben.

Man muss den entwickelten *Beziehungstyp* etwas genauer kennen, um zu wissen, dass er durchaus klar denkt und dass sein Denken mehr Realität und Gewicht für ihn hat, als sein freundliches und einladendes Verhalten nach außen signalisiert. Lassen Sie sich nicht täuschen: Wenn der *Beziehungstyp* (vorerst) kritische Gedanken zurückhält und Verzeihung mimt, dann nur, damit der emotionale »Beziehungsfaden« zum anderen – jedenfalls für diesen entscheidenden Augenblick oder auch für längere Zeit – nicht abreißt.

Ich als *Sachtyp* habe mich oft durch diese selbstbewusste und überaus freundliche Fassade täuschen lassen – ein *Beziehungstyp* und vermutlich auch ein *Handlungstyp* hätte sie wohl eher durchschaut. Ich war dann erstaunt, wenn so ein *Beziehungstyp* darüber sprach, wie unsicher er sich die ganze Zeit gefühlt hat oder wie schlecht es ihm geht. Ich habe erlebt, dass es einem Teilnehmer einer Therapiegruppe möglich war, einen fröhlichen und unbeschwerten Eindruck zu machen, obwohl er sich innerlich völlig isoliert und verzweifelt fühlte. Alle mochten ihn. Er war zudem schwer krank, was keiner ahnte, und ist wenige Monate später gestorben.

Der *Beziehungstyp* hört Komplimente gern, doch sie können ihn auch misstrauisch machen. Er deutet vielleicht irgendeine Absicht hinein oder er fühlt sich auf den Arm genommen. Es kommt darauf an, ob ein Vertrauensverhältnis zu dem besteht, der ihm die Komplimente macht. Existiert diese Basis, dann kann man nach Herzenslust übertreiben. Er nimmt sie nicht wörtlich. Dass er charmant, liebenswert, meistens auch noch gut aussehend ist, weiß er. Doch er kann auch darunter leiden, weil er den Zwang empfindet, immer gewinnend sein zu müssen. Im Grunde will er mehr, er will geliebt werden, doch wie kann man ihm das vermitteln, so, dass er es auch annehmen kann?

Sie liegen – beim männlichen und weiblichen *Beziehungstyp* – immer richtig, wenn Sie vorsichtig seinen Entwicklungsbereich Erkennen ansprechen, also vielleicht sein Nachdenken, seine Einsicht in Zusammenhänge, seine Weltanschauung. Andeuten ist immer besser als aussprechen, weil er sich eventuell in seinen Schlüsselenergien noch nicht allzu sicher ist!

Anders dagegen im Persönlichkeitsbereich. Seien Sie hier sein Publikum, applaudieren Sie ihm, und er wird daraus unerschöpfliche Energie tanken. Aber nehmen Sie (als *Sachtyp* oder *Handlungstyp*) sein »verführerisches« Spiel nicht zu ernst! Jetzt spielt er diese Rolle, und wenig später spielt er vielleicht eine andere. Wenn Sie dem *Beziehungstyp* das geben, wonach er am meisten verlangt, nämlich Bewunderung, kann es Ihnen passieren, dass er sie nicht mehr so ganz ernst nimmt. Auch die anderen Persönlichkeitstypen lieben Bewunderung, doch anders als der *Beziehungstyp* nehmen sie diese nicht so wichtig. Der *Sachtyp* zieht Interesse und der *Handlungstyp* Wertschätzung vor.

Besondere Begabungen eines *Beziehungstyps* für körpersprachlichen oder verbalen Ausdruck dürften entwicklungspsychologisch begründet sein. Wer stärker geprägt ist durch das Beziehungserleben der vorsprachlichen Zeit der ersten Lebensmonate, wird Zuneigung oder Zurückweisung körperlich ausdrücken. Distanz zu seinen Mitmenschen verschafft er sich als Erwachsener durch einen kühlen, abweisenden Gesichts- und/oder Körperausdruck oder auch durch Krankheiten, die Rücksicht und Abstand erfordern. Allergische Hauterkrankungen und Bronchialasthma sind typische Erkrankungen. Doch er kann ebenso unter Appetitlosigkeit (oft aus seiner inneren Unruhe heraus) bis hin zur Magersucht leiden, oder er hat Probleme mit den Bandscheiben – um nur einige spezifische Beschwerden zu nennen.

Das verbale und differenziertere Beziehungsverhalten wird im vier- bis sechsjährigen Kind angelegt, also in der Zeit, in der kleine Mädchen mit ihrem Vater und kleine Buben mit ihrer Mutter flirten. Prägend ist vor allem das Beziehungsverhalten über die Sprache, mit ihren Ambivalenzen von Hoffnungwecken und Enttäuschen, Einladen und Bedauern. Dieses Verliebtsein bringt das Kind in eine Konkurrenzsituation zum gleichgeschlechtlichen Teil. Der Konflikt löst sich normalerweise dadurch, dass das Kind darauf verzichtet, die »heimliche Geliebte« des Vaters oder der »kleine Liebhaber« der Mutter zu werden.

Misslingt diese Ablösung, etwa weil der gegengeschlechtliche Elternteil zu abweisend oder zu verführend und der gleichgeschlechtliche zu aggressiv oder zu harmonisierend ist, so bleibt das Kind in dieser Konfliktsituation stecken. Die »heimliche Geliebte« des Vaters, der »kleine Liebhaber« der Mutter zu sein ist zugleich eine Auszeichnung und eine Überforderung, auch wenn sich das alles nur in der Fantasie des Kindes abspielt.

Solche Menschen haben auch später ein feines Gespür dafür, wie man verführt beziehungsweise wie verführerisch sie sind oder sein können. Doch dieses Verhalten ist zugleich mit dem Gefühl von Unzulänglichkeit und Angst behaftet, mit Erinnerungen an die damalige Situation, als Kind mit Erwachsenen zu konkurrieren und sie erotisch herauszufordern. Der *Beziehungstyp* kann den Zwang, permanent andere von sich überzeugen zu müssen, als sehr belastend erleben.

Das schmerzliche und immer wieder auftauchende zentrale Lebensthema des *Beziehungstyps* ist, dass er die Welt von Anfang an als wenig einladend, ihm wenig Liebe und Geborgenheit gebend erlebt hat. Er kann sich vor der Realität und allem Unbekannten so sehr fürchten, dass er sich damit begnügt, ein eingeschränktes Leben zu führen, und/oder in einer erträumten besseren Welt lebt.

Um die frühe Weisung: »Sei nicht!« immer wieder von sich abzuwehren, verwendet er viel Energie darauf, auf andere zuzugehen, sie von sich durch ein besonders gewinnendes, attraktives Äußeres, durch interessante Gespräche und/oder durch brillante Leistungen zu überzeugen und für sich einzunehmen. Sein Handikap ist, dass er die Liebe, die man ihm entgegenbringt, nur schwer annehmen kann. Das zwingende Bedürfnis, andere für sich zu gewinnen, hat bei ihm Auswirkungen bis ins Körperliche. So gibt es unter diesem Persönlichkeitstyp ungewöhnlich viele attraktive Menschen. Wenn es richtig sein sollte, dass sich der Geist den Körper baut, dann ist der *Beziehungstyp* ein gutes Beispiel dafür.

Je tiefer die (frühen) Verletzungen, umso größer ist wohl sein Wunsch, sich »heile«, bessere Welten zu schaffen – real oder in der Fantasie. Das können die abstrakten Welten der Mathematik, Physik, Religion, Musik, politischen Utopie, die Welt des Sports oder sonstige private Traumwelten (wie zum Beispiel eine intensive, aber platonische Liebesbeziehung) sein. Hat der *Beziehungstyp* seinen Traum – oder auch seine Traumfrau oder seinen Märchenprinzen – gefunden, so wird er lange daran festhalten, auch wenn die Gegebenheiten – für die anderen freilich – ganz anders aussehen mögen.

Ein *Beziehungstyp* kann sein mangelhaftes In-der-Realität-Sein ersetzen durch ein Wissen über die Realität. Dieses (oft recht umfangreiche) Wissen kann der Wirklichkeit nah oder fern sein:

So gibt es den realitätsnahen *Beziehungstyp*, der clever und trendy ist, bestens Bescheid weiß über aktuelle Mode, Essen, Wohnen, Freizeitbeschäftigung und der auch die »richtige« weltanschauliche und politische Meinung vertritt. Da er »in« sein will, ist er stets unter denen, von denen er annimmt, sie seien die wichtigen Leute.

Und es gibt unter den *Beziehungstypen* Menschen, die in ungewöhnlichen Welten leben, spirituellen, politischen, künstlerischen, philosophischen. Man findet sie in allen denkbaren alternativen Bewegungen. Oder sie unterscheiden sich durch ihre Kleidung und ihren Lebensstil deutlich von dem, was üblich ist. Manchmal verlieren sie dabei etwas den Kontakt zur Wirklichkeit. Aber egal, wie nah oder wie weit sie der Realität mit ihrem Denken sind – selbst das genaueste, exakteste Wissen kann den direkten Bezug zu ihr nicht ersetzen; es fehlt dann das Einmalige, Unverwechselbare, das überraschend Neue. Das Wissen über die Realität mag glanzvoller, beeindruckender erscheinen als die Realität selbst, es mag intelligent sein, doch es ist nicht ganz zutreffend.

Wird aber die sinnenhafte und intuitiv erkennende Verknüpfung zur Realität vernachlässigt, so geht damit auch der Bezug zum eigenen Ich verloren, dem einzig unmittelbaren Zugang, den wir zur Wirklichkeit haben. Und darum ist der *Beziehungstyp* sich oft selbst fremd und fühlt sich bei sich selbst nicht »zu Hause«. Er ist dann unstet, hektisch und nervös. Eine Teilnehmerin beschrieb diesen Zustand mit den Worten: »Ich bin dann nicht mehr in meiner Mitte.«

Dafür kann der *Beziehungstyp* seinem ausgebreiteten »Fangnetz« aus Intuition und Inspiration vertrauen, wenn er hoch unter der Zirkuskuppel des Lebens – chronisch ungenügend vorbereitet und ohne entsprechende Planung – seine Kapriolen schlägt. Er hat nämlich keinesfalls die handlungstypische Gabe, vorsorgend in die Zukunft zu schauen, auch wenn er eine besondere Begabung dafür hat, durch Hoffnung und Vertrauen das zu ersetzen, was ihm an Wissen und Erfahrung fehlt.

Und er wird sich selbst noch eine andere Art Fangnetz aus »Beziehungsfäden« zu lieben Freunden geknüpft haben, das er gut pflegt. Denn es soll ihn in Situationen, in denen es ihm schlecht geht, auffangen, damit er aus Enttäuschung und Schmerz nicht ins Bodenlose seines zerstörerischen, überkritischen Denkens und seiner überzogenen negativen Gefühle (sich selbst und der Welt gegenüber) stürzt.

Der *Beziehungstyp* lebt und liebt in der Gegenwart und ist viel intensiver verstrickt in unterschiedlich starke Beziehungsgefühle als die anderen Persönlichkeitstypen. Wenn er (frisch) verliebt ist, kann er sich an seine früheren Liebschaften nur dunkel erinnern, und er sieht sie auch – beim Blick zurück – nur noch verschwommen und nicht besonders positiv. Ist das nicht wunderbar für die neue »große« Liebe? Der *Beziehungstyp* ist auch fest davon überzeugt, noch nie in seinem Leben so geliebt zu haben wie gerade jetzt. Und er will die Spannung seines Verliebtseins, die Leidenschaft seiner Gefühle (oder auch das Trugbild seiner Imagination) in Hochform halten – auch wenn er dabei mit seiner blühenden Fantasie die Realität kräftig schönt. Das hat schon manches welke Mauerblümchen in eine frische Rose und manchen Frosch in einen feschen Prinzen verwandelt. Ist er irgendwann von seiner »großen Liebe« enttäuscht (das kann sehr schnell passieren), dann geht die Rückverwandlung genauso flott vonstatten.

In Beziehungen braucht der *Beziehungstyp* mehr Nähe und mehr Distanz als die anderen. Manchmal möchte er sich innig nahe fühlen, dann wieder frei und unabhängig. Er braucht Zeit, um seine Distanz und Schüchternheit zu überwinden und sich vertrauensvoll auf den anderen einzulassen. Ist er aber eine Verbindung eingegangen, so mag er sich daraus nicht wieder lösen – man sollte ihn an der langen Leine lassen.

Sein sensibles Gespür für feinste Signale lässt ihn Beziehungsprobleme früher als der Partner erkennen und darauf reagieren. Doch in Beziehungen ist es oft nicht leicht, Ursache und Wirkung eines Konflikts auseinander zu halten. Daraus resultiert das beliebte Spiel, einander den schwarzen Peter zuzuschieben. Wenn mich eine Freundin, *Beziehungstyp,* besuchte, spürte sie schon auf der Treppe, wie meine Stimmung war. Allerdings bezog sie es immer auf sich, auch wenn ich mich gerade darüber ärgerte, dass ich irgendetwas in meiner Unordnung nicht fand. Sie meinte dann, ihr Besuch sei mir unerwünscht.

Da sich der *Beziehungstyp* aus seinem Urtrauma heraus leicht isoliert und fremd fühlt, liebt er Gruppen, Gemeinschaften oder auch Großfamilien. Die Akzeptanz, die er dort findet, gibt ihm die notwendige Sicherheit und die ungezwungene Situation die Freiheit, je nach Stimmung mal mehr oder mal weniger und abwechselnd mit verschiedenen Personen nacheinander den »Beziehungsfaden« aufzunehmen.

Die Erfahrung des Ungeliebtseins oder ihm entgegenschlagender Gefühlskälte kann der *Beziehungstyp* auf zwei Arten kompensieren: Die eine ist, sich zusammenzureißen und »stark« zu sein, sich unabhängig zu machen oder sich selbst zu retten. Die andere Möglichkeit ist, besonders lieb zu sein, es anderen recht zu tun, sie von sich abhängig und sich selbst unentbehrlich zu machen. Dazu projiziert er die eigene (und inzwischen unbewusst gewordene) existenzielle Gefährdung auf andere, um sie dann (an seiner statt) zu retten.

Manchmal verhält sich der *Beziehungstyp* unausstehlich, vielleicht um zu testen, ob man ihn trotzdem liebt oder um sich sein Ungeliebtsein zu bestätigen? Da er selbst überaus sensibel reagiert, geht es ihm dann doppelt schlecht, weil er annimmt, Fürchterliches angerichtet zu haben. In anderen Situationen vermeidet er schroffe Zurückweisungen. Will er sich vor etwas drücken, zieht er es vor, entschuldigend zu sagen, dass »leider was dazwischengekommen« ist oder die Umstände sich anders entwickelt hätten als angenommen. Oder etwas Ähnliches. Selbst wenn er auf Distanz geht, tut er es möglichst auf eine freundliche, liebenswürdige und nicht verletzende Art. Sein typischer Antreiber ist dann weniger das »Sei stark!« als das »Mach's den anderen recht!«

Es gibt zwei Möglichkeiten, den *Beziehungstyp* tief zu treffen. Erstens: Man vermittelt ihm direkt oder indirekt, er sei dumm. Das verletzt ihn abgrundtief. Zweitens: Man schneidet den »Beziehungsfaden« zu ihm ab.

Freilich, der unentwickelte *Beziehungstyp* fordert einen förmlich dazu heraus, ihm mangelnde Intelligenz zu bescheinigen. Seine ständige Angst, für dumm gehalten zu werden, lässt ihn treffende Gedanken nicht aussprechen, oder seine Spontaneität verleitet ihn zu vorschnellen, wenig durchdachten Bemerkungen. Doch er gleicht den Mangel an geistigem Tiefgang oft durch seine gewinnende Emotionalität und natürliche Offenheit wieder aus. Mancher gutmütige *Sachtyp* lässt sich dann dazu verleiten, dem *Beziehungstyp* treuherzig zu versichern, das mit dem Denken doch besser zu lassen, er übernehme das schon für ihn. Oder ein *Handlungstyp,* der das Chaos aufhalten möchte, macht ihn darauf aufmerksam, dass es da gar nichts zu denken gäbe, weil man das eh schon immer so und so mache. Um Missverständnisse oder Überreaktionen bei ihm zu vermeiden, ist es daher empfehlenswert, durchblicken zu lassen, dass man seine Intelligenz und seinen Sachverstand schätzt. Geben Sie ihm also unbedingt – wenn Ihnen daran liegt, ein gutes Verhältnis zu ihm zu haben – einen deutlichen Vorschuss an Vertrauen in seine Liebenswürdigkeit und Klugheit.

Wenn Sie aber den »Beziehungsfaden« zu ihm durchschneiden, ist das für den *Beziehungstyp* wesentlich schmerzlicher. Ein Beispiel: Eine jahrelange Freundschaft zwischen zwei Freundinnen, einem *Sachtyp* und einem *Beziehungstyp,* fand ein abruptes Ende. Vermutlich ging es der *Beziehungstyp*-Freundin schlecht, denn sie fragte (naiv, aber typisch) ihre *Sachtyp*-Freundin: »Du brauchst mich doch, oder?« Die antwortete darauf (für sie ebenso typisch wie ehrlich): »Nein!« Das gab dem *Beziehungstyp* den seelischen Rest.

Durch die ihn stolz machenden Erfahrungen in seiner Kindheit, den gegengeschlechtlichen Elternteil um den Finger wickeln zu können, und allzu leichte spätere Erfolge hat mancher

Beziehungstyp eine geringe Meinung vom anderen Geschlecht und hält – ohne deshalb gleichgeschlechtliche Neigungen zu haben – Freundschaften mit dem eigenen für verlässlicher. Er glaubt, dass alle Männer oder Frauen so schwach und manipulierbar seien wie der eigene Vater oder die eigene Mutter.

Aus diesem Grund inszeniert er gern Psycho-Spiele mit seinem Partner, deckt seine Schwächen auf und bestraft ihn für die Enttäuschungen der eigenen Kindheit. Und er findet sich von Dreiecksbeziehungen angezogen. Ich erinnere mich an eine Frau, die es darauf anlegte, mit verheirateten Männern kurze Affären zu haben, wobei sie größten Wert darauf legte, später die Freundschaft der Ehefrau zu gewinnen und sie zu pflegen.

Auch intellektuell touchiert der wenig entwickelte *Beziehungstyp* leicht und flink wie ein Florettfechter mal da ein Thema, mal hier ein Thema. Er bringt es nicht so leicht fertig, sich tief und gründlich einem Gebiet geistig zu widmen, weil sein anfängliches Strohfeuer der Begeisterung und des Engagements meist schnell nachlässt. Er liebt zu sehr die Abwechslung. Im Vergleich zum *Sachtyp* mit seinem geistigen Tiefgang oder dem *Handlungstyp* mit seinem hartnäckigen Verstand ist der unentwickelte *Beziehungstyp* ein intellektuelles Leichtgewicht.

Der entwickelte *Beziehungstyp* denkt gelassener und realitätsbezogener. Neue Erkenntnisse zu gewinnen, das ist für ihn etwas, das ihn ein Leben lang begeistern kann. Bedenklich wird es, wenn er sich zu sehr mit seinen Gedanken und Ideen identifiziert. Dann wird er ideologisch abheben, denn er verwechselt Idee mit Wirklichkeit, was bei ihm dazu führen kann, dass er sich von der Realität verabschiedet und in seiner Traumwelt etabliert.

Seine Persönlichkeitsentwicklung zeigt sich daran, dass er sich für Konkretes interessiert: Er kümmert sich um die richtige Ernährung, treibt Sport, atmet tiefer (und nicht nur im oberen Lungenbereich). Er betätigt sich handwerklich oder künstlerisch, genießt es, im Urlaub Wind und Sonne auf der Haut zu spüren, Natur- oder Kunstschönheit lange und konzentriert zu betrachten. Bei all diesen (neu gewonnenen) Fähigkeiten geht es um den intensiven Kontakt mit der Realität, entspannt, sinnenhaft und hingebungsvoll. Er denkt nun mehr in Zusammenhängen, konkreter und realistischer. Seine Schwäche war ja gewesen, Situationen isoliert zu sehen und zu durchdenken und Konsequenzen und Zusammenhänge zu negieren, kein Wunder, dass er sein Leben aus vielen kleinen Bausteinen bestehend empfindet, die jedoch nicht zusammenpassen und im Ganzen einen chaotischen, mosaikartigen Eindruck machen. Das mag ganz praktisch sein, wenn man neben seiner »guten Ehe« noch einen Liebhaber hat. Das eine hat dann mit dem anderen scheinbar nichts zu tun.

Doch jetzt erkennt er deutlicher den großen Bogen, macht sich die Zusammenhänge klar und zieht praktische Konsequenzen aus seinen Erkenntnissen. Damit bringt er Ruhe, Gelassenheit und Klarheit in sein Leben. Seine Persönlichkeitsentwicklung zeigt sich auch darin, dass er Verantwortung für politische Aufgaben, Umweltschutz oder Soziales übernimmt. In allen seinen Lebensbereichen wird deutlich, dass er in größeren Zusammenhängen denkt und dass er dieses Denken konsequent in maßvolles Handeln umsetzt.

Es gibt von jedem Persönlichkeitstyp besonders eindeutige Vertreter, die man leicht und sofort erkennt, und man lernt Persönlichkeitsdiagnostik am besten dadurch, dass man von diesen charakteristischen Vertretern im eigenen Bekannten-, Freundes- oder Familienkreis ausgeht und sie studiert. Doch dann trifft man auf Menschen, die untypisch erscheinen: etwa auf einen *Beziehungstyp*, der blass, kontaktscheu, still und intellektuell wirkt, einen aufgedrehten, herzlichen, fröhlich lärmenden *Sachtyp* oder einen weich und warmherzig wirkenden *Handlungstyp*.

Kennt man sich in der Psychographie schon besser aus, wird man auch dort das Typspezifische sehen: Auch das kontaktscheue Verhalten eines *Beziehungstyps* ist schließlich ein Beziehungsverhalten, auch ein kommunikativer *Sachtyp* breitet sein

Denken aus vor den anderen und verhält sich wenig kontrolliert, nämlich sinnenhaft aufgedreht, und die warmherzige Art eines *Handlungstyps* zielt auf Handlungen ab und resultiert aus seiner fortgeschrittenen Persönlichkeitsentwicklung, denn er hat zum Gefühl gefunden.

Auf der anderen Seite weiß ich aus genügend eigenen Erfahrungen, wie man sich täuschen kann beim Erkennen des Persönlichkeitstyps. Wenn man jemanden falsch einschätzt, bleibt oft ein Gefühl einer leichten Irritation zurück, vielleicht so, wie wenn jemand einen Dialekt spricht, den man nur bruchstückhaft versteht, oder wie wenn man etwas verschwommen sieht durch eine beschlagene Scheibe. Erkennt man dann den Typ richtig, entsteht ein Gefühl von Klarheit und Stimmigkeit. Jetzt stimmen die Informationen, die man erhält, mit dem Wissen überein.

Bei der Begegnung mit einem Menschen haben wir es immer mit einer Momentaufnahme zu tun. Wir wissen zunächst nicht, woher er kommt, wo er steht und wie seine Entwicklung weitergeht. In der Psychographie zeichnen wir den Entwicklungsprozess nach, den die Persönlichkeit macht: Beim *Beziehungstyp* verläuft er vom Beziehungsverhalten zum Erkennen, beim *Sachtyp* vom Sinnenhaften und Denken zum Energievollen und beim *Handlungstyp* vom Handeln zum Gefühl.

Die entwickelte, mehrschichtige Persönlichkeit des *Beziehungstyps,* die zugleich klug, interessiert und nachdenklich ist, könnte man vielleicht auf den ersten Blick für einen *Sachtyp* halten, wenn man die geistigen Energien des *Beziehungstyps* nicht als Ergebnisse seiner gelungenen Persönlichkeitsentwicklung erkennt.

Doch auch der entwickelte *Beziehungstyp* unterscheidet sich vom *Sachtyp:* Zum einen bleiben ihm sein Gespür und seine Begabung für Kontakt und Beziehung erhalten, zum anderen verläuft der Prozess bei ihm vom Fühlen über das Denken zum Handeln, das heißt, er wird immer vom Gefühl ausgehen, doch sein Denken wird das Handeln stärker als früher bestimmen.

In der Zusammenfassung ergibt sich für den *Beziehungstyp* folgendes Profil:

Gesicht:
lebendig, attraktiv, große Augen, straffe, fein geschnittene Gesichtszüge, lächelt gewinnend, Gesichtsausdruck rasch wechselnd
Haltung:
aufrecht, gestreckt, steht beweglich, dekorativ, ein wenig hochgezogene Schultern
Gang:
gewandt, elegant, rasch, beschwingt
Gesten:
kontrolliert, erklärend, anmutig
Kleidung:
modisch, geschmackvoll, auffallend
Sprache:
akzentuiert, gefühlsbetont, übertreibend, fantasievoll
Stimme:
hell, klar, melodisch, anziehend
Verhalten in Konflikten:
konfliktfreudig, dramatisierend
Verhalten in Beziehungen:
emotional, verführerisch, kommunikativ, Wechsel zwischen Nähe und Distanz
Gesamteindruck:
von zierlich, dynamisch, dominierend, kämpferisch, ehrgeizig bis wohlgerundet, liebenswürdig, lebendig, mitfühlend, sich aufopfernd

Seine sicheren Grundfähigkeiten liegen im Bereich Beziehung, dort kann er seine Kompetenzen ausspielen. Doch dort liegen gleichzeitig seine Unsicherheiten: Werde ich wirklich angenommen, werde ich wirklich geliebt? Ist das, was ich zurückbekomme, echt oder ist es nur ein Echo auf meine eigene, gewinnende und liebenswürdige Art?

Seine verborgenen Qualitäten liegen im Bereich Erkennen, im entspannten Bei-sich-selbst-Sein, im sinnenhaften Genießen, in seiner Neugierde und seinem Interesse an Erkenntnissen, in Scharfsinn, Klugheit, intuitivem und folgerichtigem Denken, dazu kommen Erfahrungs- und Fachwissen und ein

Gespür für das, was aktuell ist, was gebraucht wird und was ankommt.

Handeln fällt ihm von Haus aus leicht, darin ist er gewandt und geschickt. Doch durch die Entwicklung seiner Schlüsselfähigkeiten im Bereich Erkennen gewinnt es deutlich an Qualität. Es ist viel weniger fremdbestimmt – Wie komme ich gut an, wie erscheine ich klug und kompetent, wie kann ich etwas Besonderes sein, mich abheben vom Gewöhnlichen? – als selbstbestimmt: Was tut mir und anderen gut, was erfordert die Situation, was ist mein Anteil und was können die anderen leisten?

DER SACHTYP – DER MENSCH MIT KÖPFCHEN UND SOUVERÄNITÄT

Worin unterscheidet sich der *Sachtyp* von den anderen Persönlichkeitstypen? Er ist nicht so gewandt im Beziehungsverhalten wie der *Beziehungstyp* und er ist nicht so geschickt im Handeln wie der *Handlungstyp*. Darum tut er sich schwer und macht es sich schwer, ja es kann manchmal richtig wehtun, wenn man sieht, wie sich ein *Sachtyp* »daneben« verhält. Auf der anderen Seite ist es erstaunlich zu erleben, wie er, unbeeindruckt von Konventionen, Neues schafft. Er ist der schöpferische Denker. So hätte man dieses Kapitel auch überschreiben können: »Über die Schwierigkeit, mit einem Genie kleine Brötchen zu backen!« Womit allerdings nicht behauptet wird, dass jeder *Sachtyp* ein Genie sei – wenngleich es unter ihnen viele gibt, die sich insgeheim dafür halten. Das hängt damit zusammen, dass sie immer wieder feststellen, dass sie schneller und besser denken können als viele ihrer Zeitgenossen, dass sie viele Konventionen durchschauen, als unsinnig erkennen und sich wundern, warum die anderen sie ernst nehmen. Sie vermuten dann wohl, dass die anderen ein wenig dumm sein müssen, und fühlen sich überlegen. Das ist nicht ungefährlich für sie, denn damit unterschätzen sie all diejenigen, die vielleicht einfach anders denken, ökonomischer oder intuitiver. Sie kümmern sich weniger um Dinge, auf die sie ohnehin keinen Einfluss haben. Und sie machen Dinge richtig, ohne lange darüber nachzudenken.

Der *Sachtyp* hat ein intellektuelles Flair, weil in ihm, selbstvergessen, ständig die Gedanken kreisen. Bei dieser Überproduktion bleibt nicht nur sein Ich samt gefühlsmäßiger Subjektivität auf der Strecke, er provoziert auch nicht selten tragikomische Situationen, wenn er etwa im heißesten Liebesspiel noch sachlich bleibt, weil ihm plötzlich ein wichtiger Gedanke durch den Kopf schießt – denken Sie nur an Liebesszenen der

Sachtypen Heinz Rühmann oder Woody Allen. Schlimm für einen *Beziehungstyp* als Partner, der mit seiner Sensibilität sofort spürt, dass etwas mit dem anderen nicht stimmt, und es gleich auf sich bezieht.

Natürlich gibt es auch geistlose *Sachtypen,* so wie es unsensible *Beziehungstypen* oder unfähige *Handlungstypen* gibt. An die Stelle des intellektuellen Flairs tritt dann dumpfes Brüten. Doch auch bei ihnen spürt man, sie sind mehr im Kopf zu Hause als im Wollen oder Fühlen. Das können gutmütige und hilfsbereite Leute sein, aber auch solche, die zu Gewalttätigkeiten neigen. Bei Letzteren fehlt es an einer ethischen Einstellung und an Mitgefühl. Das macht sie unberechenbar und gefährlich.

Sachtypen wollen, dass man sich für sie interessiert. Aber um andere in ihren Bann zu ziehen, fehlt ihnen manchmal der entsprechende Elan. Spüren sie Desinteresse, dann geht ihr Selbstbewusstsein baden. Mancher *Sachtyp,* oft ist es der wohlbeleibte, hat die Tendenz, sich wichtig zu nehmen und in Situationen, in denen er sich bedroht fühlt, gleich (und auch prophylaktisch) loszupoltern. Wenn er sich wohl fühlt, macht er einen gemütlichen und etwas verschmitzten Eindruck und kann dann schlagfertig und witzig sein. Er ist ein ausgesprochener Pragmatiker mit der besonderen Begabung, andere für sich arbeiten zu lassen.

Es gibt auch den schlanken und eher groß gewachsenen Typ, der brav, unauffällig und ein wenig geistesabwesend wirkt. Würde man ihn karikieren, so gäbe er nicht selten das Bild vom »zerstreuten Professor« ab. Er ist weicher, vernünftiger und ruhiger als jener, der gerne auftrumpft, und er mag den trockenen, tiefschwarzen Humor. In Auseinandersetzungen ist er bestrebt zu harmonisieren. Er explodiert erst, wenn keiner mehr damit rechnet.

Schließlich gibt es noch den *Sachtyp,* der sich gerne zurückzieht und am liebsten ungestört bleibt. Es sind klare und tief schürfende Denker. Ich erinnere mich an einen Mathematik- und Physikstudenten, dessen Gesicht keine Gefühlsregungen zeigte, der aber unglaublich schnell und präzise denken konnte. Manchmal weiß dieser Typ nicht, was er will. Bei einer Freundin konnte man das schon am Gang ablesen. Wenn ich mit ihr durch die Stadt ging, ging sie nicht geradeaus, sondern zwei, drei Schritte nach halbrechts, dann ein paar Schritte nach halblinks und so weiter. Habe ich sonst meist das Gefühl, ich würde gehetzt, wenn ich mit jemandem spazieren gehe, und bitte regelmäßig um ein etwas geruhsameres Tempo, so meinte ich, sie wie ein Kind hinter mir herziehen zu müssen, um vorwärts zu kommen.

Der *Sachtyp* setzt sein betont vernünftiges und objektives Sprechen und auch sein distanziertes Verhalten (taktisch) dafür ein, dass er unverbindlich bleiben kann, nicht zur Sache kommen, nicht handeln und auch keine Verantwortung übernehmen muss. Die Folgen sind schattenhafte Ehemänner (und Ehefrauen), die angepasst und anhänglich, harmoniebedürftig und deshalb manchmal auch ziemlich langweilig sind, oder schattenhafte Chefs, die sich nicht entscheiden wollen oder können. Meist übernimmt dann eine Sekretärin oder ein Mitarbeiter die Führung.

Der sich wichtig gebende *Sachtyp* kann das gleiche vernunftbetonte Argumentieren benützen, um seine Interessen zu verschleiern und seine Vorteile wahrzunehmen. Er beweist damit allen, wie großartig er ist. Oder er wehrt so Kritik ab, redet dem anderen ein, dass er keinerlei Grund habe, unzufrieden zu sein. Und wenn er Probleme habe, solle er sie gefälligst nicht ihm in die Schuhe schieben.

Nicht nur der *Beziehungstyp* ist vom oft regungslosen Gesicht des *Sachtyps* irritiert. Man weiß im Gespräch über lange Zeit nicht, was er will, wie man mit ihm dran ist und was sich – an Gedanken, Empfindungen oder Gefühlen – wirklich in ihm abspielt. Seine Gesichtszüge sind eher weich, sein Blick ist ernst, beobachtend oder nachdenklich. Wenn er lächelt, dann lieb, verschmitzt, gutmütig, manchmal auch etwas schüchtern, wenn er lacht (was eher selten vorkommt), so lacht er laut und wiehernd.

Im direkten Zweiergespräch überfordert er sein Gegenüber meist mit seiner penetranten Sachlichkeit oder mit differenzierten Fragen und Überlegungen. Mal kann der *Sachtyp* blitzschnell das Thema wechseln oder auch fast gleichzeitig auf mehreren Spuren fahren, um nach einiger Zeit unvermittelt auf das frühere Thema zurückzukommen. Dann plötzlich hält er inne und wird seinen Gesprächspartner (etwas belehrend) darauf aufmerksam machen, dass er sich »jetzt auf etwas konzentrieren will und muss«.

Die Mitarbeiter eines Kollegen beklagten sich darüber, dass dieser bei Gesprächen sie kaum ansah, oft aufstand, im Zimmer auf und ab ging und längere Reden hielt. Ähnlich verhielt er sich, wenn er an einer Fachschule Unterricht hatte. Er lief den Mittelgang auf und ab, und während er druckreif sprach, fasste er sich in regelmäßigen Abständen an die Nase, zog immer wieder seine rutschende Hose hoch und ruderte die übrige Zeit mit den Armen in der Luft. Bei gemeinsamen Prüfungsgesprächen begann er seine Sätze ganz leise und erreichte erst gegen Ende des Satzes seine normale Lautstärke. Auch dort hielt er, statt die Prüflinge zu Wort kommen zu lassen, lange Vorträge. Dabei war es ungünstig, neben ihm zu sitzen, denn er fuchtelte einem mit seinen Händen ständig vor dem Gesicht herum.

Während sich der *Handlungstyp* eher wohl fühlt, wenn viel zu tun ist und unterschiedliche Anforderungen an ihn gestellt werden, fühlt sich der *Sachtyp* belastet und reagiert übellaunig. Besonders unangenehm ist es ihm, wenn er verschiedene Sachen gleichzeitig machen soll. Er beklagt sich dann, macht nichtanwesenden Personen Vorwürfe, schimpft und nörgelt. Doch im Grunde ist das halb so ernst gemeint. Ein wenig Anerkennung, und schon ist er wieder motiviert. Der *Beziehungstyp* will auch in turbulenten Situationen seinen hohen Maßstäben gerecht werden. Er wird sich zusammenreißen und nicht (schnell) aufgeben, und er wird es sich auch nicht eingestehen, wenn er intellektuell überfordert ist. In einer Unterhaltung, die seinen Horizont übersteigt, wird er versuchen mitzuschwimmen, um ja nicht dumm dazustehen.

Befindet sich der *Sachtyp* in seiner Gedankenwelt, dann wirkt er kühl und distanziert. Er schaut vielleicht sogar zur Seite, auf den Boden oder an die Decke oder schließt die Augen (wenn er überlegt), so als interessierten ihn sein Gegenüber, die Situation, das Gespräch oder die geschilderten Probleme nicht. Er wirkt oft wie hinter einer Glasscheibe. Doch das täuscht: Er hört intensiv zu, denkt über das Gehörte nach, und es ist möglich, dass alles in ihm mitschwingt, ihn betroffen macht, und er sich sehr zu Herzen nimmt, was man ihm erzählt. Alles, was zurückhaltend gefühlvoll, innig oder edelmütig ist, spricht ihn an, fällt in die Tiefen seines melancholischen Lebensgefühls und kann ihn in Rührung versetzen. Er wird dieses Gefühl sofort in sich unterdrücken, doch seine Rede stockt für einen kurzen Moment, und es steigt ihm das Wasser in die Augen. Man kann mit ihm warm werden, herzlich sein, doch wenn zum Beispiel der *Beziehungstyp* mit dieser sachtypischen Nüchternheit nicht klarkommt, wird ihm der *Sachtyp* geheimnisvoll entrückt und immer und ewig unerreichbar erscheinen.

Wenn dem *Sachtyp* etwas gefällt oder auch einfällt, reagiert er spontan, platzt damit heraus, zeigt plötzlich seinen Witz und seine komödiantische Veranlagung, unterstreicht sie mit skurrilen Gesten oder Bewegungen. Beim weiblichen *Sachtyp* wirkt das oft herzerfrischend lustig und natürlich, beim männlichen umwerfend komisch. Dann leuchten seine Augen, das etwas blasse Gesicht bekommt plötzlich Farbe (wenn es Falten hat, so verschwinden sie), und die ganze Person ist für diesen Moment schlagartig voll sprühender Lebendigkeit.

Mit dieser sinnenhaften und gedanklichen Spontaneität handelt sich der *Sachtyp* aber auch gelegentlich Ärger ein, wenn er etwa zu wenig Distanz, zu wenig Sensibilität oder diplomatische Klugheit zeigt. Das ist meist dann der Fall, wenn er sich – ohne es vielleicht selbst zu merken – unwohl fühlt oder eben in Gedanken ganz woanders ist und den Bezug zum anderen verloren hat. So kann er sich beispielsweise bei einem Einkaufsbummel mit seiner Ehefrau gedankenverloren nach einer hübschen Passantin umdrehen.

Gerade der *Sachtyp* bringt es fertig, andere in die Pfanne zu hauen, sich wie ein Elefant im Porzellanladen aufzuführen, seine Mitmenschen zu langweilen, vor den Kopf zu stoßen oder (bei Desinteresse) sich abrupt von ihnen abzuwenden. Schade, denn er verspielt für diesen Moment seine eigentlichen Qualitäten, nämlich seine Natürlichkeit, seine geistige Flexibilität und Klarheit. Ich erinnere mich an eine junge Ausbildungsteilnehmerin. Sie konnte auf eine schlichte Art bezaubernd schön sein, auf eine Art, wie das nur *Sachtyp*-Frauen können. Doch die meiste Zeit sah sie trocken und langweilig aus. Dann wusste ich, dass sie jetzt wieder zu viel und zu selbstkritisch dachte.

Denkt der *Beziehungstyp* häufig in Bildern, der *Handlungstyp* in Selbstgesprächen, so geht das Denken bei vielen *Sachtypen* mit Körperempfindungen einher. Dann sind seine Reaktionen vergleichsweise langsam. Sein Wesen hat etwas Erdhaftes und Kreatürliches. Er spricht auch bedächtiger und tiefer als die anderen Typen, benutzt häufiger »Urlaute«, indem er vor oder zwischen seinen Worten brummt, seufzt oder stöhnt. Klingt die Stimme eines *Beziehungstyps* wie eine Konzertgeige, die eines *Handlungstyps* wie eine Trompete, so mutet die des *Sachtyps* wie das dirty gespielte Saxophon eines Jazzmusikers an.

Im Körperlichen kann es ihm an Leichtigkeit, Gewandtheit und Anmut fehlen. Seine nicht selten gebeugte Haltung und sein Gang sind typisch und unterscheiden sich deutlich von den anderen Persönlichkeitstypen: Geht der *Beziehungstyp* beschwingt und leichtfüßig, der *Handlungstyp* kräftig und geradlinig, so schlurft der *Sachtyp* daher, wippt oder watschelt, schwankt leicht auf eine oder beide Seiten oder schreitet mit durchgedrücktem Kreuz und rudernden Armbewegungen in großer Wichtigkeit voran und zeigt sich dabei weitgehend unbeeindruckt von konventionellen Bewegungsabläufen. Genau genommen bewegt er sich so, als habe er das aufrechte Gehen gerade erst für sich erfunden.

Grundsätzlich möchte sich der *Sachtyp* im Leben behaglich fühlen, seinem Hang zur Bequemlichkeit genüsslich nachgehen und sich von seinen Mitmenschen verwöhnen lassen. Das kann bei manchen männlichen *Sachtypen* extreme Züge annehmen: Seine Meinung, dass Frauen nur dazu da sind, um sich für ihn abzurackern, erscheint ihm zunächst einmal so selbstverständlich, dass er darüber weder nachdenken muss noch will. So ein egomanisches Mannsbild bürdet seiner Frau sämtliche Arbeiten in Haus, Garten und bei Einladungen auf (wo er sich dann vor den Gästen wichtig machen kann) und rührt selbst nicht einen Finger. Er kann zwar auch – wie alle *Sachtypen* – sehr kritisch anderen gegenüber sein, geht aber mit sich selbst niemals so hart ins Gericht. Themen, die ihm unangenehm werden könnten, ignoriert oder vergisst er. Es gibt aber auch den *Sachtyp*, der Aufgaben im Haushalt übernimmt, was auf manche Partnerin, die ein eher traditionelles Rollenverständnis hat, durchaus irritierend wirken kann, besonders dann, wenn es aus einem ängstlichen Bemühen heraus geschieht. Es soll hier nicht der Eindruck entstehen, dass der *Sachtyp* nicht dazulernen könnte oder möchte. Doch er muss das lernen, was den anderen Persönlichkeitstypen fast selbstverständlich ist, nämlich etwas fürsorglich und liebevoll für andere zu tun. Zwar ist auch bei ihnen nicht immer alles Gold, was glänzt: Der *Beziehungstyp* zeigt nicht selten ein eher oberflächliches Beziehungsverhalten, und der *Handlungstyp* begnügt sich mit konventionellem Handeln.

Der *Sachtyp* muss beides lernen. Wenn er sich Zeit lässt und konsequent am Ball bleibt, kann er irgendwann beide übertreffen: den *Beziehungstyp* im Zwischenmenschlichen und den *Handlungstyp* in seiner Tüchtigkeit. So gibt es den entwickelten und überaus positiven, altruistischen, wohlwollenden und spontan großzügigen *Sachtyp*, der eine beziehungstypische Freundlichkeit ausstrahlt, dessen Domäne jedoch weiterhin das Erkennen ist.

Ob der *Sachtyp* nun Arbeiter oder leitender Angestellter, Künstler oder Arzt ist, stets hat er einen Hang dazu, abstrakt zu denken, zu theoretisieren, zu systematisieren oder wissenschaftliche Studien zu betreiben. Seine Empfindsamkeit und Feinheit kann er nur durch Distanz, Herbheit und Undurchsichtigkeit schützen. Doch ist diese Art von Schutz und Verteidigung nicht eine zwingend logische Konsequenz aus seiner empfindsamen Persönlichkeitsstruktur?

Der wenig entwickelte *Sachtyp* besitzt eine Schlaraffenland-Mentalität und findet keinen realistischen Ausgleich zwischen Geben und Nehmen. Er ist ein Mensch, der bewundert werden will, ohne im Geringsten das Bedürfnis zu verspüren, dafür auch etwas zu tun. Er wartet darauf, dass ihm die gebratenen Tauben in den Mund fliegen oder dass ein Wohltäter, der seine genialen Talente entdeckt, ihn auf der Stelle weltberühmt macht.

Ich erinnere mich an meine Zeit als Dozent an einer Fachschule. Wenn Schüler Referate halten sollten und einer ganz locker nach vorne kam, in der Hand ein Blatt, noch nicht einmal ganz voll geschrieben, sich lässig auf das Pult setzte und nach einigen witzigen Bemerkungen seine Sache vortrug, etwas wirr und haarscharf am Thema vorbei, keine allzu gute Note bekam, dann tief gekränkt war – so war das mit Sicherheit ein *Sachtyp*.

Der *Sachtyp* geht ziemlich dickfellig und unsensibel darin vor, andere vor den Kopf zu stoßen und zu ärgern, doch er reagiert überaus mimosenhaft auf deren Gegenreaktion. Hat er sich geärgert, dann hält er zäh an seinem Ärger fest und konserviert ihn dauerhaft. Eine Klientin sagte mir: »Die Leute halten mich alle für gutmütig, doch wenn mich jemand verletzt, bin ich rachsüchtig und warte auf meine Chance.« Sie hatte einen Konflikt mit jemandem, der eine höhere Position einnahm. Er hatte neben seiner Ehefrau eine Geliebte, und sie (und andere) kannten den Kosenamen, den diese ihm gegenüber benützte und der ähnlich klang wie sein richtiger Name, wie Warthari und Wadi. Meine Klientin war Ausländerin, sprach zwar gut Deutsch, doch mit Akzent. Das übertrieb sie etwas und redete ihn bei einer öffentlichen Veranstaltung mit Dr. Wadi an.

Mancher *Sachtyp* unterschätzt seine Stärke und seinen Einfluss und überschätzt seine Abhängigkeit von anderen. Deshalb gibt er zu schnell nach oder schließt Kompromisse, die freilich auf seine Kosten gehen. Oder er resigniert, gibt schließlich ganz auf und zieht sich zurück. Entsprechend groß sind dann seine Enttäuschung, Unzufriedenheit und sein Frust über das Leben und die anderen Menschen.

Der *Sachtyp* hat eine eigene Beziehung zur Vergangenheit. Während für die anderen Persönlichkeitstypen über einen längeren Zeitraum hin die Erinnerung verblasst und schmerzliche Erlebnisse wohltuend an Intensität verlieren, scheint der *Sachtyp* ganz anders zu empfinden. Manche *Sachtypen* leiden immer noch oder immer wieder unter Missgeschicken aus der Vergangenheit, andere können vergnügt darüber lachen, was sie in der Hinsicht schon alles inszeniert haben, und stärken ihr Selbstbewusstsein durch Erinnerung an frühere Erfolge, wieder andere nützen die Vergangenheit als unerschöpfliches Repertoire, um über frühere Heldentaten zu erzählen.

Der *Sachtyp* ist häufig Langschläfer, und ähnlich dem besinnlichen *Beziehungstyp* braucht er morgens eine geraume Anlaufzeit, um in Schwung zu kommen. Seine Kleidung ist unkonventionell, bequem, sportlich, selten modisch und häufig vom Schnäppchenmarkt. Er mag Naturmaterialien. Ist der *Sachtyp* teuer und elegant angezogen, dann wird es – trotz des aufwändigen Outfits – immer etwas an ihm geben, das nicht stimmt: Vielleicht sind seine Schuhe nur oberflächlich geputzt, zu sportlich oder passen farblich nicht.

Das erinnert an eine Anekdote, die über Einstein erzählt wird. In den ersten Jahren in New York trug er einen alten langen Wollmantel, der so gar nicht den dortigen Mode-Erwartungen entsprach. Als er von Freunden darauf angesprochen wurde, sagte er: »Hier kennt mich doch keiner.« Jahre später trug er immer noch denselben Mantel. Jetzt antwortete er: »Hier kennt mich so doch jeder.« *Sachtypen* sind so gesehen ideale, wenn auch nachhaltig störrische Erziehungsobjekte für modebewusste Partnerinnen.

Der *Sachtyp* – in der gutmütigen, aber sturen Variante – kommt zu einer Einladung als Letzter und geht auch als Letzter. Will er sich verabschieden, so steht er in seiner »Zeitlosigkeit«

noch eine Stunde mit dem Gastgeber auf dem Flur und quasselt auf ihn ein. Bei einer anderen Gelegenheit wird er sich nicht verabschieden, weil er es vergisst oder es wichtig und eilig hat; oder weil er sich so unbeholfen und/oder verlegen fühlt.

Der *Handlungstyp* wird sich hier förmlicher verhalten und überpünktlich oder zumindest pünktlich da sein. Der weibliche *Beziehungstyp* wird sicher – wegen des großen Auftritts – wirkungsvoll etwas später kommen oder in der gleichen Absicht etwas früher gehen. Wenn es ihm nirgends gelingt, seinen »Beziehungsfaden« zu knüpfen, kann er plötzlich und lautlos, aber ziemlich sauer verschwunden sein.

Mancher männliche *Sachtyp* kann viel Alkohol trinken – und dann auch, wenn er sich provoziert fühlt, dementsprechend ausrasten. Ein winziger Anlass, und seine ganze angestaute Wut entleert sich. Ist er gut drauf, merkt man nicht, dass er schon ganz schön »getankt« hat – außer dass er näher und geselliger wirkt und vielleicht ein bisschen zu viel (von sich) redet. Er hat einen anspruchsvollen Gaumen, liebt gut gewürzte, pikante oder außergewöhnliche Speisen.

Männliche und weibliche *Sachtypen* können beim Kochen einfallsreich und experimentierfreudig sein, und beide stellen das Essen in unkonventionellen Kombinationen zusammen. Dass es auf ihrem Teller immer etwas chaotisch aussieht – wen stört es? Ein weiblicher *Sachtyp* bemerkte nach einem Essen in einem Restaurant, während sie die Speisereste auf ihrem Teller ansah: »Es sieht aus wie in einem Schweinetrog!« Dann blickte sie ihr Gegenüber, ebenfalls ein *Sachtyp*, erwartungsvoll an. Auf sein trockenes »Stimmt!« brach sie in fröhliches Gelächter aus.

Besonders die *Sachtyp*-Frau hat anderes im Kopf als modischen Firlefanz. Sie ist selten passend angezogen, entweder zu elegant, oder – was viel häufiger vorkommt – zu leger, meist aber ist sie recht bequem gekleidet. Hier spiegelt sich auch ihre sachtypische Abneigung gegen körperliches Eingeengtsein wider. Sie mag nichts, was zwickt, drückt oder einzwängt, und kauft sich alle Kleidungsstücke gleich eine Nummer größer.

Modetrends sind ihr relativ unwichtig. Sie schminkt sich, wenn überhaupt, eher dezent und ist auch nicht so zuckrig wie manch weiblicher *Beziehungstyp,* sondern im Umgang frisch und locker, selten schwül oder penetrant.

Aus ihren wachen Augen spricht ihre Intelligenz und innere Schönheit. Sie ist anspruchsvoll und kann sehr schnell das Interesse an ihrem Gegenüber verlieren. Wenn sie uninteressiert oder auch müde ist, wird sie eine fast arktische Gleichgültigkeit ausstrahlen. Doch ihr verletzliches Lächeln verwandelt ihr ruhiges Gesicht, und auch eine unscheinbare Frau wird plötzlich bezaubernd. Wenn ihr danach ist, kann sie einen sinnlichen Charme ausstrahlen.

In Beziehungen ist der *Sachtyp* recht widersprüchlich: Einerseits bringt er es fertig, Menschen – genauso wie seine Gedanken – mühelos hin- und herzuschieben; andererseits geht er oft symbiotische Liaisons ein, hängt sich wie eine Klette an den Partner und liefert sich ihm – sich selbst vergessend – mit Haut und Haaren aus. Er legt Wert auf räumliche Nähe, die Anwesenheit des anderen, seine Verfügbarkeit. Für *Beziehungstypen* ist das eher quälend, sie vermissen den emotionalen Kontakt.

Weil dem *Sachtyp* als Kind nicht erlaubt wurde, »er selbst« zu sein, sich klar und deutlich abzugrenzen und eine autonome Persönlichkeit zu werden, tendiert der *Sachtyp* in intimen Beziehungen immer wieder zu diesem Verhalten. Er möchte den Partner ganz für sich haben und reagiert auf dessen Versuche, Eigenständigkeit zu erlangen, hilflos und gekränkt, was unvermeidlich zu Konflikten führt. Auch wenn ihn seine eigene Reaktion dann belastet, schafft er es doch recht gut, privaten Stress im Beruf zu vergessen.

Der *Sachtyp,* der schon in Freundschaften und (familiären) Beziehungen so leicht verletzbar ist, kann durch eine romantische Liebe mehr leiden als die anderen Persönlichkeitstypen. Auch hier scheint er den Schmerz auf sich zu ziehen, wenn er sein Herz dem oder der Falschen schenkt oder hartnäckig an einer unerwiderten Liebe festhält. Vielleicht steckt hinter seiner unglücklichen Wahl auch der unbewusste Wunsch, sich nicht binden zu müssen. Das Scheitern einer Beziehung wirft ihn auf sich selbst zurück, kann ihm aber auch klar machen, dass er unabhängiger und stärker ist, als er es je von sich gedacht hat. Und es gibt ihm den entscheidenden Anstoß, die Dinge endlich zu tun, die er in der Beziehung aufgeschoben oder vernachlässigt hat.

Während der *Beziehungstyp* in seiner Leichtigkeit viele zärtliche Beziehungen genießt, der *Handlungstyp* auch im verliebten Zustand noch »er selbst« ist und sich nicht so sehr verliert, sondern gelassen distanziert reagiert, ist die Liebe für den *Sachtyp* immer ein quälendes, komplexes Empfinden und Fühlen – und sehr oft auch mit ein Grund für seine tiefe und verborgene Melancholie. Er hat schon so große Probleme überhaupt damit, seine Liebe zu offenbaren. Wenn er nämlich seine Gefühle ausdrücken soll, bringt er meistens keinen Ton heraus. Oder er macht seinem Flirt, der nicht so ganz seiner Vorstellung von der Traumpartnerin entspricht, eine Liebeserklärung und gesteht ihr, dass sie eigentlich »nicht so ganz sein Typ« sei. Er versteht das freilich als Kompliment und will damit ausdrücken, dass seine Zuneigung zu ihr so groß ist, dass er über kleine Unstimmigkeiten hinwegsehen kann.

Im Allgemeinen spricht der *Sachtyp* mit einer bewundernswerten Leichtigkeit. Doch wenn es um seine eigenen Gefühle und Bedürfnisse geht, lähmt ihn eine Mischung aus typischer Zurückhaltung und Befangenheit. Und dieses Unvermögen deprimiert ihn wiederum oder macht ihn wütend. Wenn er sich nach einer liebevollen Umarmung sehnt, wird er nach einigem gedanklichen Hin und Her und stimmungsmäßigem Auf und Ab vielleicht zum anderen sagen: »Du, ich gehe ein bisschen an die frische Luft.« Und er ist dann tief enttäuscht, wenn ihm der andere selbstverständlich zustimmt. Wie soll der auch erahnen, was ihn bewegt? Und er denkt dann enttäuscht: »Mich versteht ja doch niemand.«

Dem *Sachtyp* (im Gegensatz zum *Beziehungstyp*) hilft es wenig, wenn man mit ihm über seine Probleme spricht. Das bewirkt lediglich, dass sie für ihn noch deutlicher und beschwerlicher werden. Seine Zurückhaltung und seine Distanz sind daher auch gesunde Abwehrmechanismen. Gibt er sie auf und breitet seine Probleme aus, geht es ihm hinterher oft noch schlechter als zuvor. Den *Sachtyp* baut es auf, wenn man mit ihm über seine Ziele, Talente und seine verborgenen Qualitäten spricht und die entsprechend positiv herausstellt.

Wenn sich der *Sachtyp* wehrt, dann entweder vorbeugend (und damit schafft er sich erst richtig Ärger) oder erst dann, wenn niemand mehr damit rechnet. Er hat gesammelt und geschluckt, wieder gesammelt und wieder geschluckt. Und dann genügt ihm ein (für Außenstehende) nichtiger Anlass, und er macht den anderen belehrend, kühl und unnachsichtig mit seiner treffsicheren Kritik nieder.

Der *Sachtyp* weint nicht leicht. Er hat sich im Griff, reißt sich zusammen, will und kann sich nicht gehen lassen (eher zeigt er sich trotzig). Wenn er weint, dann allein in seinem Zimmer, aber kaum jemals vor anderen. Seinen Kummer und seine Verzweiflung versteckt er auch vor sich selbst. Er meint tatsächlich, »es« mache ihm nichts aus, was immer »es« auch ist. Er wird dann noch flapsige Sprüche machen, wenn andere schon zusammenbrechen. Ein Onkel von mir entgegnete dem behandelnden Arzt, nachdem der ihm die Diagnose »Krebs« gestellt hatte: »Schauen Sie mich doch nicht so belämmert an! Haben jetzt Sie Krebs – oder ich?«

Überfordern Sie den *Sachtyp* bloß nicht mit Gefühlen. Das wird ihn verunsichern. Wenn Sie versuchen, ihn zu trösten, dann bitte sehr behutsam. Verständnis ist o.k., doch kein Bedauern. Es ist so gut wie sicher, dass sich sein Kummer oder seine Sorgen durch mitleidigen Zuspruch noch verschlimmern. Sagen Sie ihm lieber: »Komm, sei nicht so wehleidig. Ich weiß, du packst das! Wenn es jemand schafft, dann du!« Um sein Gesicht zu wahren, wird er zwar noch ein bisschen das Opfer mimen, doch innerlich hat er Ihnen schon zugestimmt. Und seien Sie auch nicht erstaunt: Er wird sich erst mal zurückziehen, weil er tief in sich weiß, dass nur er allein sich helfen kann.

Erwarten Sie auch keinen Trost von ihm, denn Ihr Leid wird ihn linkisch und unbeholfen machen. Wenn er schließlich doch etwas Tröstliches sagt, dann vermutlich mit den falschen Worten. Legen Sie diese aber nicht auf die Goldwaage, sehen Sie seine gute Absicht, bedenken Sie auch, dass es ihm vielleicht schlechter geht als Ihnen. Und ganz sicher werden Sie über Ihre Probleme längst hinweg sein, während er über seine Malaise weiter grübeln wird.

Der *Sachtyp* erwartet mit einer (für andere schwer nachvollziehbaren) Selbstverständlichkeit, dass man ihm wohlwollend begegnet und freundlich entgegenkommt. Wird diese Erwartung enttäuscht, dann reagiert er gekränkt und verletzt – auch wenn er es nach außen hin nicht (gleich) zeigt. Dafür sieht der *Sachtyp* im Gegenzug auch mehr das Positive in seinen Mitmenschen und schätzt gerade die Qualitäten an ihnen, die ihm selbst fehlen – am *Beziehungstyp* das Lebendige, am *Handlungstyp* die Power. Er bringt ihnen großes Interesse entgegen, doch er neigt auch dazu, Gefahren im Umgang mit anderen völlig zu ignorieren oder bewusst herunterzuspielen.

Lassen Sie sich nicht täuschen: Der *Sachtyp* registriert Feinheiten und ist seinen Mitmenschen gegenüber äußerst anspruchsvoll. Er stellt hohe Erwartungen (ähnlich wie der *Beziehungstyp*), aber er wird nach Enttäuschungen sein Missfallen nicht äußern, sondern es – je nach Grad der Persönlichkeitsentwicklung – ganz oder für längere Zeit unterdrücken. Wenn er frustriert wird, kann er Verständnis dem anderen gegenüber äußern, unbekümmert wirken und meinen, er käme mit der Situation bestens klar. Doch einige Zeit später, wenn er allein ist, steigt in ihm plötzlich ein grenzenloses Gefühl von Enttäuschung auf und überflutet ihn regelrecht.

Für manchen *Sachtyp* ist alles, was ihm gehört, in seinen Augen bewundernswert. So wird er auch seine Kinder überaus nachsichtig und positiv beurteilen und manche ihrer Schwächen und charakterlichen Fehler geflissentlich unter den Teppich kehren. Zum Beispiel wird er seinen Sprössling, der nach

15 Semestern an der Universität immer noch keinen Abschluss hat, als jemanden bezeichnen, der sich vielseitig und gründlich ausbildet. Natürlich ist jeder stolz auf seine Kinder, aber diese Eigenart des optimistischen *Sachtyps* ist schon bemerkenswert.

Ein *Sachtyp* dagegen, der eher eine pessimistische oder kritische Einstellung hat, neigt zum anderen Extrem. Wenn er über seine Kinder spricht, dann klingt das wie ein trockenes, wissenschaftliches Statement: unbestechlich, objektiv und äußerst vernünftig, doch innerlich hat er Angst um sie, ist sich ihrer Schwächen bewusst, der Risiken und Gefahren, die ihnen drohen könnten, und ist erleichtert, wenn sie es trotz seiner eher negativen Erwartungen schaffen.

Der *Sachtyp* will einfach »nur« – so wie er ist, also zu seinen Konditionen wohlgemerkt – anerkannt werden! Und er ist auch wirklich ein liebenswerter, klarer und integrer Mensch, ein treuer und aufmerksamer Freund, der stets bereit ist, lange, ernsthafte Gespräche zu führen. Komplimente, die seinen Persönlichkeitsbereich Erkennen betreffen, kommen bei ihm immer an, also Komplimente über seine schnelle Auffassungsgabe, sein ästhetisches Empfinden, seine geistige Unbestechlichkeit, sein flexibles Denken, seinen Witz und trockenen Humor. Und man kann herrlich mit ihm lästern.

Dem *Sachtyp* tut es nicht gut, wenn er in eine passive Rolle gedrängt wird, obwohl er andere meist dazu einlädt. Doch er braucht gelegentlich ein wohlwollendes und aufmunterndes Schulterklopfen nach dem Motto: »Ich weiß, du machst das prima, wenn du erst mal richtig loslegst!« Das alles hängt mit seiner Schwäche und seinen (verborgenen) Stärken im Entwicklungsbereich Handeln – in den aktiven Fähigkeiten allgemein – zusammen. Wie eine immer höher werdende Bugwelle schiebt der *Sachtyp* Dinge, die dringend erledigt werden müssten, vor sich her. Dann fühlt er sich immer mehr belastet und immer weniger motiviert – bis er sich endlich entschließt, die Sachen anzupacken. Zu seinem Erstaunen macht es ihm dann sogar oft Spaß.

Er kann sich einfach nicht recht durchsetzen, sich selbst wenig schützen, kaum zu den eigenen Bedürfnissen, Erkenntnissen und Handlungen stehen und sich schwer gegen (unzumutbare) Ansprüche oder Kritik wehren. Und deshalb wählt er oft Partnerinnen oder Partner, die Ellbogen haben oder Haare auf den Zähnen. Zu spät merkt er, was er sich damit eingebrockt hat. Wenn er sich schließlich wehrt, dann meist aufbrausend, cholerisch und völlig überzogen, mit dem Ergebnis, dass er sich dadurch noch mehr ins Unrecht setzt. Folglich hat er eine Zeit lang ein schlechtes Gewissen und spielt den Verständnisvollen (»Liebling, wenn ich wütend bin, brauchst du doch nichts darauf zu geben, was ich dann sage!«) und Gutmütigen – jedoch nur bis zur nächsten Explosion.

Die Energien, die im Entwicklungsbereich Handeln liegen, sind bei manchen unterentwickelt, bei den meisten störbar und bei einigen ganz besonders gut entwickelt, so, dass man sie leicht mit einem tüchtigen *Handlungstyp* verwechselt. Sprechen Sie seine kraftvollen Fähigkeiten vorsichtig an, da er sich in ihnen oft noch nicht sicher fühlt. Gemeint sind seine Aktivität, seine Energie, sein Durchsetzungsvermögen, seine planerische Weitsicht etc. Sie werden vielleicht keine Reaktion in seinem Gesicht sehen und er wird sachlich und unbeirrt im Gespräch fortfahren, doch seien Sie versichert: Die sanften Anstöße kommen bei ihm an!

Der *Sachtyp* hat ein feines Gespür für Ungerechtigkeit und Benachteiligung. Er reagiert empfindlich auf Kritik, auch wenn sie berechtigt ist, und kann dann gegenüber denen, die ihn verletzt haben, nachtragend oder auch rachsüchtig sein. Sein Stolz ist höchst verletzbar. Ein Versagen zuzugeben bedeutet für ihn eine Erniedrigung, und sich für ein Fehlverhalten zu entschuldigen, fällt ihm ungeheuer schwer und meistens auch gar nicht ein.

Der *Sachtyp* kann sehr eitel hinsichtlich seiner Arbeit und seines fachlichen Könnens sein. Wird er darin kritisiert, trifft ihn das ungeheuer und lähmt auf Wochen seine Energie. Will man den *Sachtyp* überhaupt korrigieren, dann in der Kombination von zutreffendem Lob und vorsichtigen Verbesserungsvorschlägen – und nochmals: bloß keine Kritik! Wenn Sie ihn auf etwas aufmerksam machen müssen oder wollen, was Probleme schafft, informieren Sie ihn einfach, aber werden Sie nicht moralisch. Für ein vernünftiges Gespräch ist er meist aufgeschlossen.

Einige der tiefsten und vielseitigsten Denker der Weltgeschichte sind *Sachtypen.* Sie sind an geistiger Vitalität, Ausdauer und Produktivität nicht zu übertreffen. Umso mehr, da sie häufig eine Art Sendungsbewusstsein im positiven Sinne besitzen und schon von klein auf spüren, dass sie zu Großem berufen sind. Selten sind sie fanatische Verkünder von »frohen Botschaften« – das wird mehr der abgehobene *Beziehungstyp* oder inspirierte *Handlungstyp* sein. Es ist eine stille, aber umso stärkere Kraft, die den *Sachtyp* vorantreibt.

Der *Sachtyp* arbeitet gern selbständig und eigenverantwortlich und – mit zunehmender Persönlichkeitsentwicklung – auch mit Power, zielorientiert und erfolgreich. Er kann Stunden, ja Tage allein in seinem Zimmer verbringen, dort Musik hörend arbeiten, studieren, lesen und dabei die Welt vollkommen vergessen. Man muss ihn richtig wieder »ins Leben« zurückholen.

In der Teamarbeit ist der *Sachtyp* mehr als die anderen Persönlichkeitstypen von der Wertschätzung seiner Kollegen abhängig. Wenn sie ihn anerkennen und wichtig nehmen, macht ihm seine Arbeit großen Spaß. Der entwickelte *Sachtyp* wird als Vorgesetzter seine Mitarbeiter durch verantwortungsvolle Aufgaben motivieren, ihnen nicht im Weg stehen, sondern sie auf vielen Gebieten fördern und menschlich anerkennen. Der unentwickelte *Sachtyp* hat die Tendenz zu einem laschen Führungsstil, verlässt sich blind auf seine Mitarbeiter und/oder steht nicht genug für sie ein. Er neigt dazu, seine Position (eher harmlos) zu missbrauchen, um sein Selbstwertgefühl aufzubauen – etwa indem er an seine Mitarbeiter hinschwätzt.

Der *Sachtyp* liebt Schönheit, Sprache, Witz und trockenen Humor, er ist empfänglich für jede Art von Kunst, hört gern klassische Musik oder Jazz und liebt anspruchsvolle Literatur. Alles freilich in einer Umgebung, die für manchen Geschmack zu wünschen übrig lässt. Wenn niemand da ist, der Ordnung schafft oder mal aufräumt, bleibt seine Wohnung eben so, wie sie ist. Jedenfalls wird er sich konstant weigern, Zeit zu investieren, um sie aufzuräumen oder gar zu verschönern. Er empfindet Unordnung und Durcheinander oder auch die Kargheit seiner Behausung keineswegs störend, im Gegenteil, sie inspiriert ihn. (Nur ein *Sachtyp* kann jahrelang in einer fast möbellosen Wohnung hausen: Seine Frau hat ihn verlassen und fast alles mitgenommen. Er will sich schon seit Jahren eine Couchgarnitur anschaffen. Ausgemessen hat er bereits. Ein anderer *Sachtyp* ist nicht dazu gekommen, einen Umzugskarton, der in seinem Arbeitszimmer steht, auszupacken. So wird er eben im Laufe der Zeit zu einem Teil der Einrichtung.)

Der *Sachtyp* ist kreativ und schöpferisch, hat aber einen fast masochistischen Hang zum Grüblerischen, das sich dann – vor lauter Hin und Her, Für-und-Wider-Abwägen – selbst verunklart und vernebelt. Ist er in diesem Stadium, so ist das ein warnendes Zeichen dafür, dass er seine analytischen Fähigkeiten mit Aufgaben überfrachtet, die durch sein Handlungs-Ich oder Beziehungs-Ich gelöst werden müssten. Wird er in diesem Zustand auch noch mit Stress und Konflikten konfrontiert, fühlt er sich völlig überfordert. Dann reagiert er meist hilflos, patzig, aggressiv, oder er beklagt sich.

Dem so grübelnden *Sachtyp* passiert es dann, dass er sich wiederholt, in diffusen Ausführungen verliert, ungenau ausdrückt oder langatmige Monologe hält, abschweift, zu großzügig oder zu nachlässig ist, irgendetwas übersieht oder auch vergisst. Gerade in stressigen Situationen, zum Beispiel unter autoritärem Druck oder missgünstiger Kontrolle durch einen Vorgesetzten, können sich diese typischen Aussetzer bei ihm häufen. Sie führen zu ärgerlichen Störungen im Wahrnehmen, Denken und Wollen, besonders wenn sich außerdem die Missachtung eines Bedürfnisses nach Wichtigsein und Zuwendung hinzugesellt. Durch unbewusste Fehlhandlungen ärgert er die anderen. Dann macht er sich – entgegen seiner Absicht – zu allem Übel auch noch zum »Opfer«, und potenzielle Gegner haben leichtes Spiel mit ihm.

Dabei finden sich gerade unter den *Sachtypen* – wie gesagt – viele überdurchschnittlich kreative Menschen, die selbstverantwortlich und eigenständig arbeiten. Die meisten stellen ihr Licht – eben aus jener typischen Ich-Schwäche – weit unter den Scheffel. Werden aber ihre Begabungen erkannt und anerkannt, sind sie zu herausragenden Leistungen fähig. Eine Bekannte über ihren Mann: »Wenn sein Chef ihm sagt, er sei sein bester Mann, geht er auch noch sonntags ins Geschäft.«

Es fällt auf, dass *Sachtypen* häufig Spätentwickler sind. Wenn sie ihre Schlüsselenergien nach der längeren »Aufwärmphase« nutzen und ins kraftvolle Wollen gehen, können sie ihre Leistungen und Qualitäten bis ins hohe Alter auf beeindruckende Weise steigern. Wenn es um »die Sache« selbst geht, ist der *Sachtyp* nämlich in seinem Element und unschlagbar. Er kann den Dingen wirklich auf den Grund gehen, lässt sich dabei durch nichts beirren, weder von Emotionen oder Konventionen noch von Untertanengeist, sieht die Realität unvoreingenommen und objektiv, eben sachlich – so, wie sie ist. Viele Tüftler, Ingenieure, Erfinder, Schriftsteller, Filmemacher, Architekten, Redakteure, Ärzte, Wissenschaftler sind *Sachtypen*, der berühmteste ist wohl Albert Einstein.

Dem *Sachtyp* fällt es schwer, seine Bedürfnisse und Wünsche klar auszusprechen. Das hängt mit seiner objektiven Haltung zusammen, die zwar dem Denken, nicht jedoch dem Fühlen oder Handeln entspricht. Sie lässt den *Sachtyp* so schwer Farbe bekennen und Verantwortung übernehmen. Statt aus gesundem Egoismus heraus selbst zu fordern, lässt er sich überfordern, statt selbst zu wollen, passt er sich an. Das führt dann zu einer brisanten Gegensätzlichkeit zwischen äußerer Ruhe und innerer Unruhe, äußerer Gelassenheit und innerem Verletztsein, äußerlicher Kompromissbereitschaft und innerlicher Rebellion. Über diesen Zwiespalt täuscht sich der *Sachtyp* eine Zeit lang selbst hinweg, indem er ihn einfach nicht wahrnimmt, nicht registriert – bis

»das Fass überläuft« und er entweder plötzlich und scheinbar grundlos explodiert oder ihn vernichtende Gefühle der Enttäuschung und Niedergeschlagenheit überfallen.

Auch beim *Sachtyp* begegnen uns ganz unterschiedliche Ausprägungen: Neben dem verständnisvoll-reservierten findet man den gutmütig-aktiven *Sachtyp,* den pragmatischen Erfolgsmenschen und den kritischen Intellektuellen, den geselligen Genießer und den asketischen Künstler. Als negative Variante sind der cholerische, rebellische, der gewissenlose und der schattenhafte *Sachtyp* zu nennen. Bei erfinderischen und kreativen Menschen sind häufig *Sachtypen* anzutreffen, aber auch bei Schläger- und Säufertypen und wohl auch bei Gewaltverbrechern dürfte ihr Anteil etwas erhöht sein. *Sachtypen* sind weniger eingeschränkt, aber auch weniger gesteuert durch ein regelgeleitetes Über- oder Eltern-Ich.

Den aktiven (und auch den wichtigtuerischen) *Sachtyp* könnte man leicht mit einem *Handlungstyp* verwechseln. Doch er unterscheidet sich von ihm dadurch, dass er viel beweglicher im Denken ist, sich unkonventioneller verhält und dass seine Energie weniger geformt, diszipliniert und an Regeln gebunden ist. Freilich gibt es auch *Sachtypen* mit konservativen Tendenzen, die sich betont ordentlich und zurückhaltend kleiden, Traditionen schätzen, Altes lieben und sich damit oder darin wohl fühlen, zum Beispiel in alten Städten, Häusern, Möbeln, mit alten Büchern, Uhren, Autos etc. Doch das ist etwas, das sie bewusst und im Einzelnen kultivieren, und es ist meist nicht ihr durchgängiger Lebensstil, sondern sie schaffen sich Inseln einer heilen, alten und festgefügten Welt. – Beim *Handlungstyp* ist das ganz anders. Er kommt aus dieser Welt und hat oft umgekehrt gerade das Bedürfnis, sich von ihr freizumachen, den Konventionen und Einschränkungen zu entfliehen.

Der depressive *Sachtyp* richtet seine Aggression gegen sich selbst und entwertet das Leben, wie der Fuchs, dem die Trauben zu hoch hängen. Die Welt wird für ihn so reizlos und grau, dass er lehrbuchmäßig die Symptome der klassischen Depression zeigt. Eine lange Serie von permanenten emotionalen Verletzungen, die zwar oberflächlich überwunden scheinen, doch innerlich nie aufgearbeitet wurden, führen dann eventuell auch zum Zusammenbruch.

Der ausgelassen-lebhafte *Sachtyp* wird häufig mit dem überschäumenden *Beziehungstyp* verwechselt, doch er ist in seinem Verhalten viel weniger kontrolliert. Der weibliche *Sachtyp* achtet nicht so sehr auf sein Äußeres, auf seine Wirkung und ob er eine gute Figur macht, und er hat auch eine lässigere (bis laszive) Körperhaltung. Die Lebendigkeit des *Sachtyps* geht eher ins Handeln, er ist unternehmungslustig. Beim *Beziehungstyp* wird sie mehr im Kommunikativen und gefühlsmäßig ausgelebt.

Auch das ist typisch: Eine Teilnehmerin aus einem Seminar war schon von weitem an ihrem unbekümmerten und lauten Lachen zu erkennen; eine Dozentin führte während ihres Vortrags immer wieder Selbstgespräche: »Wo bin ich stehen geblieben – Wo habe ich das jetzt?« Das kann nur der *Sachtyp* fertig bringen! Während der *Beziehungstyp* ständig einen unsichtbaren Spiegel mit sich herumträgt, in dem er permanent den Effekt seines Verhaltens überprüft, ist der *Sachtyp* gedankenverloren und reflektiert weit weniger seine Wirkung auf die anderen – sie ist ihm eigentlich auch ziemlich gleichgültig.

Der cholerische *Sachtyp* schluckt seine Enttäuschungen zunächst hinunter, macht geraume Zeit perfekt gute Miene zum bösen Spiel, bis ihm schließlich der Kragen platzt und er verbal und manchmal auch handelnd blindwütig um sich schlägt. Dabei ist seine Wahrnehmung eingeschränkt, so dass er sich danach kaum erinnern kann, was er Verletzendes gesagt oder geschrien hat. Der rebellische *Sachtyp* macht alle möglichen Autoritätspersonen dafür verantwortlich, dass er selbst zu kurz kommt, so als hätten die anderen ihn um Ruhm, Erfolg und Lebensfreude betrogen. Er streitet auch gerne und findet in diesen Auseinandersetzungen ein Ventil, um gründlich Dampf abzulassen. Es geht ihm nicht um die Sache selbst, sondern um das Wortgefecht, das er auch gerne provoziert, indem er zuerst den Partner »anschießt«. Er übersteht die Auseinandersetzung glänzend, weil er innerlich auf der intellektuellen Ebene bleibt und sich emotional keineswegs richtig einlässt, auch wenn er sich momentan sehr aufregt.

Die Passion des rebellischen *Sachtyps* zum Streit – als sein spezifisches mentales Training, als Austausch von Ideen oder einfach Dampfablassen – hinterlässt bei ihm kaum seelische Blessuren. Er fühlt sich dabei voller Energie, stark. Das fühlt sich für ihn gut an – im Gegensatz zum stillen *Sachtyp,* der leicht in die Opferhaltung kippt und dann peinlich verletzt reagiert. Auch der *Beziehungstyp* (als Kontrahent) ist emotional engagiert, doch es vermittelt ihm kein gutes Gefühl, weil er mit Liebesentzug rechnet. Er wird den Disput – dem er nicht ausweicht – je nach Schärfe mehr oder weniger persönlich nehmen und auf Verletzungen beleidigt, aggressiv oder betroffen reagieren und sich zurückziehen. Für manchen *Handlungstyp* ist es wie ein sportliches Kräftemessen und er kann dabei ein Gefühl von Nähe und Intimität empfinden.

Ein Beispiel aus einem Seminar: Ein Teilnehmer – wie sich später herausstellt, *Sachtyp* – hört sich in der ersten Stunde die Ausführungen des Referenten schweigend an und sitzt da, als sei er überhaupt nicht geistig anwesend. Dann jedoch meldet er sich zu Wort, greift den Vortragenden an, setzt ihm mit schnellen Fragen zu und »mischt« die anschließende Diskussionsrunde mit spitzen Bemerkungen auf. Das gemeinsam eingenommene Mittagessen schmeckt ihm hervorragend. Er strahlt sichtlich Zufriedenheit aus und plauscht jovial mit den anderen Teilnehmern. Am frühen Nachmittag nickt er mitten in der Gesprächsrunde ein. Man merkt es kaum, er hält den Stift zwischen den Fingern – doch er schläft. Plötzlich meldet er sich zu Wort, hat wieder kritische Einwände, droht vorzeitig wegzugehen, bleibt dann doch bis zum Ende des Vortrags und noch ein Stück hinaus, verabschiedet sich schließlich wortreich und hinterlässt ein Gefühl der Befremdung. Später versichert er telefonisch, dass er von der Veranstaltung sehr positiv beeindruckt war.

In der Zusammenfassung ergibt sich für den *Sachtyp* folgendes Profil:

Gesicht:
ernst, indifferent, wenig Minenspiel, weiche Gesichtszüge, lächelt verschmitzt, kindlich bis lieb
Haltung:
locker, entspannt, hängende Schultern, steht unruhig
Gang:
schlendernd, nachlässig, eher langsam, mit hängendem Kopf oder aufrecht und »wichtig«
Gesten:
lasch, unkontrolliert, veranschaulichend
Kleidung:
bequem, sportlich, praktisch bis qualitätsbewusst, meist unauffällige Farben, zufällige Zusammenstellungen, selten modisch gestylt
Sprache:
undeutlich, weitschweifig, sachlich, anschaulich
Stimme:
tief, leise, monoton
Verhalten in Konflikten:
konfliktscheu, verharmlosend, manchmal cholerisch, vernünftig argumentierend
Verhalten in Beziehungen:
ausgleichend, harmonisch, anhänglich, eher sachlich und handelnd als gefühlvoll, manchmal rebellisch und egoistisch
Gesamteindruck:
ruhig, nachdenklich, verständig und verständnisvoll, geistig beweglich, rasche Auffassungsgabe, distanziert, zurückgenommen oder auftrumpfend, weich, kompromissbereit, eher schwach bis wichtigtuerisch, sachlich, nüchtern, braucht etwas Zeit, um in eine kraftvolle Haltung zu kommen, langsam ansteigende und abfallende Energie, zeigt wenig Gefühle

Seine sicheren Grundfähigkeiten liegen im Bereich Erkennen, seine verborgenen Qualitäten liegen im Bereich Handeln (= Willensstärke, Tatkraft, Verantwortung, Engagement, Zusammenarbeit etc.); als besonders wertvoll erlebt der *Sachtyp* Wollen, Entscheiden, Handeln und Erfolg.

DER HANDLUNGSTYP – DER MENSCH MIT ENERGIE UND HERZ

Wenn sich *Beziehungstypen* gehen lassen, dann unterhalten sie sich, *Sachtypen* schauen in der Gegend herum oder verlieren sich im Nachdenken und *Handlungstypen* fangen an zu arbeiten. Fast ohne Einschränkung kann man sagen: Der *Handlungstyp* ist sehr aktiv und tüchtig, liebt Ordnung und Sauberkeit, zeigt mehr als die anderen Persönlichkeitstypen Energie, Tatkraft, Verantwortungsbewusstsein, Fürsorglichkeit, Treue und eine natürliche Autorität.

Es gibt allerdings auch *Handlungstypen*, die zu Bequemlichkeit neigen, und zwar dann, wenn die Herausforderung der Pflichterfüllung fehlt. »Manchmal, beim Einschlafen, habe ich gedacht, wenn ich nur nicht mehr aufwachen würde. Doch am nächsten Morgen hat man mich wieder gebraucht. Und dann war wieder alles gut.« Das erzählte mir eine alte Frau, die jetzt im Pflegeheim wohnt. Wenn sie zu bequem ist, an einer Veranstaltung teilzunehmen (was ihr vermutlich gut tun würde), dann erzählt sie jeder Schwester etwas anderes, wo es ihr überall wehtut.

Meist ohne es genau zu registrieren, ist der *Handlungstyp* hart zu sich selbst (und kann auch zu anderen hart sein). Dabei möchte er als liebenswert und menschlich gelten, doch sein eher sprödes, kantiges und autoritäres Wesen verwehrt den Einblick in seine gefühlsmäßige Sensibilität. Seine Art, seine Haltung und seine Selbstsicherheit flößen Respekt ein.

Manche *Handlungstypen* orientieren sich stärker an Personen. Sie können autoritätsgläubig sein und anderen gegenüber autoritativ in ihrem Verhalten. Manche richten sich nach Vorschriften, Normen, Regeln – und es ist ihnen wichtig, dass auch andere sie einhalten. Die gute Meinung der anderen, der gute Ruf können ihnen überaus wichtig sein. Deshalb legen sie Wert auf ein angemessenes Auftreten, eine solide äußere Erscheinung, ein ordentliches Outfit und gute Manieren. Sie haben feste Meinungen und die vertreten sie lautstark.

Dabei zeigen sie manchmal wenig Einfühlung und Rücksicht. Sie meinen es doch gut mit dem anderen! Ein weiblicher *Handlungstyp* kann bei einem Kaffeekränzchen zu ihrem molligen Gegenüber in einem Gespräch über das Thema Abnehmen so laut sagen, dass es alle hören: »Wenn du aus dem Klimakterium raus bist, verlierst du deine Pfunde von allein!« Aber wenn man den *Handlungstyp* zurückpfeift, besinnt er sich sofort auf sein diplomatisches Geschick.

Mancher verliert sich mehr in einer Art Pflichterfüllung. Im Gegenzug erwartet er dieses selbstlose Engagement freilich auch von den anderen. Es sind jene *Handlungstypen,* von denen man sagt, sie seien mit ihrer Firma oder ihrem Verein verheiratet. Sie sind bescheiden, fürsorglich und hilfsbereit. Und sie sind auch gemütliche Genießer, die gerne gut essen und trinken.

Neben dem diplomatischen und pflichterfüllenden *Handlungstyp* gibt es noch den kämpferischen. Er ist der reizbarere, aber sinnenfrohere Typ, der hart arbeitet, hart im Nehmen, aber auch nicht zimperlich im Austeilen ist. Diplomatie ist nicht sein Ding. Seine Reizbarkeit, seine versteckten oder offenen Aggressionen, seine Sensibilität lassen ihn ähnlich reagieren wie ein cholerischer *Sachtyp.* Auch der kann flegelhaft aggressiv seinen Gesprächspartner niederbrüllen, doch sein Tonfall wird weniger gehässig sein. Der *Sachtyp* wird von seinem Zorn überwältigt, der *Handlungstyp* kann ihn auskosten.

Verglichen mit dem *Beziehungstyp* gibt sich der *Handlungstyp* »lauter«. Er muss dazu nicht ärgerlich sein. Es ist einfach Überschuss an Energie. In anderen Situationen wirkt er wieder »leiser« als der *Beziehungstyp,* das heißt konservativer und bescheidener. Er hat die besondere Fähigkeit oder das diplomatische Geschick, sich beliebt zu machen und gleichzeitig auch Respekt zu verschaffen. Er ist im Vergleich zum *Sachtyp* kraftvoller, ordentlicher, aber leider auch weniger flexibel. Was nicht heißen soll, dass er nicht mit wechselnden Schauplätzen und unterschiedlichen Umständen zurechtkommt. Im Gegenteil, recht gut sogar. Doch er selbst bleibt in seiner Identität seltsam unverändert. Er drückt jeder Situation seinen Stempel auf, während sich die anderen Persönlichkeitstypen (mehr oder weniger) den Situationen anpassen.

Der *Handlungstyp* ist kein Machtmensch, er strebt nicht nach Überlegenheit um ihrer selbst willen (das gilt eher für den *Beziehungstyp*). Er benützt seine Autorität, um das durchzusetzen, was er für richtig hält. Freilich stehen hinter seinen Wertvorstellungen und Argumenten manchmal Allgemeinplätze und oft unbewusste Zwänge, die ihn und andere einschränken, verbietend wirken und im Extrem sogar lebensfeindlich sind.

Der *Handlungstyp* redet meist deutlich und mit kräftiger und – im Unterschied zu den anderen Typen – wenig melodischer Stimme. Sie vermittelt unmissverständlich, dass er etwas Richtiges und Wichtiges zu sagen hat und dass dem besser nicht zu widersprechen ist. Denn das, was er sagt, stützt sich nicht nur auf persönliche Erfahrungen, sondern auf durchweg anerkannte Werte, Normen, Vorschriften und leider auch auf solide Vorurteile.

Der *Handlungstyp* spricht mit einem sichtbar (oder unsichtbar) erhobenen Zeigefinger und kraftvollen, etwas mechanisch wirkenden, meist beidseitig synchronen Hand- oder Armbewegungen. Er sitzt oder steht ganz leicht nach vorne gebeugt und hält dabei den Oberkörper unbeweglich – allzeit »handlungsbereit«. Und oft spricht er mit einem Lächeln, das gute Laune verbreiten soll und hinter dem er seine wahren Gedanken und Gefühle verstecken kann. Oder er reißt Witze und will damit Stimmung machen. Mancher *Handlungstyp* schmückt sich mit geistreichen Sprüchen, um intellektuell zu wirken und damit emotionalen Abstand aufzubauen. Statt Nähe zuzulassen, verbreitet er Stimmung. Er schafft so auf verschiedene Arten Distanz zwischen sich und die anderen (mit ihren Problemen) und baut klug vor, dass sie ihn nicht direkt betreffen können.

Der weibliche *Handlungstyp* ist (im Gegensatz zum weiblichen *Beziehungstyp*) von der Natur weniger mit Schönheit verwöhnt. Die *Handlungstyp*-Frau hat etwas herbere Gesichtszüge und manchmal einen kräftigeren Körperbau. Doch das bekümmert sie meist wenig. Sie ist humorvoll, hat einen zurückhaltenden Charme und kann sehr warmherzig sein. Sie gibt sich keinesfalls so überschwänglich oder auch so überkontrolliert wie die *Beziehungstyp*-Frau. Ihre Stimme ist auch nicht so melodisch, eher gepresst. Das kann im Zweifelsfall ein entscheidender Hinweis zur Typ-Identifikation sein.

Für eine *Beziehungstyp*-Frau kann Übergewicht ein permanentes Drama sein. Stark übergewichtige *Handlungstyp*-Frauen sagten mir übereinstimmend, dass sie zwar lieber etwas schlanker wären, doch es sei kein wirkliches Problem für sie, ihre Ehemänner würden sie *so* lieben, ihre Freunde hätten sie *so* gerne und sie würden sich körperlich recht wohl fühlen, seien beweglich, aktiv und ausdauernd.

Der *Handlungstyp* braucht Ordnungen, Regeln, einen anerkannten Rahmen im Beruf, in der Partnerschaft, selbst in der Freizeit. Anders als der *Beziehungstyp*, der Institutionen oft als seelenlos erlebt oder sie zu seinen Zwecken (miss)braucht, und anders als der *Sachtyp*, der die damit verbundene Abhängigkeit als bedrückend empfindet und sich am liebsten selbständig machen würde, fühlt sich der *Handlungstyp* in Institutionen recht wohl. Sie geben ihm vor allem die Sicherheit, »das Richtige« zu tun. Die Forderungen, die Institutionen in puncto Loyalität, Einsatz und Ausdauer an ihn stellen, sind ja Eigenschaften, die ihm liegen.

Der *Handlungstyp* ist durch und durch Realist, wobei er allerdings die Realität der eigenen Bedürfnisse häufig übergeht, vernachlässigt oder gar nicht mehr wahrnimmt. Er will gleichzeitig gemocht und als Autorität respektiert werden. Diese Gegensätze bringt er besser unter einen Hut als der *Beziehungstyp*. Der *Handlungstyp* hat in der Tat alle Voraussetzungen, um ein vertrauensvoller Geschäftsmann, guter Politiker oder Diplomat zu werden.

Man findet ihn daher häufig in Führungspositionen, an der Spitze von politischen und sozialen Institutionen, Behörden, Gerichten, Schulen und Universitäten. Er weckt Vertrauen und erfährt Anerkennung, und er besitzt die notwendigen Qualitäten für diese angesehenen Stellungen. Freilich ist er oft mehr Verwalter als Initiator.

Der *Handlungstyp* verwechselt leicht »Identifikation« mit »Identität«, das heißt, er identifiziert sich weitgehend mit vorgegebenen Rollen wie: »Ich bin Beamter«, »Ich bin ein richtiger Mann« oder »Ich bin eine gute Hausfrau und Mutter« etc. Dieses Aufgehen in einer Rolle führt leicht zur Ausbildung einer Pseudo-Identität, die sein wirkliches Ich als Persönlichkeit – gewollt oder ungewollt – verwischt. Er verliert so die Sensibilität für sich, ist aber auch einer Selbstbestimmung oder »Definition seiner eigenen Person« zum großen Teil enthoben.

Dass das Selbst etwas Immaterielles ist, beängstigt ihn und führt zu einer Angst vor dieser psychischen »Leere« (das heißt vor diesem Nur-ich-selbst-sein-Müssen). Und das ist spätestens dann der Fall, wenn ihn die übernommene Rolle aus irgendwelchen Gründen nicht mehr trägt und er im Begriff ist, seine soziale Identität zu verlieren. Das kann beispielsweise der Fall sein, wenn die Kinder erwachsen werden, aus dem Haus gehen und die Mutter nicht mehr gefragt ist; oder wenn jemand seine berufliche Position aufgeben muss, weil er pleite ist, arbeitslos wird oder in Rente beziehungsweise in Pension geht. Wenn sich der *Handlungstyp* ausschließlich mit seiner beruflichen Rolle identifiziert, ist er leider der typische Kandidat für den Pensionstod.

Andererseits spürt der *Handlungstyp* die Unfreiheit, die mit dieser Über-Identifikation zusammenhängt, weil sie ihm wenig kreative Handlungsmöglichkeit und menschliches Erleben lässt, denn sie beinhaltet an Rollen gebundene Vorschriften wie: »Als Beamter muss ich ...« oder »ein rechter Mann muss ...« Wenn ihn sein Pflichtbewusstsein nicht daran hindert, seine unter Konventionen verborgenen Liebesenergien zu aktivieren, kann er eine echte, tragfähige und auf dem eigenen Gefühl aufbauende Persönlichkeit werden. Wenn nicht, wird er in Rollenerfüllung und Sinnentleerung enden.

Mancher *Handlungstyp* liebt rustikale Formen der Entspannung und Enthemmung. Da er gern Alkohol trinkt, weil ihn das weicher macht, näher ans Gefühl bringt, oft verbunden mit dem gängigen Motto: »Ein Mann muss was vertragen können!«, kann dieses gewohnheitsmäßige Entspannungstrinken bei ihm ganz allmählich zum Alkoholismus führen. Nicht zuletzt deshalb, weil er regelmäßiges Trinken größerer Mengen durch seine körperliche Robustheit auch ganz gut zu vertragen scheint.

Ich habe einen *Handlungstyp* kennen gelernt, der auf jedermann einen hilfsbereiten, sympathischen und kameradschaftlichen Eindruck machte. Er konnte ungewöhnlich fürsorglich sein. Doch unter Alkoholeinfluss verwandelte er sich in einen paranoiden, rücksichtslosen und sexistischen Menschen mit einem extrem destruktiven Potenzial. Und es schien, dass die destruktive Seite immer mehr die Oberhand bekam, bis ihn der unerwartete Tod seiner Tochter dazu veranlasste, das Trinken aufzugeben. – Jack Nicholson hat diesen Typ oft in seinen Filmen dargestellt.

Geht es ihm gut, ist er großzügig, ja charmant, und würde man ihn nicht genauer kennen, man hielte diesen Menschen für ein Muster an Hilfsbereitschaft und Liebenswürdigkeit. Doch urplötzlich kann er beinhart und unnachsichtig werden. Er arbeitet und genießt exzessiv. Es macht ihm nichts aus, auszurasten und andere anzugreifen. Ihn kann an manchen Tagen »die Fliege an der Wand« stören. Er fühlt sich schnell missverstanden, und wenn andere (egal, ob Familienmitglieder oder Arbeitskollegen) nicht seinem Wunsch gemäß parieren, bringt ihn das in Harnisch.

Ich hatte mit diesem Typ über Jahre hinaus beruflich zu tun, und es war fürchterlich, in seine Schusslinie zu geraten. Er nahm keine Rücksicht auf sich und seine Mitmenschen – außer er war von ihnen (beruflich) abhängig –, und er arbeitete buchstäblich wie ein Pferd. Um der Hektik und immensen Arbeitsbelastung in seinem Job als Kameramann für die aktuelle Berichterstattung etwas entgegenzusetzen, suchte er Entspannung im reichhaltigen Essen, Trinken, Rauchen und Kaffeegenuss. Je ausgepumpter er war, desto größer schien mir seine Gier. Auch wenn er keine Anzeichen von Abhängigkeit zeigte, war sein Arbeitstag erst rund nach dem abendlichen Kneipenbesuch mit Arbeitskollegen. Er war von unwahrscheinlicher Härte zu sich selbst, arbeitete sogar mit hohem Fieber. Doch die andere, positive Seite seiner Persönlichkeit waren seine Hilfsbereitschaft und ein nahezu rührendes Einfühlungsvermögen. Probleme von anderen konnten ihn sichtlich betroffen machen.

Der weibliche *Handlungstyp* ist die Frau »auf den zweiten Blick« oder, wie mich eine Kollegin dieses Typs sofort verbessert hat, »auf den dritten oder vierten«. Als Partnerinnen sind weibliche *Handlungstypen* viel gefühlvoller und leidenschaftlicher, als der etwas herbe erste Eindruck vermuten lässt. Dazu sind sie »gefühlsechter« als der *Beziehungstyp,* der seine Gefühle gern ein wenig schönt, oder der *Sachtyp,* der sich gefühlsmäßig anpasst. Vor allem *machen* sie viel für ihren Partner, die Ebene des Machens ist der direkte Ausdruck ihrer Liebe zu ihm. Auch dann, wenn sie von ihren Partnern nicht gerade verwöhnt werden, sind *Handlungstyp*-Frauen oft jahrzehntelang treu. Wenden sich jedoch ihre lange vernachlässigten Gefühle schließlich einem anderen zu, so mit der Wucht eines Naturereignisses.

Abgesehen davon, dass sie ganz selbstverständlich davon ausgehen, dass sie mit ihrer Meinung Recht haben und sich kaum davon abbringen lassen, sind sie fair im Umgang mit anderen und einfühlsam. Sie ertragen es nur schwer, andere leiden zu sehen, und geben deshalb gern spontan Ratschläge und Hilfestellungen. Und völlig unerträglich ist für sie, wenn dieses Leiden Kinder und Tiere betrifft. Das mag damit zusammenhängen, dass *Handlungstypen* häufig ihre eigene Kindseite vernachlässigen und unterdrücken und dass sie ihre eigenen Gefühle und ihre Lebendigkeit stellvertretend bei Kindern und Tieren erleben. Die werden dann nach Strich und Faden verwöhnt, besonders wenn es Enkelkinder sind, für deren Erziehung sie sich nicht mehr so verantwortlich fühlen.

Handlungstypen, besonders die Frauen, sind die großen – wie es in der romantischen Liebe der Fall ist – unglücklich Liebenden. Dabei sind ihre Gefühle tief, echt und über Jahre beständig. *Beziehungstypen* mögen ihre Gefühle dramatischer äußern, *Sachtypen* einen Mitleid erregenden Eindruck machen, wenn sie unglücklich verliebt sind, doch beide haben sich längst anderweitig getröstet, wenn der *Handlungstyp* noch immer still und tapfer liebt und leidet.

Dabei ist der *Handlungstyp* jemand, der Menschen eigentlich so akzeptiert, wie sie sind, ohne so überzogen kritisch (oder begeistert) eingestellt zu sein, wie es der *Beziehungstyp* ist, oder sich so leicht enttäuschen zu lassen wie der *Sachtyp.* Deshalb fühlt man sich in Gegenwart des entwickelten *Handlungstyps* überaus wohl, weil er einem das Gefühl geben kann, dass er einen so nimmt und schätzt, wie man eben ist.

Wird der *Handlungstyp* älter, wird er meist auch stattlicher – *Handlungstyp*-Männer haben markante und klar umrissene Gesichtszüge. Doch sein größeres Gewicht macht ihn nicht dicker wie den *Beziehungstyp* oder rundlich weicher wie den *Sachtyp,* sondern eher respektvoller, würdevoller und stabiler. Wenn er aber an Gewicht verliert, dann zeigt sein Gesicht tief eingegrabene Falten. Man sieht deutlich, dass er ein Leben lang ohne Rücksicht auf sich und seine Gesundheit hart gearbeitet und intensiv gelebt hat.

Wohl keiner ist so engagiert in seiner Arbeit, Firma oder in dem Unternehmen, für das er tätig ist, so einsatzfreudig für seine Kollegen und Mitarbeiter wie der *Handlungstyp.* Er ist so fleißig und beständig wie der sprichwörtliche Schwabe und ebenso unerschütterlich konservativ in puncto Konventionen und Normen. Er gehorcht seinem überstarken Pflichtbewusstsein, übergeht dabei eigene Gefühle des Unwohlseins und nimmt wenig oder gar keine Rücksicht auf seine Schwachstellen. Er verzeiht sich und anderen keinen Schlendrian. Wichtig für ihn ist, dass er schaffen kann, dass er Entscheidungen entschlossen trifft und anpackt, auch wenn er aus seiner Ungeduld und Getriebenheit heraus manchmal übereilt entscheidet und handelt und sich nach negativen Ergebnissen hinterher Vorwürfe macht.

Auf meinen Freund Danny trifft das genau zu: Werktags in einer Sportwagen-»Schmiede« als Meister tätig, repariert und restauriert er in seiner Freizeit alte Autos, Motorräder und antike Möbelstücke, baut an seinem »Häusle«, sammelt Uhren, formt aus edlem Autoschrott kleine Kunstobjekte und ist an vielen Wochenenden im Jahr noch »Schrauber« bei internationalen Autorennen. Länger als eine Viertelstunde kann Danny nicht stillsitzen. (K)ein Wunder, dass er an seiner Seite einen verständnisvollen und ruhigen *Sachtyp* hat. Die beiden ergänzen sich großartig.

Der männliche (und oft auch der weibliche) *Handlungstyp* hat handwerkliches Geschick, und es macht ihm Freude, dass er selbst vieles reparieren oder anfertigen kann. Selbstverständlich sind Wohnung, Haus, Garten, Auto etc. in einem Top-Zustand. Der *Sachtyp* sieht das alles nicht so eng. Autopflege und Wartung zum Beispiel sind ihm weniger wichtig – entsprechend ist dann der Zustand des »guten Stücks«. Wenn sein Wagen eine Wäsche nötig hätte, wartet er vertrauensvoll auf den nächsten Regen. Er ärgert sich zwar über die erste Schramme an seinem neuen Auto, doch irgendwann vergisst er sie. Der *Beziehungstyp* dagegen hat nicht selten ein fast erotisches Verhältnis zu seinem Gefährt, das er mit ausgesprochener Hingabe pflegt.

Apropos Auto, Fahrstil und Typologie: *Handlungstypen* fahren in der Regel zügig bis schnell. Sie sind gute und verantwortungsbewusste Fahrer, allerdings ungeduldig und recht kritisch anderen Verkehrsteilnehmern gegenüber. *Beziehungstypen* fahren sportlich, lieben das Risiko oder die Show im offenen Sportwagen. Dann können sie demonstrativ langsam an Straßencafés vorbeifahren, damit die anderen Zeit haben, sie zu bewundern. *Sachtypen* neigen eher zum Trödeln und Träumen. Sie achten auf sparsame Verbrauchswerte, und wenn sie ihr Auto einmal lieb gewonnen haben, fahren sie es, bis es auseinander fällt.

Wir wissen schon: Der dynamische *Beziehungstyp* will seine persönliche Note mit dem Auto kräftig unterstreichen und hat darum – mehr als die anderen – ein Faible für »besondere« Fahrzeuge, also meist Sportwagen oder sportlich aussehende Fahrzeuge. Sie symbolisieren sein Lebensgefühl voll geballter Kraft und werden seinem Anspruch, besser, schneller und attraktiver zu sein, absolut gerecht. Der liebenswürdige *Beziehungstyp* dagegen mag »sympathische« Autos. Mit einem liebenswerten Auto kann er sicher sein, dass er noch mehr Sympathiepunkte einsammelt.

Sachtypen mögen praktische und geräumige Fahrzeuge, etwa einen schweren Jeep und – zur Freizeitgestaltung – eine massive Harley Davidson. Mit so einem monströsen Untersatz kann er die eigene Bedeutung unübersehbar unterstreichen. Der stillere und zurückhaltende *Sachtyp* kauft sich eventuell einen geräumigen Kombi mit einem sparsamen Dieselmotor und genießt die Genugtuung, beim Autofahren noch Geld sparen zu können. *Beziehungstypen* werden verspieltere, leichtere Ausführungen dieser Autogattung kaufen, während der *Handlungstyp* nach dem Wolf-im-Schafspelz-Prinzip einen eher unauffälligen, doch hochmotorisierten Wagen wählt.

Ist für den *Beziehungstyp* und den *Handlungstyp* das kernige Dröhnen des Motors Musik in den Ohren, wird es der *Sachtyp* eher als störend empfinden, weil er klassische Musik (oder Jazz) während der Fahrt hört. Der *Sachtyp* tut sich auch manchmal schwer mit der Orientierung, verpasst die Autobahnausfahrt oder verfranst sich in der Botanik – weil er in Gedanken meist woanders ist. Er wird sich auch aus einem diffusen Bedürfnis nach Sicherheit in die Obhut eines namhaften Automobilclubs begeben. Der *Beziehungstyp* macht es wegen des Aufklebers und der *Handlungstyp,* weil es für ihn zu einem perfekten Autofahrer einfach dazugehört.

Handlungstypen stehen auf konservativ wirkende, solide Autos, die einen qualitativ hochwertigen und wertbeständigen Eindruck machen und auch ihre berufliche Position augenfällig demonstrieren. Existiert in ihrem Betrieb eine »Auto-Rangordnung«, dann werden sie sich strikt daran halten und den Wagen fahren, den sie sich gerade noch leisten können, ohne negativ aufzufallen, oder, wenn sie zu den bescheidenen *Handlungstypen* gehören, sich den Wagen zulegen, der sie nicht unter Wert repräsentiert.

Kauft man von einem *Handlungstyp* einen Gebrauchtwagen, so wird man selten enttäuscht. Alle Inspektionen sind gemacht, die Rechnungen und sonstige Belege fein säuberlich archiviert. Überraschungen wird man dagegen beim *Sachtyp* erleben. Es kann passieren, dass er einem mit treuherzigem Blick einen Schrotthaufen andreht – oder sein gutes Auto weit unter Preis anbietet. Der *Beziehungstyp* ist in der Regel ein fairer Verkäufer, doch man muss aufpassen, dass er einem seine Auto-Ideologie nicht gleich mitverkauft und man plötzlich einen Wagen fährt, den man eigentlich gar nicht haben wollte.

Ist der *Handlungstyp* »aufgewacht«, hat er das unbändige Bedürfnis, sich von Zwängen, Konventionen und Einschränkungen frei zu machen. Das zeigt etwa seine Tendenz, schnell die Automodelle zu wechseln und auch keine besondere Vorliebe für einen speziellen Autotyp zu haben. Entscheidet sich der *Handlungstyp* für ein unkonventionelles oder betont sportliches Auto, dann will er das Flair und Abenteuer dieser Art von Freiheit und Unbürgerlichkeit genießen. Oder er verliert das Interesse an Autos und kauft sich stattdessen lieber ein Motorrad oder noch besser ein Pferd. Das bringt ihn näher an die Landschaft, an die Natur und kommt seiner Liebe zu Flora und Fauna weit mehr entgegen.

Auch bei seinen eher konventionellen Vergnügungen in seiner oft knappen Freizeit hält sich der *Handlungstyp* an vorgesehene Zeiten, Orte und Gebräuche. Familien- und Vereinsfeiern, Volksfeste, Fasching, geselliges Treffen bei einer Gartenparty – er liebt es lustig und gemütlich. Und er schätzt Traditionen. Ähnliches gilt auch für seine politische Einstellung. Er ist meist konservativ, liebt das Bewährte und Gewohnte. Dabei übersieht er häufig, dass sich die Realität schon seit geraumer Zeit verändert hat.

Unter normalen Umständen weiß der *Handlungstyp* genau, was er will. Dann ist er entscheidungsfreudig, tüchtig und konsequent. Doch wenn er sich nicht wohl fühlt, kann diese Entschlusskraft rasch verloren gehen. Dann kann die *Handlungstyp*-Frau schon morgens vor dem Kleiderschrank stehen, fast unfähig, sich zu entscheiden, was sie anziehen soll. In Stresssituationen zögert er, sich zu entscheiden, oder er greift auf bewährte Strategien zurück. Wenn Vorstände von großen Unternehmen oder Banken heute Entscheidungen treffen, die vor ein, zwei Jahren richtig gewesen wären, dürften daran *Handlungstypen* beteiligt sein.

Die Ursachen für diese Unentschlossenheit sind die frühen Verbote aus der Zeit des zweiten und dritten Lebensjahres, wo man dem *Handlungstyp* allerlei Handlungsverbote eingebläut hat: »Tu das nicht!«, »Spüre nicht, was du willst!« und »Fühle nicht deinen Schmerz!« Diese Weisungen und Einschränkungen haben ihn sowohl ein Braves-Kind- als auch ein strenges Elternverhalten ausbilden lassen – und die Rebellion dagegen. Eine seiner weniger erfreulichen Möglichkeiten, mit solchen unbewussten Verboten zu leben, ist, sie an andere weiterzugeben und sie ebenso zu »behandeln« – »Ich meine es nur gut mit dir!« und »Uns hat das auch nicht geschadet!« In den meisten Fällen muss man leider feststellen, doch, es hat ihm geschadet.

Das Selbstwertgefühl des *Handlungstyps* zeigt sich besonders deutlich in Konflikten. Selten wird er blindlings losstreiten und spontan reagieren – von der konfliktfreudigen Variante des *Handlungstyps* abgesehen, der daraus einen Lustgewinn zieht. Meistens verhält er sich taktisch klug und vermeidet eine direkte Konfrontation im Zorn oder auf einem Terrain, das er nicht kennt. Der (weibliche) *Handlungstyp* wird eventuell seine Lippen zusammenpressen, aufstehen und den Raum verlassen oder das

Thema wechseln, nur mit der Absicht, nicht, wie man früher sagte, die Contenance zu verlieren – die Fassung oder (äußere) Gelassenheit in schwierigen Situationen.

Es kann Ihnen aber auch passieren, dass er sich weigert zu diskutieren, zu streiten oder zu verhandeln, weil er sich offensichtlich im Recht glaubt. Seine Robustheit und Vitalität, sein Vertrauen in Glück und Erfolg geben dem *Handlungstyp* das Image der psychischen und physischen Unerschütterbarkeit. Dass er dabei mehr leidet, als er zeigt, wissen nur wenige. Selbst wenn er tief unglücklich ist, zeigt er wenig davon. Doch ihm Nahestehende spüren die Wellen von negativen Energien, die von ihm und seinem inneren Konflikt ausgehen.

Der *Handlungstyp* ist felsenfest davon überzeugt, dass die Welt viel besser wäre, wenn es mehr so aufrechte, rechtschaffene und großzügige Menschen gäbe wie ihn. Kurz: Wer seine Moral, Vorlieben und Maßstäbe nicht mit ihm teilt, dem fehlt (aus seiner Sicht) mindestens eine Kardinaltugend, der ist entweder zu wenig moralisch gefestigt oder blind für die Realität oder schlichtweg dumm, und das lässt er den anderen auch deutlich spüren.

Nur ein *Handlungstyp* bringt es jedoch fertig, banale Dinge des Alltags moralisch zu etikettieren, etwa wenn nach seiner persönlichen Farbenlehre die Farbe der Strümpfe nicht zur Farbe der Schuhe passt. Er kann mit dieser Wertung andere verblüffen oder verwirren und so eine Diskussion in der ersten Runde klar nach Punkten für sich entscheiden. Ein Beispiel: Mag ein *Handlungstyp* gewisse Moderichtungen nicht, so wird er sie mit dem Anspruch, höchste moralische Instanz zu sein, als »ordinär« abqualifizieren, etwa einen zu kurzen Rock, zu auffallende Schminke, eine zu »offenherzige« Bluse.

Auch die Frage der Gesundheit kann für ihn eine hochmoralische sein, denn er wird körperliche und geistige Schwäche mit unzulänglicher Lebensführung in Zusammenhang bringen, nach dem Motto: »Ich bin gesund, weil ich ordentlich und rechtschaffen lebe. Würden andere auch so leben, wären sie auch gesund!« Wenn er selbst erkrankt, dann aus moralisch einwandfreien Gründen, entweder durch Ansteckung oder Überarbeitung. Die psychosomatischen Aspekte einer Krankheit sind ihm nicht geheuer – er hat richtige, normale, anständige Krankheiten. Doch der vitale *Handlungstyp* bleibt – aus welchem Grund auch immer – tatsächlich bis ins mittlere und hohe Lebensalter gesund und sucht bis zu diesem Zeitpunkt selten einen Arzt auf. Er erwartet von seinem Körper, dass er funktioniert, und sein starker Wille hält diese »Maschine« auch voll am Laufen.

Der *Handlungstyp* bringt es fertig, jegliche Regel zur gesunden Ernährung durch eine gründliche Missachtung auf den Kopf zu stellen und dennoch erstaunlich fit und leistungsfähig zu bleiben. Erst wenn er seinen psychischen und physischen Raubbau nicht mehr weiter betreiben kann, bricht er seelisch und körperlich zusammen. Er kann – scheinbar völlig gesund und ohne Vorwarnung – an einem Herzinfarkt oder Schlaganfall sterben. Häufig hat er dann seine Kräfte aufgebraucht und die warnenden Symptome »tapfer« übergangen oder aus Mangel an Selbstbeobachtung einfach nicht wahrgenommen. Sein Schwachpunkt ist allgemein die Tendenz, sich etwas vorzumachen, dadurch Schwächen zu überspielen und sich selbst gegenüber unnachsichtig zu sein.

Für den *Handlungstyp* gibt es wohl nichts Schlimmeres als das (gutbürgerliche) Gesicht zu verlieren. Doch seine unterdrückten Emotionen können ihn ebenso kühl und verletzend handeln lassen. Trotzdem wird er sich nicht leicht von seinem Partner oder seiner Familie trennen. Es sei denn, er begegnet nach jahrelangem Beziehungsfrust einer leidenschaftlichen Liebe. Dann kann er, konsequent, wie er nun mal ist, von heute auf morgen adieu sagen. Doch sein Wunsch, gut (oder noch besser) vor den anderen dazustehen, hat im Allgemeinen Priorität. Das kann auch der Grund sein, warum er nach einer Scheidung ein faires und freundschaftliches Verhältnis mit seinem Ex-Partner aufrechterhalten will.

Ein Beispiel: Ein etwas chaotischer weiblicher *Beziehungstyp* heiratete einen soliden *Handlungstyp.* Der zog sich aber bald nach der Heirat von seiner Frau zurück und verbrachte seine Freizeit wieder mit seinen ehrenamtlichen Tätigkeiten im Golf- und Tennisclub. Sein bester Freund kümmerte sich um die enttäuschte Ehefrau, tröstete sie einfühlend und engagiert – es kam zu Schwangerschaft und Scheidung. Nun heiratete sie den Freund, und der Ex-Ehemann wurde Trauzeuge. Er ist heute ein geschätzter und verlässlicher Freund der Familie und kümmert sich rührend um die Kinder.

Der *Handlungstyp,* mit Ausnahme der kämpferischen Variante, ist bereit, vieles unter den Teppich zu kehren, und unternimmt oft große Anstrengungen, um nicht mit seiner Familie, seinem Partner, Freunden oder Kollegen im (Dauer-)Clinch zu liegen. Obwohl er sich – wie auch der *Sachtyp* – nach einer Auseinandersetzung selten für seine Fehler entschuldigt (wenn doch, steckt meist eine Absicht dahinter), so ist er zumindest bemüht, eine ungute Situation zum Beispiel bei einem Bier oder einer Tasse Kaffee wieder einzurenken. Dann kommt seine Stärke des nüchternen Darlegens, Beurteilens, Schlichtens, Abwägens, Fakten-Zurechtbiegens, Argumentierens und Kompromisse-Schließens voll zum Tragen. Übrigens: In der Bewältigung einer großen Krise ist er meist unübertrefflich – es sind die kleinen Veränderungen, die ihn aus der Bahn werfen können.

Probleme in einer Beziehung wird der *Handlungstyp* mehr an der Oberfläche kitten, im Gegensatz zum *Beziehungstyp,* der die Beziehung auf einer tieferen Ebene klärt und so wieder neu und solide auf die Beine stellt, und auch im Gegensatz zum *Sachtyp,* der gute Miene zum bösen Spiel macht und die Probleme herunterspielt. Warum sollte der *Handlungstyp* auch anders handeln? Seine Domäne ist das Handeln und nicht das Fühlen, und seine Lebensklugheit rät ihm, dass Gefühle leichter zu verändern sind als Verhaltensweisen. Und im Gegensatz zum *Beziehungstyp* kennt er sehr wohl seine gefühlsmäßigen Grenzen. Er hat gelernt, wie er seine emotionale Stabilität bewahren und sich vor psychischer Überforderung schützen kann.

Sicher, der *Handlungstyp* liebt seine Familie, doch die Familienmitglieder beschleicht manchmal das ungute Gefühl, dass er seine Familie genauso lieben würde, wenn sie aus völlig anderen Menschen bestünde. Typisch ist auch, wie der *Handlungstyp* zu Außenstehenden über seine Familie spricht: Er erläutert ganz genau die jeweiligen Verwandtschaftsgrade, die (äußere) Art seiner Beziehung zu den einzelnen Familienmitgliedern und die chronologische Reihenfolge von Geburten, Sterbefällen und sonstigen Familienereignissen. Wenn er erzählt, dann gibt er Fakten wieder oder Bewertungen und wohlmeinende Ratschläge, aber selten eigenständige Reflexionen, subjektive Eindrücke, Urteile, Empfindungen und Gefühle. Es ist ein Handeln via Sprache, mit dem er sein wirkliches Erleben übergeht.

Wenn man die Energie und Power des *Handlungstyps* anspricht (also seinen Persönlichkeitsbereich), so ist ihm das eher peinlich, weil es ihm völlig selbstverständlich erscheint. Öffentliches Lob kann ihm sogar quälend unangenehm sein. Komplimente prallen an ihm ab, nicht zuletzt deshalb, weil er in seinem Herzen restlos davon überzeugt ist, dass keiner die Dinge auch nur annähernd so gut managt wie er. Unfähigkeit in seiner Umgebung kann er ertragen, solange sich der andere um Besserung bemüht. Doch für Launen und Anspruchsdenken hat er absolut kein Verständnis.

Man sollte vorsichtig sein mit Komplimenten, die seine Emotionalität – also seine Schlüsselenergie – berühren. Besonders der überschwängliche *Beziehungstyp* braucht hier Fingerspitzengefühl, denn er berührt eine sensible, gut geschützte, aber auch sehr verwundbare Stelle, ähnlich wie beim *Sachtyp*, wo die Gefühle aber noch tiefer verbuddelt sind.

Der weibliche *Handlungstyp* wird auf Komplimente je nach dem Grad der Persönlichkeitsentwicklung abgestuft reagieren, der unentwickelte meistens entrüstet abwehrend. Denn die Komplimente werden hier nach Inhalt fein säuberlich in verschiedene »Moralschachteln« einsortiert mit etwa folgenden Etiketten: »Alles Lüge!« – »Der will was von mir!« – »Der kennt mich nicht, sonst würde er anders reden!« – »Der will mich wohl auf den Arm nehmen!« – »Der ist nicht ernst zu nehmen!« Und so weiter. Machen Sie also ehrliche, keineswegs überzogene Komplimente, vorrangig über den Persönlichkeitsbereich.

Anders als beim *Beziehungstyp* oder *Sachtyp* sind die verschiedenen Ausprägungen des *Handlungstyps,* also der fürsorglich-anteilnehmende, der unterstützend-kameradschaftliche, der verantwortungsbewusst-humorvolle, der kreativ-menschliche, doch leider auch der autoritär-unduldsame, der bürokratisch-pingelige und der reaktionär-selbstgerechte *Handlungstyp,* nur verschiedene Seiten einer Persönlichkeitsstruktur. Erstaunlich ist die typische Bescheidenheit des *Handlungstyps:* Es geht ihm nicht so sehr darum, sich persönlich zu profilieren, sondern er stellt seine Person in den Dienst einer Aufgabe.

Die wohl häufigste Variante ist der etwas zurückhaltend-fürsorgliche *Handlungstyp* mit seiner kraftvollen Struktur, tüchtig und hilfsbereit. Trotz seiner autoritären Tendenzen ist er freundschaftlich und solidarisch gegenüber seinen Mitmenschen, seinem Partner, den Mitarbeitern und dem Unternehmen – ein überaus angenehmer Zeitgenosse. Die Voraussetzung dafür freilich ist, dass er seine Schlüsselenergien Vertrauen, Sympathie und Spontaneität ausreichend entwickelt hat. Das macht seine Grundstruktur aufgeschlossen und beweglich.

Besonders für den *Beziehungstyp* ist das unpersönliche und regelhafte Verhalten des unentwickelten *Handlungstyps* schwer zu ertragen. Schlimm wird es für ihn, wenn der *Handlungstyp* seine Gedanken und Ideen mit irgendwelchen »Erfahrungswerten« einfach vom Tisch fegt. Es ist sehr wahrscheinlich, dass ihm der *Beziehungstyp* seinen Frust dann lebhaft zeigt. Doch der *Handlungstyp* wird seine Methoden kaum ändern, sondern erstaunlich unsensibel reagieren und noch sturer und pingeliger auf seinen Prinzipien herumreiten.

Der *Sachtyp* hingegen tut sich mit dem *Handlungstyp* etwas leichter, zum einen, weil er dessen Umtriebigkeit als Stärke interpretiert und darum schätzt. Der *Handlungstyp* ist ja da, wo der *Sachtyp* hin will, nämlich im kraftvollen, entschiedenen Wollen und Handeln. Zum anderen, weil ihn der *Handlungstyp* mit seiner moderaten Art emotional nicht so überfordern wird wie der *Beziehungstyp*. Umgekehrt tut sich ein *Handlungstyp* mit einem halbwegs entwickelten *Sachtyp* leichter als mit einem *Beziehungstyp*, der ihn gleichzeitig anzieht und irritiert.

Beim entwickelten *Handlungstyp* fallen drei Eigenschaften besonders auf: seine Fürsorglichkeit, seine Kameradschaftlichkeit, sein herzliches Lachen, das seine Freude am Leben ausdrückt. Die menschliche Seite des Lebens gewinnt für ihn immer mehr an Bedeutung, und mit seiner wachsenden emotionalen Sensibilität legt er immer größeren Wert auf die menschliche Qualität einer Verbindung.

Der *Sachtyp* wirkt auf den *Handlungstyp* eher beruhigend, der *Beziehungstyp* aufregend im positiven und negativen Sinne. Er ist fasziniert, aber auch verunsichert und schnell verärgert. Denn der *Handlungstyp* will ja da hin (und scheut gleichzeitig davor zurück), wo der *Beziehungstyp* ist, nämlich in die Gefühle. Die sind ihm »heilig«. Dann nervt es ihn, wenn er erlebt, wie der *Beziehungstyp* mit Gefühlen spielt. Ähnlich reagiert ein *Beziehungstyp*, wenn ein *Sachtyp* bei einem verwickelten Theoriethema, in dem er sich gut auskennt, mit spielerischer Leichtigkeit seine Gedanken- und »Seiten«-Sprünge macht.

Statt nur zu arbeiten, beginnt der *Handlungstyp* allmählich, mehr und mehr sein Leben zu genießen. Er isst und trinkt gern und gut, hat Freude an gemeinsamen, sportlichen Betätigungen und entdeckt, dass ihm sogar das Faulenzen (!) Spaß machen kann (ohne gleich wieder ein schlechtes Gewissen zu haben). Dabei liegen seine Aktivitäten in der Freizeit zunächst eher im traditionellen Rahmen: Kegeln, Feste feiern, Vereinsleben. Und man kann beobachten, dass er sich auch hier typisch verhält, also gründlich und ausdauernd dabei ist.

Sein lautes Lachen hat mehr mit Humor als mit Witz zu tun.

Auch hier überwiegt das Gefühlsmäßige, Herzliche gegenüber dem scharfsichtigen und intellektuellen Witz. Mancher *Handlungstyp*, der im freien Beruf seine Arbeit einteilen kann, macht spontan einen Kurzurlaub, packt ein paar Sachen zusammen, geht zelten, wandern oder fischen, lässt die Seele baumeln und kommt fantastisch erholt zurück.

In einer Zeit, in der viele nur auf ihren eigenen Vorteil und ihr Fortkommen bedacht sind, nehmen sich die Tugenden des entwickelten *Handlungstyps* besonders wertvoll aus. Sein Verantwortungsgefühl für das gemeinsame Wohl, seine fürsorgliche Haltung und sein soziales Engagement, das nicht aus einer Retter-Position kommt, sondern seiner urigen Tüchtigkeit entspringt, sind im positivsten Sinne konservative und stabilisierende Faktoren einer funktionierenden Gesellschaft. Negativ wirkt sich sein pragmatisches Beharren auf scheinbar Bewährtem aus. Er erstickt damit unkonventionelle Ideen, Begeisterungsfähigkeit und das Engagement für Neues.

In der Vergangenheit wurden die negativen Seiten des *Handlungstyps* noch kultiviert. Er war der Prototyp des guten Untertanen und treuen Beamten: gehorsam, selbstlos, gewissenhaft, hart gegen sich und andere, ein Spiegelbild der autoritären Gesellschaftsstrukturen seiner Zeit. Damals wurde in der Erziehung der Eigenwille des Kindes als böse angesehen und gebrochen. Und die Disziplinierung wurde konsequent in der Schule, in der Kirche, beim Militär und am Arbeitsplatz fortgesetzt.

Heute unterstützen die veränderten gesellschaftlichen Bedingungen eher die positiven Seiten seiner Persönlichkeit. Eine freizügige und kindgemäße Erziehung und die Bejahung von Lebensfreude und Lebenslust fördern den *Handlungstyp* in seiner positiven Entwicklung. In unserer Gesellschaft heute, die von neurotischen Ansprüchen und kurzsichtigen Egoismen bestimmt ist, sind gerade sein Verantwortungsbewusstsein, seine Bereitschaft zu gemeinsamem Handeln und seine Orientierung an ethischen Zielen wieder überaus wertvolle Eigenschaften, die es zu unterstützen und auszubauen gilt. Und ein entwickelter Handlungstyp wird sich tatkräftig für positive Veränderungen einsetzen.

In der Zusammenfassung ergibt sich für den *Handlungstyp* folgendes Profil:

Gesicht:
entschlossen, energisch, geordnet, häufig kräftige Gesichtszüge, lacht offen
Haltung:
tatkräftig, steht fest, zurückgezogene Schultern
Gang:
marschierend, kraftvoll, vorwärts strebend
Gesten:
nachdrücklich, energisch, geregelt
Kleidung:
solide, konservativ, Blumen- und Pflanzenmuster
Sprache:
deutlich, anweisend, bestimmend
Stimme:
nachdrücklich, laut, kräftig, etwas rau
Verhalten in Konflikten:
konfliktfähig, moralisierend
Verhalten in Beziehungen:
kameradschaftlich, hilfsbereit, einschränkend
Gesamteindruck:
energiegeladen, förmlich, geradlinig, moralisierend, selbstgerecht, verlässlich, pflichtbewusst, karg, ehrlich, reizbar

Seine sicheren Grundfähigkeiten liegen im Bereich Handeln, seine verborgenen Qualitäten liegen im Bereich Beziehung; als besonders wertvoll erlebt der *Handlungstyp:* Fühlen, Spontaneität und Sympathie.

DAS GEHEIMNIS DER PERSÖNLICHKEITSENTWICKLUNG

Wenn Menschen erwachsen werden, bedeutet das nicht, dass ihre Persönlichkeitsentwicklung deshalb abgeschlossen ist. Wir haben alle eine ungefähre Vorstellung davon, was eine entwickelte Persönlichkeit ist und was sie von einer unentwickelten unterscheidet. Doch was ist das genau, Persönlichkeitsentwicklung? Hat das etwas zu tun mit Intelligenz, mit besonderen Begabungen, einem glücklichen Naturell, mit Willenskraft oder spirituellen Erfahrungen? Oder kann jemand eine entwickelte Persönlichkeit auch ohne eine dieser besonderen Fähigkeiten sein?

Wir können die Frage, was eine entwickelte Persönlichkeit ausmacht, aus Sicht der Psychographie beantworten. Vielleicht ist es die beste Antwort, die es auf diese Frage gibt, wenngleich wir nicht beanspruchen, dass es die einzig mögliche und endgültig richtige Antwort ist. Wir meinen, dass Persönlichkeitsentwicklung davon abhängig ist, wie weit jemand seine Schlüsselfähigkeiten entwickelt hat und lebt. Wir unterscheiden Persönlichkeitsentwicklung von psychischer Gesundheit – sie hat viel mit dem Persönlichkeitsbereich zu tun – und von selbstbestimmtem Verhalten im Zielbereich.

Es ist ja bekannt, dass viele bedeutende Künstler oder geniale Menschen psychisch oft nicht besonders gesund und ausgeglichen waren. Doch ob jemand ein selbst- oder eher fremdbestimmtes Leben führt, hat nicht immer mit Persönlichkeitsentwicklung zu tun. Mancher Sonderling, der ein extrem eigenwilliges Leben führt, oder eigensinnige Politiker, die keine Rücksichten kennen, sind hierfür gute bzw. schlechte Beispiele. Persönlichkeitsentwicklung ist etwas, was gut tut, den Betreffenden selbst und denen, die mit ihnen zu tun haben. Entwickelte Persönlichkeiten sind klüger, kreativer und liebevoller als unentwickelte. Sie sind nicht vollkommen, können auch Fehler haben und machen, doch sie lernen daraus.

Persönlichkeitsentwicklung findet in unserer Zeit und in unserer Gesellschaft in einer bislang nie da gewesenen Breite statt. Zwar führt die größere individuelle Freiheit dazu, dass manche Menschen haltlos werden, sich verirren und ruinieren, doch viele nützen die Chance für sich und für ihr Leben. Und sie finden mehr Anregungen und Hilfen als je zuvor. Auch die Psychographie kann den Blick weiten und schärfen – und bewusst machen, wie wertvoll Persönlichkeitsentwicklung ist und was man selbst dazu beitragen kann.

In früheren Generationen war es nur wenigen Menschen möglich (und noch wenigeren erlaubt), ihre Persönlichkeit zu entwickeln: Künstlern, Dichtern, dem Adel oder Mitgliedern einiger religiöser Gemeinschaften. Diese Chance mussten manche mit einem hohen Preis bezahlen, mussten ein asketisches, von den anderen abgegrenztes Leben führen, oder sie wurden ausgestoßen, verfolgt und umgebracht.

Die allgemeine Regel war, sich anzupassen, sich ein- und unterzuordnen. Dafür sorgten früh die Familien und die Verwandtschaft, später die Schule, Kirche, die Lehrherren und das Militär, Polizei und Verwaltung. Diese Herrschaft war freilich nicht immer und überall gleich wirksam, es gab Nischen, relative Freiräume, Brüche in Kulturen und Überschneidungen, und es gab Phasen und Landstriche, die mehr Freiheiten ermöglichten als andere. All dies galt bis weit in unsere Zeit hinein.

Der fast unvorstellbare Anpassungsdruck prägte auch das Selbstbild und Selbstverständnis der Unangepassten. Sie erlebten sich im Kontrast zur Masse der Bevölkerung als Ausnahmen. Sie waren asketisch eingestellt oder waren Menschenverächter, dachten kritisch oder führten ein Leben, das die Schranken der engen Moral durchbrach. Heute sind die Gegensätze nicht mehr so groß. Es finden sich entwickelte Persönlichkeiten in allen Bevölkerungsschichten, auch unter so genannten »einfachen« Menschen und nicht nur in jenen Kreisen, die durch

Bildung, Einfluss und Besitz privilegiert sind, oder unter jungen Menschen, die sich noch nicht dem Karrieredruck unterworfen haben. Dabei stößt man häufig auf Frauen in verantwortungsvollen, aber vergleichsweise untergeordneten und schlecht bezahlten Tätigkeiten: beispielsweise als Hausfrauen und Mütter oder Frauen in sozialen Berufen, etwa als Krankenschwestern (die menschlich vielen Ärzten und Chefärzten überlegen sind), als Altenpflegerinnen (die sich mit bornierten Heimleitungen herumärgern müssen) und als Lehrerinnen (die weit mehr von Pädagogik verstehen als Schulverwaltungsbeamte und Kultusminister).

Die Humanistische Psychologie hat viel über Persönlichkeitsentwicklung geschrieben und geredet, Wohlklingendes und Geheimnisvolles. Die Psychographie ist konkreter. Sie ermöglicht, genauer zu beschreiben, was die typspezifische Persönlichkeitsentwicklung ausmacht. Eine ihrer wichtigsten Aussagen: Persönlichkeitsentwicklung ist vielschichtig, und es gibt nicht einen einzigen, richtigen Weg, sondern es sind mindestens drei Wege, die von verschiedenen Orten ausgehend in unterschiedliche Richtungen führen.

Deshalb sind alle allgemein gehaltenen pädagogischen Ratschläge und Ratgeber, Führungstechniken oder therapeutischen Methoden ziemlich wertlos. Ihre Trefferquote ist gering. Sie sind mit Arzneien vergleichbar, die gegen alle Krankheiten helfen sollen. Solche Wundermittel wurden und werden zwar immer wieder mit großen Versprechungen angeboten, doch haben sie meist mehr den Herstellern als den Kranken genützt. Darüber hinaus muss man zwischen psychischer Gesundheit, Persönlichkeitsentwicklung und Selbstbestimmung unterscheiden – obwohl eins das andere beeinflusst. Jedes dieser drei Themen erfordert spezifische Methoden, wenn man sie gezielt angehen möchte.

In den fünfziger Jahren hatte der amerikanische Psychiater Eric Berne die zündende Idee, den Menschen als eine Verbindung von drei Ich-Zuständen zu beschreiben: dem Kind-Ich-

Zustand, dem Erwachsenen-Ich-Zustand und dem Eltern-Ich-Zustand. Das ist ein bildhaftes und schlüssiges Modell, denn jeder kennt in sich kindliche, erwachsene und elternhafte Züge und kann sie auch an Mitmenschen beobachten und erfahren: Wer ein ausgeprägtes Eltern-Ich hat, wird bestimmend und fürsorglich sein. Bei wem das Erwachsenen-Ich überwiegt, der wird eher nachdenklich, ruhig und sachlich wirken, und ein lebendiges Kind-Ich zeigt sich in Spontaneität und lebendigem Bezug.

Die Ich-Zustände Bernes habe ich aufgegriffen und lebensthematisch definiert. So wurde bei mir aus dem Kind-Ich-Zustand das Beziehungs-Ich, aus dem Erwachsenen-Ich-Zustand das Erkenntnis-Ich und aus dem Eltern-Ich-Zustand das Handlungs-Ich. Denn die drei Ichs sind in erster Linie psychische Organe, haben viel mehr mit dem Leben zu tun als mit Pädagogik oder Psychotherapie. Es geht bei den drei Ichs um die wichtigsten Themen unseres Lebens: um unser Beziehungserleben, unser Erkennen und unser Handeln. In diesem Zusammenhang stellen sich drei grundlegende Fragen: Wie komme ich mit diesen drei Lebensbereichen zurecht? Worin fühle ich mich sicher und zu Hause? Worin kann ich Neues entdecken und verwirklichen?

Persönlichkeitsentwicklung ist keineswegs ein ausgewogener, alle drei Fähigkeiten gleichmäßig umfassender Prozess, vielmehr finden wir in derselben Person nebeneinander hochentwickelte, durchschnittlich oder weniger entwickelte Bereiche. Wir erleben bei unseren Mitmenschen oder bei uns selbst recht unterschiedliche Fähigkeiten. So begegnen wir Menschen, die im Handeln zwar sehr tüchtig sind, doch manchmal wenig Mitgefühl zeigen und gerne Vorurteile pflegen. Oder solchen, die kluge Köpfe sind, doch ziemlich ungeschickt in praktischen Dingen und eher unsensibel im Umgang mit anderen. Und wieder anderen, die eine besondere Begabung im Umgang mit Menschen haben, einfühlend und gewinnend sind, doch unsicher werden, wenn es um intellektuelle Anforderungen geht, und hektisch, wenn gehandelt werden muss.

Das sind quasi die Kurzbeschreibungen der drei Grundtypen in Stresssituationen. Denn dann neigen wir alle dazu, rückfällig zu werden und vorübergehend unsere entwickelten Fähigkeiten zu vergessen. Überlegen Sie sich einmal, in welcher der drei Beschreibungen Sie sich wiedererkannt haben. Die erste kennzeichnet viele *Handlungstypen*, die zweite *Sachtypen* und die dritte *Beziehungstypen*. Die Vielfalt und Vielschichtigkeit dieser drei Persönlichkeitstypen lässt sich weiter differenzieren. Da wir auf diese speziellen Ausprägungen der drei Grundtypen erst später eingehen, werden Sie zunächst noch mit der etwas unbefriedigenden Situation konfrontiert sein, dass zwar vieles für Sie zutrifft, was Sie über Ihren möglichen Grundtyp gelesen haben, doch manches überhaupt nicht.

Mit einbeziehen sollten wir in die Persönlichkeitsentwicklung individuelle Lebenserfahrungen und -entscheidungen, Rollenerwartungen und Rollenverhalten, regionale und familiengeschichtliche Prägungen, genetische, körperliche und geschlechtsspezifische Bedingungen. Doch dieser Komplexität liegt etwas zugrunde, was Carl Rogers sehr richtig »eine Tendenz zur Entfaltung, einen Drang zur Selbstaktualisierung, eine sich vorwärts entwickelnde Gerichtetheit« und »die Haupttriebfeder des Lebens« nennt.[1]

Dieses aus dem Verborgenen wirkende Streben verwirklicht sich in unterschiedlichen Fähigkeiten, die wir subjektiv als wertvoll erleben und die objektiv zu einer wesentlichen Steigerung der Qualität unserer Persönlichkeit, unseres Handelns und unserer Lebensart führen. Es sind die uns schon bekannten Schlüsselenergien, also Schlüssel für die noch verschlossenen Dimensionen unserer Persönlichkeit.

Zwar spricht Rogers von einer einzigen Tendenz, wenn er sagt: »Sie kann tief unter Schichten von verkrusteten psychischen Abwehrmechanismen begraben sein; sie kann hinter kunstvollen Fassaden, die ihre Existenz leugnen, versteckt sein;

---

[1] Carl Rogers, Entwicklung der Persönlichkeit, S. 49.

aber es ist meine Überzeugung, dass sie in jedem Einzelnen existiert und nur auf die richtigen Bedingungen wartet, um sich freizusetzen und auszudrücken.«[1]

Wir sehen drei unterschiedliche Entwicklungslinien: Geht die Tendenz ins Fühlen, so spricht man von einer sympathiegeleiteten Entwicklung, geht sie ins Denken, dann von einer erkenntnisgeleiteten, und geht sie ins Wollen, so von einer erfolgsgeleiteten. Diese Entwicklung wird unterstützt durch ein entsprechendes Wertesystem. Wenn wir in einem Gespräch mit einer Person auf das achten, was sie wertschätzt und anstrebt, können wir ihr Wertesystem und ihre Schlüsselfähigkeiten heraushören. Sagt dieser Mensch zum Beispiel: »Meine Arbeit macht mir Freude ... weil ich darin eigene Ideen einbringen kann!« – dann hört man daraus sein erkenntnisgeleitetes Wertesystem und es handelt sich vermutlich um einen *Beziehungstyp,* sagt er dagegen: »... weil ich etwas auf die Beine stellen kann!« – dann zeugt diese Aussage von einem erfolgsgeleiteten Wertesystem und stammt wahrscheinlich von einem *Sachtyp,* und sagt er: »... weil ich anderen Menschen eine Freude machen kann!« – dann ist dies ein sympathiegeleitetes Wertesystem und könnte von einem *Handlungstyp* sein.

Als ich noch Trainings für Führungskräfte anbot, ließ ich mir von den Teilnehmern Erfolgsgeschichten erzählen, um an diesen die Schlüsselfähigkeiten und damit den Persönlichkeitstyp zu erkennen. Oft genügten schon die Eingangssätze wie »Als ich meine Diplomarbeit schrieb ...« oder »Ich war Spielführer in unserer Fußballmannschaft ...« oder »Ich arbeite mit an einem Projekt für Kinder in ...«, um das Wertesystem und die Schlüsselfähigkeiten zu identifizieren.

Einer weniger entwickelten Persönlichkeit sind die Schlüsselenergien zwar grundsätzlich zugänglich, sie folgt ihnen jedoch nicht immer und auch noch nicht konsequent. Sie kann beispielsweise sagen:

---

[1] ebd.

»Man kann leider nicht immer ...

... sagen, was man denkt!« – eine erkenntnisgeleitete Aussage.

... tun, was man will!« – eine erfolgsgeleitete Aussage.

... seinem Gefühl folgen!« – eine sympathiegeleitete Aussage.

Eine unentwickelte Persönlichkeit erlebt ihre Schlüsselenergien eher projektiv, das heißt, sie unterstellt und bewundert die Realisierung bei anderen oder hat Ängste ihnen gegenüber. Sie könnte sagen: »Ich bewundere kluge Menschen, doch ich habe in ihrer Gegenwart Angst, meine Unwissenheit zu zeigen!« Dieser Satz lässt auf ein erkenntnisgeleitetes Wertesystem schließen. Sagt diese Person: »Mir gefallen Leute, die sich durchsetzen, auch wenn sie mal überziehen. Hauptsache, sie lassen sich nichts gefallen!«, dann verweist diese Aussage auf ein erfolgsgeleitetes Wertesystem. Und sagt sie: »Ich liebe Tiere fast noch mehr als Menschen. Wenn ein Tier leidet, ist mir das unerträglich!«, so dürfte diese Feststellung sympathiegeleitet sein.

Noch häufiger werden die nicht verwirklichten Schlüsselenergien in negativen Projektionen ausgelebt. Dann ärgert sich der erkenntnisgeleitete Mensch zum Beispiel über die Dummheit seiner Verwandten, der erfolgsgeleitete über die Unfähigkeit von Politikern und der sympathiegeleitete etwa über die Gefühllosigkeit, einen Hund in einem Zwinger einzusperren oder mit Kindern schlecht umzugehen.

Dass jeder Persönlichkeitstyp seine Schlüsselenergien meist erst im Laufe seines Lebens verwirklicht, hängt eng damit zusammen, dass er als Kind zunächst auf *sein* Thema spezialisiert ist, also entweder auf das Fühlen oder das Denken oder das Handeln. Weil es in einem dieser Lebensbereiche schmerzlich erfahren hat, zurückgewiesen, missachtet oder eingeschränkt zu werden, muss es seine ganze Energie aufbieten, diese Widerstände zu überwinden. Dadurch lernt es früh entweder geschickt im Beziehungsverhalten, gewandt im Denken oder tüchtig im Handeln zu sein. Durch die Konzentration auf sein Lebensthema – mit allen Mitteln um mehr Liebe oder mehr Beachtung oder mehr Erlaubnis zu kämpfen – kommen die anderen Themen zu kurz. Doch die Schlüsselenergien wollen sich realisieren.

Genau hier beginnen die Entwicklungstendenzen: Hat sich das Kind auf das Beziehungsverhalten spezialisiert, so sorgt im weiteren Lebensverlauf sein Erkenntnisinteresse für die Entwicklung seines Erkenntnis-Ichs. Das ist der individuelle Weg des *Beziehungstyps*, sein Schlüssel zu einem erfüllten Leben. Was gehört alles zum Erkennen? Information, Wissen und Bewusstwerdung durch Fähigkeiten, die mit Sinneswahrnehmungen und dem Sinnesgenuss zusammenhängen, dem intuitiven und bewussten Denken, mit Konzentration, Sammlung und Entspannung, mit Bewusstsein und der Ich-Entwicklung. Eine Erinnerung an die Einheit von Denken, sinnlicher Wahrnehmung und Sinnerfüllung ist ja auch in dem Wort »sinnen« noch enthalten.

Wurde beim *Sachtyp*-Kind zuerst das Erkennen ausgebildet, dann wird später das Erfolgsinteresse sein Wollen und Handeln fördern. Das ist sein persönlicher Schlüssel zu mehr Lebensqualität. Erfolg zielt ab auf Selbstverwirklichung im Wollen, sich Ziele setzen, Entscheidungen treffen, Verantwortung übernehmen und schöpferisch handeln. Die dafür notwendigen willentlichen oder auch energetischen Fähigkeiten sind sprachlich häufig mit dem Wort »Kraft« verbunden, zum Beispiel Willenskraft, Entschlusskraft oder Tatkraft, kraftvoll handeln; zupackendes Engagement, aber auch Durchsetzungsvermögen, Verantwortungsbewusstsein, autonome Lebensgestaltung und Fürsorglichkeit anderen und sich selbst gegenüber gehören dazu.

Hat sich das Kind aufs Handeln festgelegt – *Handlungstyp* –, so wird durch sein Sympathieinteresse später sein Beziehungs-Ich und damit sein Beziehungsverhalten entwickelt. Sympathie, das sind die gefühlsmäßigen und auf Beziehung orientierten Impulse wie Liebe, Freundschaft und Kameradschaft, auch Lebenslust und Lebensfreude, Lachen und Humor, Spiel und Spaß.

Die Sympathie kann sich auf Menschen, Tiere oder die Natur beziehen.

Die Chancen und Möglichkeiten für eine gelungene Persönlichkeitsentwicklung waren noch nie so gut und der Bedarf noch nie so dringlich wie heute. Doch dazu ist Wissen notwendig, denn der Weg in die Schlüsselenergien geht nicht immer einfach und problemlos vonstatten. War es bisher ein Weg von Versuch und Irrtum (ironisch könnte man sagen: Sorge dafür, dass du genügend Fehler in deinem Leben machst!), so steht mit der Psychographie – und den modernen lösungs- und ressourcenorientierten Methoden der Psychotherapie[1] – ein verlässlicher Guide für die erfolgreiche Erschließung der neuen Lebensbereiche zur Verfügung.

[1] Dietmar Friedmann, ILP – Integrierte Lösungsorientierte Psychologie

WO LIEGEN MEINE VERBORGENEN ENERGIEN?

Was man als Kind gelernt hat, das hat man ganz besonders gut gelernt. So kann der *Beziehungstyp* besonders gut auf andere zugehen, ist hellhörig für zwischenmenschliche Töne und reagiert auf feine Beziehungssignale, die andere (noch) gar nicht wahrnehmen.

Der *Sachtyp* ist besonders sinnenfreudig und kann rasch und differenziert denken. Schnell erkennt er Zusammenhänge und kann unterscheiden zwischen dem, was wesentlich und unwesentlich ist.

Und der *Handlungstyp* hat eine ausgesprochen praktische Begabung, kann Handlungsabläufe gut überblicken und organisieren. Er denkt zielstrebig und ist fast immer planerisch und handwerklich begabt.

Jede dieser Spezialisierungen erfordert andere Kompetenzen und eine andere Grundhaltung: Beim *Beziehungstyp* sind es gefühlsmäßige und kommunikative Fähigkeiten, zusammen mit einer sensiblen Wahrnehmung für das, was andere ihm vermitteln. Beim *Sachtyp* sind es geistige Fähigkeiten, verbunden damit, dass er Dinge locker und distanziert von vielen Seiten betrachten kann. Und beim *Handlungstyp* sind es die kraftvollen Fähigkeiten wie Energie, Tatkraft, Fleiß und Ausdauer.

Diese unterschiedlichen Energien – Liebe, Geist und Kraft – drücken sich auch im Erscheinungsbild aus, was dazu geführt hat, dass man früher vom Körper auf den Charakter schloss. Zum Beispiel unterschied der Tübinger Psychiater Ernst W. Kretschmer (1888–1964) drei Konstitutionstypen: Leptosome, Athletiker und Pykniker. Aufgrund klinischer Erfahrung ordnete er jedem körperlichen Erscheinungsbild einen entsprechenden Charakter mit speziellen Reaktionsweisen im Psychischen zu: Der Leptosome (schmal, mager und aufgeschossen, mit langem Gesicht und flachem Brustkorb) ist ein nüchterner, nervöser Mensch, distanziert und kühl im Umgang. Der athletische Typ (muskulös, mit breiten Schultern, kantigem Schädel und einem nach unten schmaler werdenden Rumpf) kann explosiv reagieren, ist jedoch im Allgemeinen ruhig bis zäh. Der Pykniker (klein, mit Bauch, weichem Gesicht, kurzem Hals und schmalen Schultern) ist aufgeschlossen, genussfreudig, aber auch ein wenig schwerblütig.

Die von Kretschmer beschriebenen Körpertypen laufen quer zu unseren Persönlichkeitstypen. Es gibt also einen leptosomen, athletischen und pyknischen *Beziehungstyp, Sachtyp* und *Handlungstyp.* So gesehen gibt es dann drei mal drei Persönlichkeitstypen, zu jedem Grundtyp drei Untertypen. Es ist kein Zufall, dass das Enneagramm die menschliche Persönlichkeit in neun Typen einteilt (also auch drei mal drei), was durch einen in Segmente gegliederten Kreis symbolisiert wird. Die Grundtypen heißen dort Herzmensch, Kopfmensch und Bauchmensch. Schon von den Bezeichnungen her wird die Verwandtschaft angedeutet, Herzmensch gleich *Beziehungstyp,* Kopfmensch gleich *Sachtyp* und Bauchmensch gleich *Handlungstyp.*

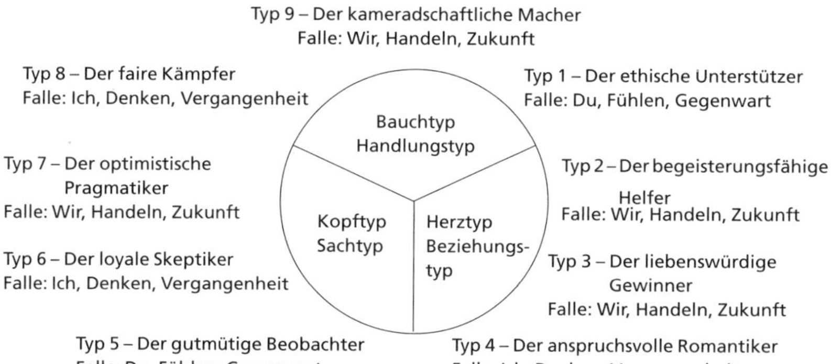

Ich lege großen Wert darauf, Modelle zur Menschenkenntnis

(oder Psychotherapie) kompatibel zu machen, herauszufinden, was sie gemeinsam haben, worin sie übereinstimmen und wo sie sich ergänzen. Alles, was ich dazu herausgefunden habe, spricht dafür, dass sie die gleiche Wirklichkeit beschreiben. Das ist ein starkes Argument für ihren Realitätsbezug und realitätserhellenden Charakter. Es gibt in der sich wissenschaftlich gebärdenden Psychologie die Meinung, Modelle zur Menschenkenntnis seien vorwissenschaftlich. Das mag für manche Modelle zutreffen, doch die sie beschreibende Realität ist weder wissenschaftlich noch unwissenschaftlich. Genauso wenig wie Äpfel oder Birnen das sind.

Freilich, es ist nicht so kompliziert, wie es rechnerisch aussieht, da die drei Grundtypen überall deutlich durchscheinen und zumindest tendenziell auch den Körpertyp prägen. Sie lassen den *Beziehungstyp* besonders attraktiv, den *Sachtyp* gemütlich und den *Handlungstyp* tatkräftig wirken. Das heißt, bei vielen *Beziehungstypen* sind solche Körpermerkmale ausgeprägt, die eine Signalwirkung fürs Beziehungsverhalten haben, etwa große Augen, eine höhere Stirn, der Körper wohlgeformt und etwas länger im Vergleich zu den Gliedmaßen. Viele *Sachtypen* sind genießerische Esser, dadurch geraten sie schnell etwas rundlich mit Bauchansatz, und ihre Gliedmaßen sind zart. Die meisten *Handlungstypen* haben einen etwas kürzeren, kräftigen Körper und dafür etwas längere, muskulösere Arme und Beine mit breiten Händen und Füßen.

So ist der typische und auf den ersten Blick erkenn- (oder verwechsel-)bare *Beziehungstyp* das leptosome, schlanke Mannequin; der typische *Sachtyp* ist der pyknische, gemütliche Genießer und der *Handlungstyp* der athletische, breitschultrige Sportler. Ein pyknischer *Beziehungstyp* könnte mit dem *Sachtyp*, ein athletischer mit dem *Handlungstyp* verwechselt werden. Doch beide *Beziehungstypen* sind lebhafter, haben mehr »Melodie« und Zauber.

Einen leptosomen *Sachtyp* könnte man für einen *Beziehungstyp*, einen athletischen für einen *Handlungstyp* halten, doch für einen *Beziehungstyp* ist er zu trocken und für einen *Handlungstyp* zu flexibel.

Einen leptosomen *Handlungstyp* wiederum könnte man mit einem *Beziehungstyp* verwechseln, wäre er dafür nicht zu geradlinig; und ein pyknischer *Handlungstyp* ist im Vergleich zum *Sachtyp* zu penibel.

Doch wir sollten nicht den Fehler machen, der häufig gemacht wird: Das typische Wesen und die körperliche Ausprägung sind so beeindruckend, dass darüber die verborgenen Fähigkeiten, welche die persönliche Ausstrahlung und Kompetenz ausmachen, leicht übersehen werden. Dann nehmen wir den *Beziehungstyp* nur als jemand wahr, der zwar attraktiv, lebendig, liebenswürdig und ehrgeizig, doch leider auch ein bisschen naiv ist. Damit verkennen wir, was für einen hohen Stellenwert gerade das Erkennen für den *Beziehungstyp* hat, dass es für ihn selbst oft mehr zählt als sein attraktives Äußeres. Dieses Missverständnis wird dadurch unterstützt, dass jeder Persönlichkeitstyp immer wieder Schwierigkeiten hat, in seine Schlüsselenergien zu gehen, die doch die eigentliche Qualität seiner Persönlichkeit ausmachen.

Den *Sachtyp* sehen wir dann als jemand an, der gut zuhören kann, der gutmütig und geduldig ist, aber nicht sonderlich tatkräftig und durchsetzungsfähig. Man ist geneigt, ihm zu sagen, was er zu tun habe, und glaubt, man könne ihn vor den eigenen Karren spannen. Doch das ist ein doppeltes Missverständnis: Auf der einen Seite ist es für den *Sachtyp* außerordentlich wichtig, dass er seine Ziele selbst verwirklichen kann. Er schätzt die Fähigkeiten des Wollens und Handelns als sehr hochwertig ein. Und man verkennt den *Sachtyp* außerdem leicht darin, dass er im Grunde genau weiß, was er will, und dass er seine Ziele zäh und mit einer eher untergründig verborgenen Energie verfolgt.

Der *Handlungstyp* dagegen macht einen robusten, tatkräftigen, aber auch selbstgerechten Eindruck. Er scheint mit beiden Beinen fest auf dem Boden der Wirklichkeit zu stehen, so fest, dass ihn offenbar nichts umwerfen kann. Das wird manchmal noch durch sein rustikales Äußeres unterstrichen. Man möchte ihm viel an Arbeit und Verantwortung aufladen und erwartet in jeder Situation tatkräftige Unterstützung von ihm. Dabei wird völlig übersehen, dass er tief in seinem Inneren ein Gefühlsmensch ist, dass er sehr verletzlich reagieren kann und dass menschliche Enttäuschungen ihm sehr wehtun. Auf ihn trifft die Redensart »Harte Schale, weicher Kern« genau zu. Der *Handlungstyp* legt größten Wert auf das Zwischenmenschliche, auf freundschaftliche und kameradschaftliche Gefühle, während ihm die eigene Tüchtigkeit als selbstverständlich und nicht weiter beachtenswert erscheint.

Will man sich und andere Menschen verstehen und ihnen gerecht werden, so ist der Blick auf die verborgenen Qualitäten der entscheidende. Denn wenn man nicht weiß, dass der *Beziehungstyp* ein auf Erkenntnisse abzielendes Wertesystem hat, der *Sachtyp* ein auf Erfolg bedachtes und der *Handlungstyp* ein durch Sympathie geleitetes Wertesystem, so missversteht man den anderen gerade in dem, was ihm – und für ihn – am wertvollsten ist. Und man ist versucht, ihm das wegzunehmen, indem man für den *Beziehungstyp* denkt, für den *Sachtyp* handelt und für den *Handlungstyp* fühlt. Besonders im Umgang mit Kindern ist das ganz übel.

So ist gerade hier psychographisches Wissen, ist exakte Menschenkenntnis notwendig, denn diese verborgenen Energien sind häufig weit weniger wahrnehmbar als die in der Kindheit erworbenen. Das geht uns nicht nur mit anderen Menschen so, auch bei uns selbst sind wir in der Wahrnehmung dieser zwar hochgeschätzten, aber nicht immer leicht zugänglichen Energien oft genug unsicher.

So hat der *Beziehungstyp* große Angst, etwas nicht zu wissen oder etwas Falsches zu sagen, und hält sich dann lieber ganz zurück. Oder er schießt übers Ziel hinaus, sagt vorschnell etwas, über das andere lächeln oder sich lustig machen, was ihn dann freilich kränkt oder ihm ungemein peinlich ist. Oder er argumentiert einseitig und vordergründig, und andere können ihm dann zeigen, dass er eine Sache doch nicht so gründlich durchdacht hat.

Der *Sachtyp* tut sich manchmal schwer, Entscheidungen zu treffen, Dinge anzupacken und durchzuführen, stattdessen schiebt er sie vor sich her. Er fühlt sich schnell überlastet und klagt dann, dass er zu viel zu tun habe. Oder er hält sich mit irgendwelchen Tätigkeiten auf und lässt dann anderes – was auch erledigt werden müsste – einfach liegen. Damit fordert er Menschen, die sich in diesem Lebensbereich besser auskennen, heraus, ihm Ratschläge zu geben, ihn zu kritisieren und ihm die Sachen aus der Hand zu nehmen, was er ihnen dann irgendwann übel nimmt – auch wenn er es nicht (gleich) zeigt.

Der *Handlungstyp* ist manchmal barsch in seiner Art, wirkt autoritär oder regelhaft, so dass man die gefühlsmäßige gute Absicht, die hinter seinem Verhalten steht, weder wahrnimmt noch vermutet. Oder er äußert seine Gefühle ungestüm und schulterklopfend, so dass es manchem wieder zu viel wird, oder indem er seine Ausflüge ins Gefühl konventionell angeht, etwa wie eine Bekannte, die an Fasching mehrere Tage durchfeiert.

Das heißt, jeder Persönlichkeitstyp lädt die anderen gerade dort ein, ihm eins draufzugeben, wo es ihm ganz besonders wehtut. Man muss schon sehr sensibel sein und über ein genaues Wissen verfügen, um nicht in diese Fallen zu tappen. Hilfreich ist es, sich solche Liebhabereien ins eigene Wertesystem zu übersetzen: Für sie hat das Feiern den gleichen Stellenwert wie für mich das . . .

Umgekehrt: Wer diese (Menschen-)Kenntnis hat und über entsprechende Beobachtungen und Erfahrungen verfügt, der wird den anderen mehr von seinen verborgenen Schlüsselenergien her sehen als von seinen offensichtlichen Ausgangsfähigkeiten: Dann ist der *Beziehungstyp* derjenige, der an Erkenntnissen interessiert ist, der *Sachtyp* derjenige, der erfolgreich aktiv sein möchte, und der *Handlungstyp* derjenige, für den das Zwischenmenschliche einen hohen Wert hat. Jetzt können wir dem anderen echte Wertschätzung entgegenbringen, ihn in seinen eher verborgenen Qualitäten und Fähigkeiten anerkennen und sind dadurch zu wirklicher Partnerschaft fähig.

Den anderen Persönlichkeitstyp nur in seinen Ausgangsfähigkeiten zu sehen heißt, ihn im Grunde misszuverstehen und in seinen Schlüsselenergien, die ihm selbst am wertvollsten sind, zu missachten. Wer in seine Schlüsselenergien geht, der spürt nicht nur, dass ihm das gut tut, sondern er selbst wird auch feststellen, dass ihm alles viel besser gelingt, bzw. dass das Gelingende eine höhere Qualität hat. Das heißt, dass dann der *Beziehungstyp* gelassen und entspannt wahrnimmt und nachdenkt, der *Sachtyp* voll Entschlossenheit und Tatkraft handelt und zielbewusst denkt und lebt, der *Handlungstyp* erfüllt von Lebensfreude ist, Spaß an der Arbeit hat, eine liebevolle Partnerschaft erlebt, sich mit seiner Familie gut versteht und sich im Freundeskreis und unter seinen Arbeitskollegen wohl fühlt.

Hier stellt sich natürlich die Frage: Wenn Menschen so gute Erfahrungen mit der Realisierung ihrer Schlüsselenergien haben, warum setzen sie die dann nicht häufiger, ja ständig ein? Oder anders ausgedrückt: Wenn die Schlüsselenergien der Türöffner sind für Persönlichkeitsentwicklung und Lebensqualität und wenn das punktuell auch immer wieder so erfahren wird, warum sind dann nicht alle Menschen hochentwickelte Persönlichkeiten und leben ein Leben voller Zufriedenheit, erfüllt von Liebe, Erkenntnissen und Kreativität?

Die nahe liegende Antwort ist: Es muss etwas geben, das uns hindert, vom Ausgangsbereich in den Entwicklungsbereich zu gehen, etwas, das uns entweder auf unsere Ausgangsfähigkeiten fixiert, oder etwas, das uns abschreckt, in unsere Schlüsselenergien überzuwechseln. Tatsächlich lassen sich dazu eine ganze Reihe von Gründen nennen, die es uns schwer machen, diese verborgenen, aber doch äußerst wertvollen Energien zu realisieren. Ein Grund ist: Wir benützen gerne gewohnte und uns sicher erscheinende Wege, und jeder Typ ist sehr vertraut mit seinem ganz bestimmten Rezept, mit dem Leben umzugehen: der *Beziehungstyp* kommunikativ, der *Sachtyp* denkend und der *Handlungs-*

typ handelnd. Und so versucht jeder gewohnheitsmäßig, allen Lebenssituationen mit der ihm vertrauten Art zu begegnen.

Hat jemand in seinem angestammten Bereich Erfolg, dann wird er sich bestätigt fühlen. Hat er aber Misserfolge, dann wird sich der *Beziehungstyp* noch mehr auf der Beziehungsebene bemühen, der *Sachtyp* noch gründlicher nachdenken und der *Handlungstyp* noch intensiver arbeiten. Was auf den ersten Blick wie eine persönliche »Masche« aussieht – die auch verfängt –, ist doch beinahe so etwas wie ein Fluch, wenn Menschen mit dem, was irgendwann einmal funktionierte, wieder und wieder – oft auf Biegen und Brechen – erfolgreich sein wollen.

Dazu kommt, dass Menschen die Wirklichkeit nicht objektiv wahrnehmen, sondern sie mehr oder weniger subjektiv verzerrt sehen – und das geht zurück auf ganz frühe Lernerfahrungen. So hat der *Beziehungstyp* die Welt als lieblos erlebt, der *Sachtyp* als unpersönlich und der *Handlungstyp* als einschränkend. Leider erscheint uns die frühe Perspektive mit dem jeweiligen Mangel als absolut gültig, selbst dann noch, wenn wir später ganz andere, positive Erfahrungen machen, wenn also der *Beziehungstyp* Liebe und Sympathie erfährt, dem *Sachtyp* Aufmerksamkeit geschenkt und dem *Handlungstyp* Wertschätzung entgegengebracht wird.

Die Erfahrung des Zuwenig (an Liebe, an Aufmerksamkeit, an Erlaubnis) wird durch die so genannten »Antreiber« noch stabilisiert:

»Sei (immer) stark!«
»Mach's (immer) anderen recht!«
»Streng dich (immer) an!«
»Sei (immer) vorsichtig!«
»Sei (immer) perfekt!«
»Mach's (immer) perfekt!«
»Beeil dich (immer)!«

Diese Botschaften wurden uns von den Eltern eingeimpft in der Absicht, dem Kind zu ermöglichen, mit seinem Leben zurechtzukommen – was man auch immer darunter verstehen mag. Wenn zum Beispiel jemand meint, er müsse immer liebenswürdig sein und es immer anderen recht machen, dann tut er das aus der in ihm gezüchteten Katastrophenerwartung heraus: »Sonst werde ich (von allen) abgelehnt!«

Der Abstieg in die Depression ist in diesem Teufelskreis vorprogrammiert: Dieser jemand hofft, durch ständiges und besonders liebenswürdiges, gewinnendes Verhalten dieses drohende Schicksal von sich abwehren zu können. Bei seinem ängstlichen Bemühen übersieht er spontane Zuneigung, die er selbstverständlich bekommt. Was er zu erhalten glaubt, ist doch nur das Echo seiner eigenen, ständigen Liebesmühen, also die von ihm herausgelockte Zuwendung, eine Art »erkaufte« Liebe. Das heißt, weil er sich überaus liebenswürdig gibt, bestätigt er sich permanent, dass er eigentlich (als Mensch pur) nicht liebenswert ist.

Die beiden ersten Antreiber: »Sei stark!« und »Mach's anderen recht!« zielen auf Beziehungsverhalten ab. Der erste fordert dazu auf, sich übermäßig im Griff zu haben, sich zusammenzureißen, anderen gegenüber auf der Hut zu sein, sich aus einer Beziehung zurückzuziehen, um sich selbst zu retten; der zweite Antreiber dazu, andere ständig durch Liebenswürdigkeit für sich einzunehmen, es allen recht zu machen (und dabei die eigenen Bedürfnisse zu ignorieren), Versprechungen über die eigenen Möglichkeiten hinaus zu geben und andere zu retten. Das sind die typischen Antreiber des *Beziehungstyps,* zwischen denen er hin und her pendelt. Beide halten ihn in seinem Persönlichkeitsbereich fest und machen es ihm schwer, in seinen Entwicklungsbereich Erkennen überzuwechseln und seine dort liegenden Schlüsselenergien zu nutzen. Versteckt darunter kann noch die Botschaft liegen: »Lebe nicht!« – eine Botschaft, die vielleicht aus einer früheren Generation stammt und verdeckt weitergegeben wurde oder die ihm signalisiert, dass er ein unerwünschtes Kind war.

Die Antreiber: »Streng dich an!« und »Sei vorsichtig!« wirken sich besonders in der Körperwahrnehmung und im Denken aus, verengen die Wahrnehmung und verleiten zum Grübeln. Sie sind typisch für den *Sachtyp* und halten ihn in seinem Persönlichkeitsbereich Erkennen fest. Und darum sinniert der *Sachtyp,* grübelt, fühlt sich überfordert und ist völlig geschafft, bevor er überhaupt angefangen hat, etwas zu tun. Die Antreiber hindern ihn daran, in seinen Entwicklungsbereich Handeln überzuwechseln, zu spüren, was er eigentlich selbst will, und dafür zu sorgen, dass er seine Pläne zielstrebig realisiert. Es kann auch in ihm eine Botschaft wirken wie »Sei nicht (da)!« Vielleicht war er seinen Eltern lästig oder er wurde einfach zu wenig beachtet, etwa weil die Eltern zu sehr mit anderem beschäftigt waren.

Mit den Antreibern: »Sei perfekt!« und »Mach's perfekt!« hält sich der *Handlungstyp* in seinem Persönlichkeitsbereich Handeln fest und erschwert sich den Zugang zu seinem Entwicklungsbereich Beziehung. Er versucht, alles auf der Ebene des Machens zu lösen, und zwar so, wie er glaubt, dass man es von ihm erwartet. Dabei versucht er, Fehler zu vermeiden und nicht gegen Regeln und Normen zu verstoßen. Ich kenne einen *Handlungstyp,* der alles, wie er betont, »vorbildlich« machen will. Ordnung und Tüchtigkeit sind für ihn ein Muss. Gefühle, Spiel und Spaß können nicht perfekt und ordentlich sein – also verunsichern sie ihn.

Und solange der *Handlungstyp* sich diesem Zwang zur Perfektion aussetzt, wird ihm das Lebendige seines Beziehungs-Ichs eher anstößig (als anziehend) erscheinen. Eine verwandte Botschaft ist: »Sei nicht du selbst!« Sie wird von *Handlungstypen* manchmal so gelebt, dass sie ganz aufgehen in einer Rolle, z. B. der des »tollen Typs«, während es früher eher Berufsrollen waren (der Chef, der Pfarrer, die Mutter). Vor einiger Zeit hatte ich ein Telefongespräch mit jemandem, den ich schon kannte, als er noch Student war, und der jetzt seit etwa drei Jahrzehnten Pfarrer ist. Damals war er ein lustiger Kerl. Jetzt erschrak ich über den salbungsvollen Ton, mit dem er mit mir sprach. Bei Psychotherapeuten kann einem Ähnliches passieren.

Tiefenpsychologisch gesehen, stehen die Antreiber in engem

Zusammenhang mit den frühkindlichen Störungen, die ursprünglich die Persönlichkeitsbildung herausgefordert haben. Es waren Beziehungsstörungen beim *Beziehungstyp* (»Sei nicht!« und »Sei nicht nah!«); mentale beziehungsweise narzisstische Störungen beim *Sachtyp* (»Denk nicht!« und »Sei nicht du selbst!«); Einschränkungen des Wollens und Handelns beim *Handlungstyp* (»Tu's nicht!« und »Spür nicht, was du eigentlich willst!«).

Diese Verbote werden vom Kind dadurch neutralisiert, dass es ihnen viel Energie entgegensetzt. Deshalb ist der *Beziehungstyp* besonders kontaktfähig, der *Sachtyp* besonders vernünftig und der *Handlungstyp* besonders tüchtig geworden. Doch die ursprünglichen Verbote wurden damit nicht gelöscht. Sie sind immer noch im Unbewussten gespeichert und können in Belastungssituationen, die dem ursprünglichen Erleben gleichen, wieder wirksam werden.

Sie tragen zum ambivalenten Verhalten der Persönlichkeitstypen bei, so dass es – trotz der Spezialisierung auf den Persönlichkeits- beziehungsweise Lebensbereich – gerade hier immer wieder zum typischen Versagen und zu schmerzlichen Misserfolgen kommen kann: Sie zeigen sich etwa beim *Beziehungstyp,* wenn ihm trotz seiner Kontaktfähigkeit und gewinnenden Art das Beziehungsgefühl für den anderen verloren geht, er sich als weggestellt, abgelehnt, isoliert und distanziert erlebt.

Beim *Sachtyp* zeigen sie sich, wenn er, der normalerweise über eine gute Beobachtungsgabe und analytische Energien verfügt, in prekären Situationen einen totalen Mangel an Lebensklugheit zeigt, die Übersicht verliert und Blackouts hat. Er ist dann verwirrt, macht dumme Fehler und zeigt einen deutlichen Widerspruch zwischen theoretischer Intelligenz und praktischer Klugheit.

Beim *Handlungstyp* treten sie auf, wenn er in belastenden Situationen trotz seiner Tüchtigkeit in praktischen Dingen Handlungsblockaden hat und sich als wenig entscheidungsfreudig und kreativ erweist. Stattdessen leidet er unter Entscheidungsskrupeln und zieht sich auf seine bewährten normativen Verhaltensregeln zurück.

Die Antreiber sollen jene Verbote ausgleichen, die sich gegen die Beziehungs-, Erkenntnis- und Handlungsfähigkeit richten, und halten sie in Schach. Sie sind also nicht einfach ein zufällig gelerntes Verhalten in der Kindheit, keine schlechten Angewohnheiten, sondern sie haben eine wichtige, die Existenz stabilisierende Funktion. Sie dienen (wenn auch auf einschränkende Weise) dem inneren Gleichgewicht und ersetzen beim *Beziehungstyp* Liebesfähigkeit durch Liebenswürdigkeit; beim *Sachtyp* Lebensklugheit durch Schlauheit und beim *Handlungstyp* Kreativität durch Routine.

Der zweite Grund, der ein leichtes und rasches Überwechseln vom Persönlichkeits- in den Entwicklungsbereich verhindert oder zumindest erschwert, ist das abschreckende Moment, das von den ins Negative gekehrten Schlüsselenergien ausgehen kann. So erlebt mancher *Beziehungstyp* die geistigen Qualitäten seines Entwicklungsbereichs nicht als faszinierende Denkabenteuer, sondern Denken erscheint ihm als kalt und lieblos. Menschen, die klar denken, machen ihm Angst. Seine nicht gelebten Schlüsselenergien werden destruktiv und wenden sich gegen ihn: innerlich als Selbstabwertung und äußerlich als Gefühl, kritisch abqualifiziert zu werden. Kein Wunder, dass er seinen Entwicklungsbereich meidet und lieber hübsch in seinem vertrauten Persönlichkeitsbereich – seiner Gefühlswelt – bleibt.

Der *Beziehungstyp* hat dann große Angst, im Gespräch etwas Dummes zu sagen. Entweder hält er sich zurück und sagt gar nichts, oder er äußert sich in unriskanten, gut klingenden und allgemein anerkannten Gemeinplätzen oder auswendig gelernten, über aller Kritik stehenden Zitaten und Aphorismen. Doch das Abenteuer des eigenen Denkens bleibt für ihn ebenso verlockend wie gefährlich. Das gilt besonders für den *Beziehungstyp* mit dem Antreiber: »Sei stark!« Er sagt ihm: »Sei vorsichtig, zeig keine Schwachstellen, gib dir keine Blöße!«

Der *Beziehungstyp*, der stärker von einem »Mach's anderen

recht!« abhängt, versucht durch besonders liebenswürdiges und bezauberndes Verhalten von seiner – wie er meint – Schwäche im Denken abzulenken. Frauen dieses Typs hatten – früher wenigstens – die Möglichkeit, sich auf ein kindlich naives Verhalten zurückzuziehen, inklusive Schmollmund, Kindchenstimme und großen, unschuldigen Augen.

Beide zusammen, die pessimistische Grundauffassung (»Die Welt ist lieblos!« beziehungsweise »Ich bin nicht liebenswert!«) und das später gelernte Antreiberverhalten, bewirken, dass neue alternative Erfahrungen zwar durchaus als angenehm und reizvoll empfunden werden, doch zugleich etwas Unwirkliches haben und wenig verlässlich zu sein scheinen, so dass sich der *Beziehungstyp* sagt: »Das ist ja ganz schön, aber in Wirklichkeit ist die Welt doch anders!« – Und dann kehrt er zurück, läuft wieder wie ein Hamster im Rädchen auf der Stelle und bemüht sich weiter um Sympathie- und Liebespunkte.

Dieses verzweifelte Sammeln ist insofern tragisch, weil er das, was er bekommt, nicht wirklich annehmen und genießen kann. Das heißt: Der *Beziehungstyp* begegnet der Zuwendung und Liebe, die er ja reichlich bekommt, mit Misstrauen. Das geht den anderen Persönlichkeitstypen nicht besser. Der *Sachtyp* bekommt ebenfalls reichlich Aufmerksamkeit und Beachtung, doch da er zu wenig Selbstbewusstsein hat, kann er sie nicht festhalten und verwerten. Er vergisst sie gleich wieder. Und dem *Handlungstyp* ist die Wertschätzung, die man ihm entgegenbringt, oft geradezu peinlich, da er im Grunde ja doch nicht so überzeugt von sich ist.

Wenn wir flirten oder nachdenken oder handeln, so erfordert dies jeweils eine andere Grundhaltung. Das Verhalten in Beziehungen lässt sich vergleichen mit dem Agieren eines Schauspielers: Es ist auf Wirkung bedacht, ist lebendig und voller Gefühle. Man achtet auf die Reaktionen des anderen und nimmt sich selbst wahr.

Im Vergleich dazu ist die Haltung, die wir beim Erkennen einnehmen, unpersönlich, nicht gefühlsbezogen und überhaupt nicht auf Wirkung bedacht, dafür sachlicher, objektiver. Die eigene Person wird dabei weitgehend vergessen, Emotionen und Wünsche sind eher störend, denn Vorlieben oder auch Neigungen verdunkeln oder verfälschen einen Erkenntnisprozess.

Während der Erkennende die Dinge von allen Seiten betrachtet, unvoreingenommen und nicht parteiisch, erfordert das Handeln, dass man sich für ein Ziel entscheidet und dann daran für einen längeren Zeitraum festhält. Hier ist also eine gewisse Einseitigkeit oder Eingleisigkeit, Geradlinigkeit, Ausdauer und Zielstrebigkeit ein Muss. Wird das Beziehungsverhalten von dem Wechselspiel der Gefühle bestimmt, das Erkennen von einer unverbindlichen und unentschiedenen Haltung des Sowohl-als-Auch, so erfordert das Handeln, dass man sich entscheidet und festlegt und dann kontinuierlich an der Realisierung der Ziele arbeitet. Hier stehen die kraftvollen Energien im Vordergrund: Entscheidungskraft, Willenskraft, Tatkraft.

Wenn wir uns daran erinnern, dass die meisten Menschen ihr Leben mit der dramatischen Erfahrung des Zuwenig begonnen haben (zu wenig Liebe, zu wenig Aufmerksamkeit, zu wenig Erlaubnis) und dass dieses Zuwenig zur Grundlage ihres Weltbildes wurde, so erscheint es ihnen doch höchst riskant, das bewährte Gegenmittel gegen das lebensbedrohende Defizit auch nur vorübergehend aus der Hand zu geben: Will sich der *Beziehungstyp* auf das Erkennen einlassen, dann muss er nämlich sein kontrollierendes und auf Wirkung bedachtes Verhalten aufgeben. Er fühlt sich dann wie ein Krieger ohne Waffen, hilflos, schutzlos und in einer Position der Schwäche. Und solange ihm das Vertrauen in die Tragfähigkeit von Beziehungen überhaupt fehlt, wird er es kaum wagen, die Beziehungsfäden aus der Hand zu geben, nicht mehr selbst daran zu ziehen, und er wird auch nicht vorübergehend auf seine Fähigkeit, andere zu bezaubern und für sich zu gewinnen, verzichten. Doch damit bleibt ihm die Welt des Erkennens unzugänglich. Sie müsste er gewissermaßen »nackt und bloß« betreten und all das zurücklassen, worauf er sich so gut versteht.

Dem *Sachtyp* wird in der diagnostischen Literatur ein »dämonisierendes Erleben« zugeschrieben. Damit dürfte gemeint sein, dass er sich häufig auf eine unbestimmte Art bedroht und bedrückt fühlt, sich ängstigt, ohne selbst genau sagen zu können, weshalb und wovor. Es ist anzunehmen, dass dies seine nicht gelebten und sich ins Negative gekehrten Energien des Entwicklungsbereichs Wollen und Handeln sind. Verglichen mit den leichten und hellen Energien des Erkennens sind sie kraftvoll und wirkungsmächtig. Er erlebt sie in der negativen Form als bedrohliche Mächte und Autoritäten, interpretiert sich als abhängig von ihnen und reagiert darauf ängstlich angepasst oder sogar rebellisch. So hat er häufig Autoritätsprobleme, erlebt sich als benachteiligt, als kritisiert oder zumindest wenig geschätzt.

Hinter der gutmütigen und ruhigen Fassade des *Sachtyps* lauert eine eruptive und gewalttätige Wut. Manchmal äußert er sich hart und unnachsichtig, möchte aber diese Aussagen bei ruhigem Nachdenken gern relativieren. In Beziehungen sucht er sich gerne starke, selbstbewusste Partner, bei denen ihn besonders das Freudige und Liebevoll-Fürsorgliche anzieht – und gleichzeitig bedroht. Auch hier tendiert er dazu, seine eigenen, noch wenig gelebten Schlüsselenergien im Partner oder in anderen zu bewundern und zugleich zu bekämpfen.

Die Partner des *Sachtyps* fühlen sich zunächst geschmeichelt, werden aber dann durch sein rebellisches und vorwurfsvolles Verhalten in eine Verfolger- oder Retterrolle gedrängt und reagieren ärgerlich oder – seltener – mitleidig. Solange der *Sachtyp* das Kraftvolle seines Entwicklungsbereichs Handeln als autoritär, überheblich und unmenschlich interpretiert, wird er sich scheuen, das energiereiche Wollen für sich konstruktiv zu nutzen. Doch wenn er diese Energien meidet, umgeht und vernachlässigt, verkehren sie sich für ihn in eine ständige Quelle »dämonisierenden Erlebens«.

Der *Sachtyp* hat sich nämlich auf eine Welt eingestellt, in der es wenig Aufmerksamkeit gibt, wenig Beachtung, wenig Bedeutung. Da auch er an dieser (ursprünglichen) Mangelsituation festhält und das Interesse, das man ihm entgegenbringt, ausblendet, bleibt sein Selbstbewusstsein freilich unterernährt, das heißt, es ist nicht stabil und leicht durch Angriffe und Kritik zu stören. Deshalb hat er sich in seinem Erkenntnisbereich eingerichtet, einmal, weil ihm dieser als Notstandsgebiet erscheint (und er deshalb zur Stelle sein muss), aber auch, weil er dort für die »bösen« Handlungsenergien nicht greifbar ist. Er kann sein Erkenntnis-Ich narzisstisch aufblähen (nach dem Motto »Ich bin der Größte!«) oder sich wie mit einer Tarnkappe unsichtbar machen.

Das Erkennen ist ein gewaltfreier Bereich: Dort ist es nicht notwendig, sich zu entscheiden, Verantwortung zu übernehmen – und darin kann man auch letztlich nicht kritisiert werden. Ob eine Erkenntnis richtig oder falsch ist, hat nichts mit der eigenen Person zu tun. Da kann man sich raushalten, da gelten nur objektive, unpersönliche Spielregeln. Und gerade diese Haltung des Sich-Offenhaltens nach allen Seiten, mit welcher der *Sachtyp* im Bereich Erkennen erfolgreich ist, muss er aufgeben, wenn er ins Handeln gehen will. Handeln ist zukunftsgerichtet und immer mit einem gewissen Wagnis verbunden. Erst später wird es sich zeigen, ob eine Entscheidung richtig war oder falsch.

Handeln muss auch Verantwortung für das Risiko übernehmen, eventuell eine falsche Entscheidung zu treffen. Und um erfolgreich zu handeln, muss man andere für seine Ziele gewinnen. Man muss sich über einen längeren Zeitraum festlegen, obwohl es andere Möglichkeiten gegeben hätte, und sich nicht entmutigen lassen, wenn einem der Wind zeitweilig kräftig ins Gesicht bläst. Das sind die Energien, die der *Sachtyp* im Bereich Erkennen nicht aufbringen muss. Er mag zwar etwas mit Feuereifer angehen, doch dann, wenn sein Schifflein der rauen See ausgesetzt ist, wird er verzagen und wieder zurückkehren in die ruhigen Gewässer des Erkennens.

Der *Handlungstyp* wird oft als selbstgerecht empfunden. Aus einer Rechts-, Ordnungs- und Sauberkeitsmoral heraus beurteilt er andere und wertet sie nicht selten damit ab. Ihre Lebendigkeit erscheint ihm als chaotisch, das Gefühlsmäßige irrational, ihr Genießen als leichtfertig oder sündhaft. Seinen nicht gelebten Entwicklungsbereich Beziehung, seine eigenen Gefühle und sein Bedürfnis nach Nähe und Zärtlichkeit erlebt er bei anderen wie in einem Zerrspiegel – anziehend und bedrohlich zugleich. Er erkennt sie nicht wieder, sie erscheinen ihm in einer fremden Gestalt, haben nichts mit ihm zu tun, gehören nicht zu ihm und seinem Leben.

Mehr als die anderen Persönlichkeitstypen lebt der wenig entwickelte *Handlungstyp* sein ordentliches Leben unverrückbar, unerschütterlich und ohne Toleranz für andere Lebensformen. Wird er mit ihnen konfrontiert, reagiert er mit geläufigen Vorurteilen, wehrt sich mit Regeln und bürgerlichen Moralvorstellungen, weil sie ihn ebenso irritieren wie faszinieren, und er kanzelt das, was sich von seiner Lebensform unterscheidet, als leichtsinnig, ungehörig und verwerflich ab. Es sind in Wahrheit seine eigenen Schlüsselenergien, die ihm in einem fremden Licht erscheinen, ihn abstoßen und doch eine geheimnisvolle Anziehungskraft auf ihn ausüben.

Hält der *Handlungstyp* der »Versuchung« nicht stand, so kann er sich in quälende Gewissenskonflikte bringen. Er sucht sich dann einen eher leichtlebig-verspielten oder kapriziösen Partner, der eigentlich gar nicht in sein ordentliches Leben und zu seinen Moralvorstellungen passt. In früheren Generationen, die einen rigiden Lebensstil zur erstrebenswerten und gültigen Moral erhoben, liefen diese Sei-perfekt-Menschen Gefahr, auszubrechen und in die Halb- und Unterwelt abzurutschen, der Prostitution zu verfallen, dem Alkohol, Drogen oder dem Glücksspiel.

Der *Handlungstyp* fühlt sich sicher und zu Hause in seiner Welt des Handelns. Aufgrund seiner großen Erfahrung, seines handwerklichen Geschicks und seiner Fähigkeit, weit und gründlich vorauszuplanen, kann er die Risiken des Handelns eingrenzen. Dabei unterstützt ihn sein Sinn für genaues, pünktliches Arbeiten, fürs Detail, für Qualität und Perfektion. Doch gerade diese bewährten Tugenden sind ganz ungeeignet, wenn es um die Welt der Gefühle geht. Gefühle sind nicht planbar, sind nicht manipulierbar, sind nicht geradlinig. Es ist für ihn so, als ob er aus einer geordneten Welt heraustreten und sich in ein chaotisches Inferno hineinstürzen müsste. Dass auch Gefühle ihre eigene Logik haben und dass man Bedürfnissen vertrauen kann, erscheint ihm zunächst doch sehr unsicher. Doch da er auf der anderen Seite einen Heißhunger nach Lebendigkeit, Lebensfreude und Liebe hat, wird er irgendwann ausbrechen und zu viel riskieren. Das führt dann zu großen Enttäuschungen und Rückschlägen, und er findet sich dort wieder, von wo er ausgegangen ist und angefangen hat, in der »ordentlichen« Handlungswelt.

Das alles erklärt, warum Menschen trotz der positiven Erfahrungen, die sie mit ihren Schlüsselenergien machen, auf ihren Ausgangsbereich fixiert bleiben. Nun könnte man sagen: »Komm ich heut' nicht, komm ich morgen! Was ich jetzt noch nicht realisiert habe, kann ich später tun. Wir haben ja noch Zeit im Leben!« Doch hier scheint es so etwas wie ein ungeschriebenes Gesetz zu geben: Wer nicht weitergeht, wer nicht vorwärts geht, fällt zurück. Das heißt, die nicht gelebten Schlüsselenergien sind nicht einfach »stille Reserven«, die irgendwann aktiviert werden können, sondern sie verkehren sich – ungenutzt – in schwächende, krank machende und selbstzerstörerische Kräfte.

Das heißt, wenn der *Beziehungstyp* sein Erkennen vernachlässigt, wandelt es sich in eine kritisch abwertende Energie. Dann erscheint ihm die Welt negativ, er begegnet sich selbst und anderen überkritisch und abwertend, und die positiven Qualitäten des Erkennens empfindet er zunehmend als kalt, zynisch und destruktiv – ein Teufelskreis. So ist er noch weniger bereit, seine Schlüsselenergien zu aktivieren.

Der *Sachtyp* ist in keiner besseren Lage. Die Kräfte seiner Schlüsselenergien erlebt er – gegen sich gewandt – als Unterdrückung und Benachteiligung. Diese Erfahrung kann er im sozialen Umfeld machen, wenn er sich von seinem Partner oder Chef bevormundet fühlt oder wenn ihn unerklärliche Ängste drücken und er depressiv wird. Auch ihm erscheinen diese kraftvollen Energien nicht mehr anziehend, sondern bedrohlich, und er möchte ihnen ausweichen in einen harmonischen, gewaltfreien Raum, den es in Wirklichkeit ja gar nicht gibt.

Für den *Handlungstyp* verwandeln sich die nicht gelebte Lebensfreude und Sympathie in Neid, Missgunst, Leichtsinn und Schlechtigkeit. Eine radikale Umwertung, wie sie beispielsweise manche Vertreter der Kirche noch heute vollziehen, wenn sie ganz natürliche Bedürfnisse verbieten und verteufeln. Mit der Erfindung der Sünde diskriminierten sie erst die Menschen und machten sie dann abhängig von Gnadenmitteln – eine unerschöpfliche Quelle der Ausbeutung und Machtausübung.

Wie können wir nun diese wertvollen Energien in uns aktivieren und damit unsere Handlungs- und Lebensqualität deutlich steigern sowie unsere Persönlichkeit entwickeln? Indem wir dennoch das uns vertraute Gebiet unseres Ausgangsbereichs verlassen und das Risiko auf uns nehmen, uns auf den neuen Lebensbereich einzulassen: der *Beziehungstyp* auf die Gelassenheit des Erkennens, der *Sachtyp* auf das Engagement des Handelns und der *Handlungstyp* auf die Lebendigkeit der Gefühle.

Seine Antreiber aufzugeben, wird dem *Beziehungstyp* sicher leichter fallen, wenn er (auf einer tieferen Ebene) eine vertrauensvolle Haltung den Menschen und der Welt gegenüber entwickelt. Entsprechend bezieht sich seine vertrauensvolle Gelassenheit sowohl auf die Wirklichkeit wie auch auf die eigene Person. Es ist Welt- und Selbstliebe in einem.

Diese Scheu, sich auf das Erkennen einzulassen und intensiv von den Schlüsselenergien Gebrauch zu machen durch Interesse, Beobachten, Sich-Informieren, realitätsbezogenes Denken und das Erkennen von Zusammenhängen, sich aus Problemen analysierend »herauszudenken«, aber auch konzentrative und meditative Energien zu entwickeln –, diese Scheu verliert der *Beziehungstyp*, indem er all dies einfach tut, nämlich sich interessiert, beobachtet, informiert etc. Dabei ist es entscheidend, dass das Erkennen ihn und seine Lebensgestaltung wirklich betrifft und sich nicht auf Peripheres beschränkt. Denn mancher bedenkt »Gott und die Welt«, doch die Themen, die ihn wirklich angehen, sind weiterhin tabu.

Es gibt für den *Beziehungstyp* keinen anderen Weg als »learning by doing«. Dabei macht er immer bessere Erfahrungen mit seinen Schlüsselenergien, gewöhnt sich an ihren Gebrauch und macht sie sich zu eigen. Indem er sie aktiv lebt, verwandeln sie sich nicht in eine scheinbar gegen ihn gerichtete, abwertende Kritik. Und er realisiert mehr und mehr, dass die Wirklichkeit, so wie sie ist, ihm wohlgesonnen und (halbwegs) in Ordnung ist.

Damit der *Sachtyp* seinen Antreiber: »Streng dich an!« beziehungsweise »Sei vorsichtig!« aufgeben kann, muss er sein Selbstbewusstsein stärken. Selbstbewusstsein meint hier Autonomie, das klare Bewusstsein: »Ich bin ich! – Ich darf ich sein! – Ich bin unabhängig und frei!«, verbunden mit selbstbestärkenden Gedanken wie: »Meine Zukunft wird vom Leben mitgestaltet!« oder »Meine Zukunft, das bin ich!« Das sind Gedanken, die das, was er tut, anerkennend begleiten. Das scheint zwar (für andere) eine Selbstverständlichkeit zu sein, doch der *Sachtyp* vergisst regelrecht, dass er eine Zukunft hat und etwas dafür tun kann – und versucht das mit angestrengtem Nachdenken zu kompensieren. Doch damit verliert er sich nur noch mehr in Grübeleien und bedrückenden Empfindungen und entfernt sich noch weiter vom notwendigen, selbstbewussten Wissen: »Es geht um mich und mein Leben!« und »Ich kann mein Leben gestalten!«

Damit kann er seine Antreiber: »Streng dich an!« oder »Sei

vorsichtig!« abschwächen und sich unbeschwert aufs Handeln einlassen, um dort seine Schlüsselenergien, freudiges und entschlossenes Wollen und Planen, Verantwortlichkeit, Durchsetzungsvermögen, Aktivität, Fürsorglichkeit und Zu-sich-Stehen zu verwirklichen. Für den *Sachtyp* gilt es, das Steuer seines Lebensschiffs selbst in die Hand zu nehmen und die Erfahrung zu machen, dass ihn dabei ein gutes Geschick unterstützt.

Auch der *Sachtyp* fördert seine Schlüsselenergien am besten dadurch, dass er sie anwendet. Um von seiner gewohnten, nämlich beobachtenden und nachdenklichen Haltung in die Haltung kraftvollen Wollens überzuwechseln, braucht er den innerlichen Impuls: Ich will! Das ist eine Haltungsänderung vom Objektiven zum Subjektiven, vom Passiven zum Aktiven. Statt sich herauszuhalten und sich zurückzunehmen, beginnt der *Sachtyp* anzugreifen, anzupacken, sich einzumischen und mitzumachen – engagiert und immer wieder von neuem. Dann erfährt er seine Schlüsselenergien in ihrem ursprünglichen positiven Charakter, und sie verwandeln sich nicht gegen ihn in »dämonische« Bedrohungen.

Dem *Handlungstyp* tut eine wohlwollende, erlaubende Haltung gut – er hat es nötig, sich mit sich selbst im Reinen zu fühlen. Wie der *Beziehungstyp* das Selbstvertrauen, braucht der *Handlungstyp* eine Selbstsicherheit, die sich nicht über seine Antreiber: »Sei perfekt!« und »Mach's perfekt!« herstellt. Es ist die Selbstsicherheit eines fürsorglichen Handlungs-Ichs, das Gefühl, von Grund auf o. k. zu sein. – Ein *Handlungstyp*, der vierzig Jahre lang ein bürgerlich-angepasstes Leben geführt hatte, dann erst seine homosexuelle Veranlagung entdeckt und unter seinen Nicht-o.k.-Gefühlen so gelitten hatte, dass er nicht mehr weiterleben wollte, ist heute glücklich in einer gleichgeschlechtlichen Beziehung. Er sagte in einem Fernsehinterview: »Gott hat mich so gewollt, also bin ich so o.k.!« – Aus dieser fundamentalen Entscheidung: »Ich bin o.k., so wie ich bin!« kann er seine Antreiber loslassen, die ihn in seinem Persönlichkeitsbereich Handeln festhalten und daran hindern, sich auf seinen Entwicklungsbereich Beziehung einzulassen.

Die Entwicklung seiner Schlüsselenergien Spontaneität, Lebens- und Arbeitsfreude, Mitgefühl und Einfühlungsvermögen, Humor und Lachen, Sympathie und Kontaktfreudigkeit werden durch die Denkungsart und die Grundeinstellung der Gesellschaft von heute erleichtert. Die moderne Pädagogik, ebenso die in den letzten Jahrzehnten entstandenen Schulen der Gruppen-, Psycho- und Familientherapie zielen ganz darauf ab, die Energien seines Beziehungs-Ichs zu fördern und zu bestätigen. Hier zeigt sich eine deutliche Wende: weg vom autoritären, einschränkenden und lebensfeindlichen Denken früherer Generationen, hin zu einem erlaubenden, respektierenden und menschlichen Leben.

DER FÜRSORGLICHE, DER ZUGEWANDTE UND DER SELBSTREFLEKTIERTE TYP

Im vorangegangenen Kapitel stellten wir uns die Frage: Warum sind wir nicht alle entwickelte Persönlichkeiten, die nicht nur in ihrem Ausgangsbereich zu Hause sind, sondern ebenso in ihren Schlüsselfähigkeiten? Wir haben Gründe dafür angeführt, was es schwierig macht oder erscheinen lässt, in unsere Schlüsselfähigkeiten zu gehen. Es gibt eine weitere Antwort auf diese Frage, die nicht nur interessant ist als Theorie, sondern auch wertvoll in der Praxis.

Wir haben auf Seite 97 bereits auf die drei Untertypen hingewiesen. Man kann sie von den Körpertypen her beschreiben oder als Enneagrammtypen. Nun habe ich aber das Enneagramm nicht einfach übernommen, sondern zweierlei damit gemacht: die systematischen Komponenten der neun Typen ermittelt und die Entwicklungslinien teilweise berichtigt. Beides hat sich bestätigt und bewährt. Was sind die systematischen Komponenten? Es sind *ich, du* und *wir,* es sind *denken, fühlen* und *handeln* und es sind *Vergangenheit, Gegenwart* und *Zukunft.* Ich meine, dass immer drei gekoppelt sind, denn in der Lebenspraxis gehören sie auch zusammen. *Handeln* hat immer einen *Zukunfts*aspekt und wird durch und für ein *Wir* gemacht. *Beziehung* findet in der Gegenwart statt und bezieht sich auf das *Du.* Und *Denken* oder Erkennen hat mit dem *Ich* zu tun und bezieht sich auf etwas, was schon da ist, also *Vergangenheit.* (Näheres dazu in: Friedmann, Die drei Persönlichkeitstypen und ihre Lebensstrategien, oder Friedmann, ILP – Integrierte Lösungsorientierte Psychologie. In letzterem Buch wird auch das Autonomie-Training ausführlicher behandelt.)

Doch zurück zu der Frage: Was hindert uns daran, unsere Schlüsselfähigkeiten, die entscheidend beitragen zu Wohlbefinden, Lebens- und Handlungsqualität sowie Gesundheit, voll zu nutzen? Das Festsitzen in unseren Fallen. Es sind nur drei, genau genommen eine einzige für jeden Typ: die *Abhängigkeits*-Falle, die *Sorgen*-Falle oder die *Selbstzweifel*-Falle.

Da jeder nur zu einer dieser drei Fallen tendiert, spreche ich auch vom *Abhängigkeits*-Typ, vom *Sorgen*-Typ oder vom *Selbstzweifler*-Typ (oder einfacher vom *Selbstzweifler*). »Klingt das nicht zu negativ?«, wurde ich von verschiedenen Leuten gefragt. Ich will mit diesen Bezeichnungen Warnschilder aufstellen. Aber natürlich könnte man statt dem Schild »Schleudergefahr« auch das Schild »Abenteuer« aufstellen und statt der warnenden Hinweise auf den Zigarettenpackungen die Vorzüge besonders komfortabler Rollstühle herausstellen ...

Auf der anderen Seite sind die Einwände insofern berechtigt, als das Negative für viele nicht abschreckend, sondern anziehend wirkt (etwa: »Rauchen kann tödliche Folgen haben« – doch verlassen können Sie sich nicht darauf!). Und jede dieser Fallen hat schließlich auch eine positive Seite. Der *Abhängigkeits*-Typ ist so gesehen der *zugewandte* Typ, der *Sorgen*-Typ der *fürsorgliche* Typ und der *Selbstzweifler*-Typ der *selbstreflektierte* Typ. Mir, für meinen persönlichen Bedarf, sind die Warnschilder lieber, denn mein Motto heißt: Raus aus der Falle! Ich halte mir die Alternative immer in Griffweite. Sobald mir klar wird, dass ich wieder einmal in meiner Falle gelandet bin, versuche ich ihr sofort zu entkommen. Wenn die Redewendung: »Gefahr erkannt, Gefahr gebannt!« überhaupt einen Sinn macht, dann hier.

Bevor ich auf die Alternativen eingehe, noch etwas zur Diagnose: Woran kann ich erkennen, ob ich ein *Abhängigkeits*-Typ, ein *Sorgen*-Typ oder ein *Selbstzweifler*-Typ bin? Es gibt Leute, die sagen: »Ich bin alle drei Typen gleichzeitig!« Das ist meist dann der Fall, wenn es jemandem schlecht geht. Dann macht sich jeder Sorgen, fühlt sich irgendwie abhängig und zweifelt möglicherweise an sich. Deshalb sollte man sich lieber überlegen: Wo liegen denn normalerweise meine Stärken? Bin ich jemand, der sich weniger Sorgen um die Zukunft macht als andere? Bin ich jemand, der relativ unabhängig ist von anderen? Bin ich jemand, der weniger als andere an sich selbst zweifelt? So ist der *Abhängigkeits*-Typ in der Regel recht zuversichtlich und zweifelt wenig an sich, der *Sorgen*-Typ begibt sich kaum in Abhängigkeit und ist meist recht selbstbewusst und der *Selbstzweifler* ist eher sorglos und relativ unabhängig.

Nun ist das Nicht-an-sich-Zweifeln des *Abhängigkeits*-Typs natürlich noch kein wirkliches Selbstbewusstsein. Selbstzweifel sind einfach kein Thema für ihn. Das Gleiche gilt für das Unabhängig-Sein des *Sorgen*-Typs. Er braucht einfach jemanden, um den er sich Sorgen machen kann. Doch die Adressaten sind austauschbar. Das kann auch ein Hund oder ein Kanarienvogel sein. Der *Selbstzweifler* hat kein echtes Vertrauen in die Zukunft, andererseits kümmert er sich auch nicht sehr um sie. Die Lösung liegt für jeden darin, seinen speziellen Weg aus der Falle zu gehen. Dann entstehen echtes Selbstbewusstsein, Unabhängigsein und wirkliche Zuversicht.

Sich selbst richtig einzuschätzen ist nicht einfach, doch auch nicht unmöglich. Außerdem kann man ja die Meinung anderer einholen. Möglich, dass das fürs Erste zu noch größerer Verwirrung führt, doch ich kann Ihnen aus meiner Erfahrung versichern: Es gibt eine eindeutige Lösung! Und es gibt keine Mischtypen! Die Mischtypen-Hypothese rechne ich zu den faulen Ausreden für mangelnde diagnostische Fähigkeiten.

Ich selbst bin ein *Abhängigkeits*-Typ. Ich war immer, auch in schwierigen Lebenssituationen, recht zuversichtlich, was die Zukunft anbelangt, habe mir weniger Sorgen gemacht als Leute, die mit mir »im gleichen Boot saßen«. Und ich habe ein ganz gutes Selbstbewusstsein. Ich zweifle wenig an mir, weiß, was ich kann und was nicht. Schwächen zu haben ist für mich normal. Ich akzeptiere sie. Wenn es mir schlecht geht, hat das immer mit Abhängigkeiten zu tun. Ich neige dazu, mich von Menschen abhängig zu machen, aber auch von Ereignissen – steigen oder fallen die Börsenkurse? Wie viele Anmeldungen habe ich für einen Ausbildungskurs? Schaffe ich den Abgabetermin für ein Manuskript?

Man könnte sagen, ich mache mir Sorgen. Doch Sich-Sorgen-Machen ist etwas anderes. Ich weiß, dass ich mir keine Sorgen zu machen brauche – trotzdem fühle ich mich unwohl. Wenn jemand heute Kinder hat, wird er kaum vermeiden können, sich Sorgen zu machen. Was unterscheidet dabei den *Sorgen*-Typ von den beiden anderen? Ich als *Abhängigkeits*-Typ denke, sie haben es bisher geschafft, sie werden auch in Zukunft mit den Herausforderungen ihres Lebens zurechtkommen. Direkt helfen kann ich ihnen dabei nicht, und ich weiß, es tut mir nicht gut, wenn ich mich von Sorgen abhängig mache. Damit ist mein »Sorgen-Gefühl« zwar noch nicht verschwunden, doch ich dramatisiere es nicht.

Ein *Sorgen*-Typ wird aktiv werden, will Informationen, gibt Ratschläge, überlegt, wie er direkt helfen kann. Der deutlichste Unterschied liegt im Lösungsweg. Der *Sorgen*-Typ muss aufhören, sich sorgenvoll mit der Zukunft der anderen zu beschäftigen. Ihm hilft, in das »Beziehungs-Gefühl« zu den anderen zu gehen – mit Mitleid, Mitfreude, Sympathie oder auch mal Abneigung. Mir als *Abhängigkeits*-Typ hilft auch hier, mich auf mich zu besinnen, mich zu spüren, auf mein Leben zu schauen, wie ich Schwierigkeiten gemeistert und was ich daraus gelernt habe.

Vor ein paar Tagen beobachtete ich drei befreundete ältere Herren, die in einer Gaststätte zusammen an einem Tisch saßen. Ich bin nicht ganz sicher, aber sie schienen mir alle drei *Handlungstypen* zu sein, ein *Abhängigkeits*-Typ, ein *Sorgen*-Typ und ein *Selbstzweifler*-Typ. Nun geben sich die Leute äußerlich oft gegenteilig zu ihrem Typ, der *Abhängigkeits*-Typ zurückgenommen, der *Sorgen*-Typ optimistisch und der *Selbstzweifler*-Typ selbstsicher – mit gelegentlichen Rückfällen.

Der *Sorgen*-Typ hatte deutliche Sorgenfalten auf der Stirn, saß nach vorne gebeugt und wirkte bescheiden und bemüht. Der *Abhängigkeits*-Typ saß etwas zurückgelehnt, aufrecht, immer ein leises Lächeln auf den Lippen, und machte einen gepflegten, etwas unnahbaren und freundlich überlegenen Eindruck. Der *Selbstzweifler*-Typ wirkte eher etwas kämpferisch, beweglich, oft mit kritischem Gesichtsausdruck, und argumentierte viel mit dem Zeigefinger. Mein Wissen aus dem Enneagramm sagt mir, dass der *Abhängigkeits*-Typ der perfektionistische Einser ist, der sich nicht in die Karten schauen lässt. Dass der *Sorgen*-Typ der Neuner, der kameradschaftliche Macher ist, der immer hilfsbereit für alle da ist. Und dass der *Selbstzweifler*-Typ der Achter oder Boss ist, der sich expressiv verhält.

Bei den *Selbstzweifler*-Typen fällt mir auf, dass sie Probleme haben mit ihren Zielsetzungen, mit der Aufgabe, ihr Leben in die Hand zu nehmen, zu steuern, sich zu positionieren. Oft haben sie überhaupt keine richtigen Ziele, an denen sie konsequent festhalten. Oder die Ziele sind irgendwie unrealistisch, zu weit weg, zu anspruchsvoll oder einfach nicht realisierbar. Dadurch hat man den Eindruck, sie machen ihre Sache zwar ganz gut, aber so richtig wissen sie nicht, was sie wollen. Für einen zielorientierten Menschen wirkt das so, als ob sie ihr Leben vertändeln würden. Sie machen viele interessante Dinge, doch man kann nicht erkennen, wohin das führen soll.

Wenn ich mir die drei *Sachtypen* anschaue und bei ihnen wiederum den *Abhängigkeits*-Typ, den *Sorgen*-Typ oder den *Selbstzweifler*, sind auch sie recht unterschiedlich. Der *Abhängigkeits*-Typ, der Fünfer im Enneagramm, wirkt meist still, zurückgenommen, hört zu und ist irgendwie ein Privatmensch. Er macht gerne Dinge für sich, ungestört und tief schürfend. Dabei ist er recht unkonventionell. Der *Selbstzweifler*-Typ, der Sechser, ist sozial am besten angepasst, macht einen lieben Eindruck, ist freundschaftlich und wirkt heiter. Er bevorzugt den Mainstream, da kennt er sich aus und fühlt sich sicher. Der *Sorgen*-Typ, der Siebener, tritt optimistisch auf, redet gerne und viel, stellt sich in den Mittelpunkt der Aufmerksamkeit, macht Pläne, argumentiert vernünftig (Gefühle sind nicht sein Ding) und genießt das Leben. Er mag keine negativen Gefühle, also verdrängt er seine Sorgen und macht stattdessen Pläne.

Natürlich gibt es auch unter den *Beziehungstypen* den *Abhängigkeits*-Typ, den *Sorgen*-Typ und den *Selbstzweifler*-Typ. Der *Sor-*

gen-Typ, der Zweier im Enneagramm, tritt gewöhnlich strahlend auf und optimistisch. Doch er »rettet« seinen Partner, seine Kinder, seine Patienten. Das strengt an und kann zum Burn-out führen. Er ist der Aktivist unter den *Beziehungstypen,* unternimmt viel mit anderen, treibt gerne Sport und wirkt eher bescheiden. Der *Abhängigkeits*-Typ, der Dreier, vergleicht sich ständig mit anderen, möchte besser, auf keinen Fall jedoch schlechter sein als sie. Er konkurriert, ist imagebewusst und ehrgeizig. Er lächelt nicht so kindlich-offen wie der Zweier, sondern eher kontrolliert-gewinnend. Der *Selbstzweifler*-Typ, der Vierer, wirkt ernster, anspruchsvoller, künstlerischer als die beiden anderen. Er interessiert sich für geistige Dinge, ist häufig selbst künstlerisch aktiv, malt, schreibt oder macht Musik. Oft interessiert er sich auch für spirituelle Themen. Er misst sich (und andere) an überaus hohen Maßstäben. Kein Wunder, dass er dann anfängt, an sich zu zweifeln.

Sie merken sicher, wie erhellend es sein kann, zwei in ihrer Herkunft völlig unterschiedliche Modelle (Psychographie und Enneagramm) miteinander zu verbinden. Hier muss man nichts zurechtbiegen, es ergibt sich wie von selbst und passt. Und es hat nicht nur weit reichende praktische Konsequenzen – ich selbst empfinde diese Zusammenhänge als ästhetisch, als schön. In der Physik wird Schönheit manchmal als Hinweis dafür genommen, dass ein Modell richtig ist.

Vielleicht hat Ihnen dieser Ausflug ins Enneagramm geholfen, sich über Ihren Untertyp klarer zu werden. Lassen Sie sich Zeit. Mein Eindruck ist, wenn man seinen Grund- und Untertyp richtig erkannt hat, dann stimmt fast alles – solange das nicht der Fall ist, ist es ein Hin und Her. Mir geht es auch bei anderen Menschen so. Als ich noch an einer Fachschule unterrichtete, machte ich mir zu Beginn von den Teilnehmern ein ungefähres Bild davon, wer welcher Typ sein könnte. Wochen oder Monate später war dann das Thema Menschenkenntnis dran. Jetzt zeigte sich, bei wem ich mit meiner Einschätzung richtig lag beziehungsweise wo ich mich vertan hatte. Bei denen, die ich falsch diagnostiziert hatte, ergab sich jetzt eine interessante Erfahrung. Es war, wie wenn ich plötzlich ihre Sprache verstehen würde. Vorher war da so etwas wie Irritation oder Befremden. Das merkte ich allerdings erst jetzt – im Kontrast zu der Klarheit, wie ich nun ihre Botschaften (wie sie sich bewegten, sprachen, was sie sagten usw.) verstand.

Die Untertypen, der *zugewandte, fürsorgliche* und der *selbstreflektierte* Typ – um sie von ihrer positiven Seite her zu benennen –, sind ebenso wie die drei Grundtypen interessant für die Menschenkenntnis. Ohne dieses Wissen können wir nur feststellen: Sie oder er ist so wie ich, oder: Sie oder er ist anders. Dabei ist noch nicht einmal das eine klare Unterscheidung, denn die Leute interpretieren fortwährend etwas in den anderen hinein. Sie sehen sich wohlwollend im anderen oder kritisieren sich in ihm. So gesehen ist das gegenseitige Missverstehen der Normalfall.

Ich nehme ein Beispiel aus meiner nächsten Nähe, meine Mutter. Als ich jung war, hat mich vieles bei ihr aufgeregt. Sie hätte die gleichen Bücher lesen und gut finden sollen, die gleiche Musik hören, ähnlich denken und die gleichen Dinge wertschätzen. Stattdessen legte sie großen Wert aufs Kochen, Backen, Marmelademachen – immer besorgt, dass alle satt wurden und sich wohl fühlten. Heute, mit zweiundneunzig, kann sie das nicht mehr. Doch sie fragt mich jeden Tag, ob ich schon und ob ich auch genug gegessen hätte. Sich Sorgen machen um andere ist nach wie vor ihr Thema, und wenn es die Vögel draußen in der Winterlandschaft sind. Sie ist der fürsorgliche *Handlungstyp*, der Neuner.

Heute verstehe ich sie oder andere Menschen in ihrer persönlichkeitstypischen Wesensart. Sie haben einen anderen Platz und eine andere Aufgabe im Leben als ich. Ich kann andere so sein lassen, wie sie sind, meine nicht mehr, sie müssten mir ähneln, um wertvolle Menschen zu sein. Aber ich sehe natürlich auch, wie sie sich das Leben unnötig schwer machen und leiden. Und was noch schlimmer ist, wie sich viele für ein eher armseliges (im wortwörtlichen Sinne) Leben entscheiden, weil sie nicht aus ihren Fallen kommen und nicht die Alternativen kennen.

Beginnen wir mit dem *zugewandten* oder dem *Abhängigkeits*-Typ, wie kommt er aus seiner Falle? Nicht dadurch, dass er versucht, sich so unabhängig wie möglich zu machen. Ich kenne das. Mehr als mein halbes Leben habe ich zurückgezogen gelebt wie ein Einsiedler. Meine letzte Wohnung, versteckt auf dem Gelände eines Landschlosses, hatte nicht mal eine erkennbare Eingangstür, geschweige denn eine Klingel. Ich erinnere mich an viele Wochenenden, an denen ich mit keinem Menschen Kontakt hatte, nicht einmal telefonisch. Dazu musste ich nichts tun, das ergab sich für mich als Fünfer wie von selbst.

Wenn Rückzug oder Distanz oder Askese nicht die wirkliche Lösung für den *Abhängigkeits*-Typ ist, was dann? Der erste und wichtigste Schritt ist die Besinnung auf das eigene Ich – *ich bin die Lösung!* Das ist weit mehr als bloßes Denken, es ist eine Verlagerung der Aufmerksamkeit. Wenn man das Wort »be-sinnen« wörtlich nimmt, dann ist da zweimal die Bewegung drin, zunächst in der Vorsilbe »be-« in der Bedeutung »hin zu« und dann in »sinnen« (ahd. sinnan), die Aufmerksamkeit auf etwas richten und auf etwas hinstreben. Die Lösung ist der Akt der Selbst-be-sinnung, seine Aufmerksamkeit sammeln und auf sich selbst richten, sich spüren, wahrnehmen.

Im Zustand der Abhängigkeit bin ich nicht bei mir selbst. Mein Sinnen und Denken ist von etwas anderem gefangen, ich bin wie zerstreut oder fühle mich benommen. Ein Einser hat es so beschrieben: »Da draußen sind lauter Gefängnisse oder Käfige, in denen ich festsitze. Ich bin dann mit dieser oder jener Person beschäftigt und frage mich, was sie wohl von mir denkt. Wenn es mir gelingt, mit meiner Aufmerksamkeit zu mir selbst zurückzukehren, ist das wie eine Befreiung.«

Ich habe diese Selbstbesinnung – *ich bin die Lösung* – für mich in einer schwierigen Situation wiederentdeckt. Ich hatte mich heillos verrannt in eine aussichtslose Beziehung, eine Neuner-Frau (psychoanalytisch Informierte werden sagen: Aha, kein

Wunder!, s. o.), und konnte dann in dieser Lage, in der es mir zeitweilig dramatisch schlecht ging, die segensreiche Wirkung meines Autonomie-Trainings, wie ich es für mich nannte, überdeutlich erfahren.

In den nächsten Jahren begann ich konsequent das »Autonomie-Training« für die anderen Persönlichkeitstypen zu erforschen und zu erproben. Hier möchte ich mich beschränken auf den ersten und wichtigsten Schritt aus den Fallen (ausführlicher siehe Friedmann ILP – Integrierte Lösungsorientierte Psychologie). Für den *Abhängigkeits*-Typ habe ich den Ausweg aus der Falle schon genannt: *Sich auf sich selbst – sein eigenes Ich besinnen.* Das gilt für die Einser, die Dreier und die Fünfer im Enneagramm. Jeder von ihnen kennt die befreiende Wirkung dieser inneren Bewegung, ich muss sie nicht mit vielen Worten beschreiben. Wichtig ist nur, dass man es tut – immer wieder: heilend, wenn man sich unwohl fühlt, und vorbeugend, solange es einem noch gut geht.

Wie sieht das Autonomie-Training für einen *Sorgen*-Typ aus? Das sind ja die, die sich ständig um andere Gedanken machen und meinen, sie müssten etwas für sie tun. So verwöhnen sie die anderen und machen die Erfahrung: Undank ist der Welt Lohn. Sie werden ausgenützt und irgendwann als lästig auf die Seite geschoben. Zwischendurch versuchen sie sich vor ihrem unseligen Drang, helfen zu müssen, zu retten, indem sie tapfer egoistisch an sich denken. (Es gibt ja inzwischen Ratgeber, die diese »Lösung« empfehlen.) Aber sie stellen fest, es funktioniert nicht. Es bereitet ihnen Unbehagen, fühlt sich kalt an und verhärtend, und die anderen schlagen zurück. Haben sie sich vorher belästigt gefühlt durch das überfürsorgliche Verhalten, so fühlen sie sich jetzt angegriffen und im Stich gelassen. Das ist ein typisches Szenarium für Trennungen.

Wenn die egoistische Kehrtwende nicht funktioniert, was dann? Dann greift das einfache und bekannte Motto: *Sorge nicht – lebe!* Was ist damit gemeint? *Sorge nicht* ist klar. Es bedeutet umdenken, den anderen mehr zutrauen und sie loslassen. Ich weiß, das ist nicht einfach. Denn das Unbewusste täuscht dem *Sorgen*-Typ vor, die anderen seien irgendwie gefährdet, anfällig für alle möglichen Nöte des Lebens. Ich erinnere mich an eine Großmutter, die schon beim Frühstück einen besorgten Blick auf ihre Enkelkinder warf: »Du siehst so blass aus, geht es dir nicht gut?« oder »Du hast so glänzende Augen, hast du Fieber?« Ich fand, sie sahen aus wie sonst auch.

Was ist aber mit *lebe!* gemeint? Sich Sorgen machen bedeutet an Zukünftiges denken – was muss ich tun für die anderen, was müssten die anderen tun für sich, damit meine Befürchtungen nicht eintreffen? *Lebe!* heißt sich auf das Gegenwärtige besinnen, sich einlassen auf den anderen, das Du, auf das, was jetzt da ist und geschieht. Das ist eine andere Energie, ein anderes Erleben. Sich-Sorgen-Machen ist mit Unruhe verbunden, das *lebe!* mit Sympathie und Liebe, Sinnesfreuden und Spiel. Das kann die Liebe sein zur Natur, zu Tieren, zu Kindern oder zum Partner, zu Freunden und – nicht zu vergessen – zu sich selbst. Psychologisch gesehen ist es der Wechsel vom Eltern-Ich ins Kind-Ich oder, in meiner Terminologie, vom Handlungs-Ich ins Beziehungs-Ich.

Wer ist für das *Sich-Sorgen* anfällig? Es ist der Zweier im Enneagramm, der begeisterungsfähige Helfer, wie ich ihn nenne. Es ist der Siebener, der gerne für andere plant und ihnen Ratschläge gibt. Und es ist der Neuner, ein *Handlungstyp,* der sich für die Familie, die Firma oder den Verein einsetzt und sich selbst dabei vergisst. Besonders die Generation unserer Großeltern hat weitgehend aus der Pflichterfüllung und Fürsorge anderen gegenüber gelebt. Wenn diese Aufgaben wegfallen, finden diese Menschen oft keinen Sinn mehr im Leben. Doch schon vorher – ich habe es durchaus auch bei Jüngeren erlebt – sind sie regelrecht leer, wissen nicht, was sie für sich wollen. Berne hat dies in seiner Transaktionsanalyse als das Lebensmuster »Offenes Ende« beschrieben. Wenn sie nicht mehr für andere aktiv sein können, bleibt bloß noch das Warten auf den Tod – eine Selbstlosigkeit, die nicht wirklich bewundernswert ist.

Kommen wir zum *Selbstzweifler* und seinem Weg aus der Falle. Was dabei schlecht funktioniert, ist das verständliche Bemühen, Sicherheit zu gewinnen dadurch, dass man sich mit irgendwelchen »Wahrheiten« identifiziert. Doch das ist eine Pseudosicherheit. Man wird geistig starr, ideologisch. In harmloseren Fällen geht man dann anderen mit seinen »Wahrheiten« auf die Nerven (besonders beliebt sind hier Ernährungsregeln: Das ist gesund und das ist ungesund). Doch wir erkennen heute auch, wie gefährlich Ideologien sind. Überall dort, wo es unmenschlich zugeht, sind meist Ideologien im Spiel. Sie verleiten Menschen dazu, andere im Namen Gottes, der Nächstenliebe oder Menschlichkeit zu ermorden.

Für den *Selbstzweifler* scheinen Worte und Sätze so etwas wie eine magische Wirkung zu haben. Sie können ihn quasi verhexen. Dabei muss die Verzauberung durch Worte nicht immer negativ sein. Gedichte können eine zauberhafte Wirkung haben. Wie können Worte, wie kann das Denken und Sprechen gefährlich werden für den *Selbstzweifler?* Sie erscheinen ihm wie Wirklichkeiten, denen man sich nicht entziehen kann. Doch Gedanken und Sätze sind keine Wahrheiten, sondern eben Gedanken und Sätze. Wer so mit ihnen umgehen kann, wird sich von ihnen nicht übermäßig beeindrucken lassen, sondern kann ihren Wahrheitsgehalt überprüfen. Sie sind ein Werkzeug, das man benützen kann oder auf die Seite legen. Man sollte es nicht zulassen, dass es einen beherrscht.

Wenn es so ist, dass der *Selbstzweifler* befangen ist vom Denken, wird er dieses Problem kaum durch Denken lösen können. Auch für ihn gilt es, die innere Haltung zu ändern. Dabei kann ihm die Frage helfen: Was will ich? Was ist mein Ziel? Sein Motto muss sein: *Lass deine Zweifel hinter dir und setze dir realisierbare Ziele! Gestalte dein Leben!* Wenn er weiß, was er will, kann ihm die Erlaubnis helfen: *Ich darf an meinem Ziel festhalten!*

Ich erinnere mich an eine Ausbildungsteilnehmerin, die therapeutisches Reiten für Kinder anbot. Das für sie Wertvollste, was sie als *Selbstzweifler* (und Achter oder Boss) gelernt hatte, war, die Frage nach den Zielen immer wieder in ihrer Arbeit zu benützen. Seit sie die Kinder fragt, was sie machen wollen, und sie dann das auch machen lässt, hat sie nach eigener Aussage die halbe Arbeit und viel weniger Ärger. Sie ist eine tatkräftige Frau, hat vieles in ihrem Leben getan, meist jedoch für andere. Da sie nicht weiß oder sich nicht bewusst macht oder sich leicht davon abbringen lässt, was sie für sich selbst will, gehört sie zu den Menschen, die im Leben von anderen ausgenützt werden. Das habe ich bei einigen *Selbstzweiflern* beobachtet.

Wir steuern und gestalten unser Leben durch Ziele. Attraktive Ziele wirken nicht nur nach innen, so dass sie uns motivieren und unsere Kreativität und Intuition auf das Ziel hin ausrichten. Sie scheinen auch unsere Umwelt und das, was geschieht, zu beeinflussen. Deshalb sagen manche Leute: Es gibt keine Zufälle. Das, was auf uns zukommt, hat einiges mit unseren bewussten und unbewussten Wünschen und Zielen zu tun.

Der erste Schritt ist, dass man sich Ziele setzt, die realisierbar sind, attraktiv und bekömmlich. Ich habe in der letzten Zeit ein paar Mal mit *Selbstzweiflern* gearbeitet – immer ging es um ihre Ziele. Einmal war das Thema wie in Nebel getaucht, die Ziele waren undeutlich und verschwanden wieder, einmal hatte jemand so gut wie keine Ziele mehr, hatte resigniert, und ein anderes Mal hatte die Person zwar ein Ziel, doch es ging dabei nicht darum, das, was jetzt zu tun war, gerne zu machen, sondern es endlich hinter sich zu bringen.

Was ist der zweite Schritt? Wenn ich ein Ziel habe, das mir lohnend und realisierbar erscheint, kommt es darauf an, es zu pflegen. Man sollte es aufschreiben. Dadurch wird es deutlicher, verbindlicher. Es muss immer wieder mit positiver Energie aufgeladen werden. »Werden Sie wieder ein Träumer!«[1] Menschen, die erfolgreich sind, machen das automatisch. Sie formulieren Ziele, pflegen ihren Traum, überlegen, wann sie das Ziel erreicht haben wollen und was sie dafür tun werden. Besonders

[1] A. L. Williams, Das Prinzip Gewinnen, S. 72.

wichtig dabei ist, dass sie sich ausmalen, wie attraktiv es für sie ist, dieses Ziel zu realisieren und zu erreichen. So wird es energetisch immer wirksamer, bis sie schließlich darauf brennen, die Sache anzugehen.

Selbstzweifler neigen dazu, ihre Ziele immer wieder kritisch in Frage zu stellen. Damit entziehen sie dem Ziel die Energie und verknüpfen es mit Möglichkeiten des Scheiterns. Es ist eine Art Selbstsabotage, die sie da betreiben. Das machen sie manchmal auch anderen gegenüber. Ich erinnere mich, ich hatte ein Projekt ausgearbeitet, hatte viel investiert an Zeit, Energie und Geld. Es sollte nicht mir, sondern anderen zugute kommen, doch dazu musste ich sie gewinnen, *sie* mussten aktiv werden. Bei der Vorstellung des Projekts äußerte nun jemand Zweifel, die meine guten Absichten in Frage stellten. Das Projekt bekam dadurch einen üblen Beigeschmack. Es scheiterte – zumindest in diesem Fall.

Umgekehrt ein Beispiel eines *Selbstzweiflers,* der stolz berichtete, was er für sich herausgefunden hatte: Wenn er etwas vorhatte, hatte er immer mit vielen Leuten darüber gesprochen, um sich seiner Sache sicher zu werden. Doch jeder gab ihm einen anderen Ratschlag. Zum Schluss war er sich völlig unschlüssig, was er jetzt tun sollte. So beschloss er, es künftig anders zu machen: sich seine Sachen genau zu überlegen und dann durchzuführen. Das war für ihn eine befreiende Erfahrung.

Das Thema Ratschläge erinnert mich an die Geschichte vom Vater, Sohn und einem Esel. Zunächst reitet der Vater auf dem Esel und der Sohn geht nebenher. Darauf wird er von jemand getadelt, er sei doch kräftig und solle seinen jungen Sohn reiten lassen. Als dann der Sohn reitet, wird der getadelt, er habe doch jüngere Beine als sein Vater. So gehen beide zu Fuß. Als man ihnen sagt, da hätten sie nun einen Esel und gingen beide zu Fuß, das sei ja zu dumm, setzen sie sich beide auf den Esel. Andere wiederum meinen, sie seien zu schwer für das arme Tier. Schließlich tragen die beiden den Esel. Ich glaube, die Moral der Geschichte war, man könne es nicht allen recht machen. Doch die bessere Moral wäre zu wissen, was man will – und dabei zu bleiben.

Wer sind nun die *Selbstzweifler?* Es ist der Vierer im Enneagramm, der anspruchsvolle Romantiker, ein *Beziehungstyp,* der meint, er müsse etwas Besonderes sein oder leisten. Es ist der Sechser, ein *Sachtyp,* der auf mich etwas lieb oder brav wirkt, aber auch rebellisch werden kann. Und es ist der Achter, ein *Handlungstyp* mit einer starken Tendenz zur Selbstdarstellung.

Ich habe das »Raus-aus-der-Falle!« damals für mich Autonomie-Training genannt. Diese Bezeichnung passt am besten für meinen, den *Abhängigkeits*-Typ. Denn die Alternative zur Abhängigkeit ist Autonomie. Für den *Sorgen*-Typ hätte man es Wellness-Training nennen können, denn hier ist die Alternative, es sich gut gehen zu lassen. Und beim *Selbstzweifler* hätte man die Bezeichnung Lösungs-Training wählen können. Denn für ihn gilt es, aktiv nach vorne zu gehen und praktische Lösungen zu entwerfen und zu realisieren.

WIE MACHE ICH MEHR AUS MEINEM TYP?

Was ist so besonders an jenen Menschen, von denen wir sagen, sie seien Persönlichkeiten? Nun, manche wirken auf uns zufrieden, gelassen, offen und selbstbewusst, besonnen und selbstverantwortlich, strahlen natürliche Autorität aus, sind uns zugewandt und anteilnehmend, lebensfroh und nachdenklich. Oder sie erwecken spontan Vertrauen, sind überzeugend, gewinnen Sympathien, ohne dass man den Eindruck hat, es läge ihnen besonders viel daran und sie würden sich eigens darum bemühen. Diese Menschen wissen, was sie wollen und was sie können, geben zu, Fehler zu machen oder Fehler zu haben, und sind selbstverständlich bereit, daraus zu lernen. Was sie sagen, was sie tun, ist nicht allein Ausdruck ihrer Person, sondern bezieht auch die Situation mit ein.

Was ist zum Beispiel das Geheimnis eines Mannes wie Leonard Bernstein? Der 1990 verstorbene Komponist, Dirigent und Pianist war ein genialer Künstler, der viel Sympathie und Lebensfreude ausstrahlte. Er hat intensiv gelebt. »Ich rauche. Ich trinke. Ich bin die ganze Nacht auf. Ich habe an allen Fronten mehr als genug zu tun«, soll er 1986 in einem Interview gesagt haben. Voll Leidenschaft und nervöser Energie, oft schlaflos eilte er von Konzert zu Konzert. – Zwei Dinge waren ihm wichtig: seine Musik und die Menschen. Wenn er mit seinen Musikern oder seinen Schülern von der Arbeit sprach, so redete er darüber wie über eine Liebesbeziehung, dirigierte er, dann zeigte er seine Freude wie ein ausgelassenes Kind.

An diesem Beispiel wird eine Entwicklungslinie besonders deutlich, nämlich der Übergang vom (über)aktiven Handeln zum liebenden und vergnügten Fühlen. Dieser Prozess ist typisch für die entwickelte Persönlichkeit des *Handlungstyps,* und er endet in einem freien, harmonischen und klaren Erkennen einer mit sich identischen Persönlichkeit. Diese vom *Handlungs-*

typ immer wieder vollzogene Weichenstellung erweitert sein Erleben, seine Kreativität und Spontaneität und die emotionale Beziehung zu den Mitmenschen.

Ein anderes Beispiel ist die Psychiaterin Elisabeth Kübler-Ross. Schon als junge Frau war sie bereit, unter Einsatz der eigenen Gesundheit und des eigenen Lebens anderen zu helfen und außerordentlich fleißig, tatkräftig und zielbewusst ihre Aufgabe zu erfüllen. Auch sie ist ein typischer *Handlungstyp*. Doch ihre eigentliche Stärke dürfte ihre nahezu unerschöpfliche Fähigkeit der Liebe zu Menschen sein.

Der *Handlungstyp* beeindruckt vor allem durch sein Verantwortungsbewusstsein und seine Verantwortungsbereitschaft, seine Solidität und Zuverlässigkeit, durch seine Solidarität mit den Mitarbeitern und Loyalität gegenüber dem Unternehmen, seine Ausdauer, seinen Fleiß und seine Tüchtigkeit. Wenn er (wie in den beiden Beispielen) seine im Fühlen liegenden Schlüsselenergien realisiert, so ist das, wie wenn nach langen

Die *Entwicklungslinie Spontaneität,* vom Handeln → zum Fühlen → zum Denken:

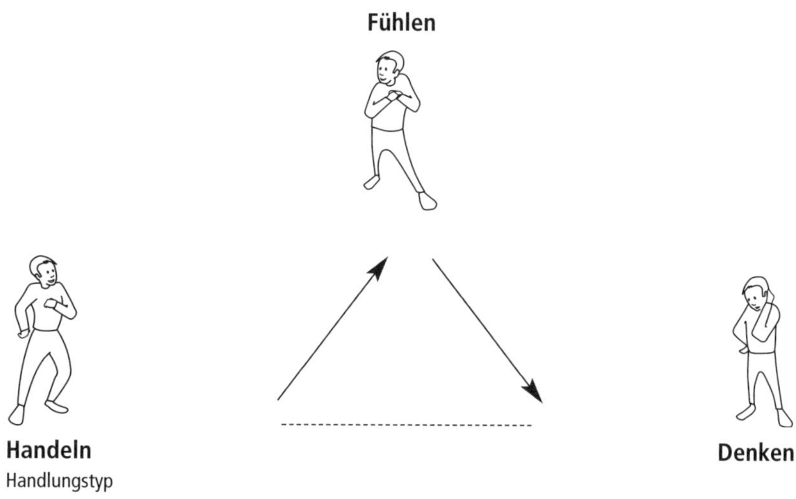

Regentagen plötzlich die Sonne durchbricht. Wenn ein solcher Mensch »aufwacht«, überaus lebendig wird, Humor zeigt, gerne (laut) lacht, sein Leben genießt und sich daran erfreut, so ist das eine wohltuende und befreiende Veränderung.

Die entwickelte Persönlichkeit des *Handlungstyps* übergeht nicht mehr besserwisserisch und moralisierend die Gefühle anderer. Er lässt sich ein, kann sich einfühlen und mitfühlen. Dann kommt zu seiner Tüchtigkeit die Spontaneität und Liebenswürdigkeit seines Wesens hinzu. Dieser Prozess soll als die *Entwicklungslinie Spontaneität* bezeichnet werden, freilich eine emotionale Spontaneität, nicht eine intellektuelle.

Eine andere Entwicklungslinie verläuft vom Denken zum Handeln, also vom passiven Beobachten zum aktiv gestaltenden Tun, und endet in einem autonomen Beziehungsverhalten. Es ist der typische Weg für den *Sachtyp*. Wenn er ihn durchlaufen hat, dann hat er gelernt, sich durchzusetzen und selbst zu schüt-

Die *Entwicklungslinie Souveränität*, vom Denken → zum Handeln → zum Fühlen:

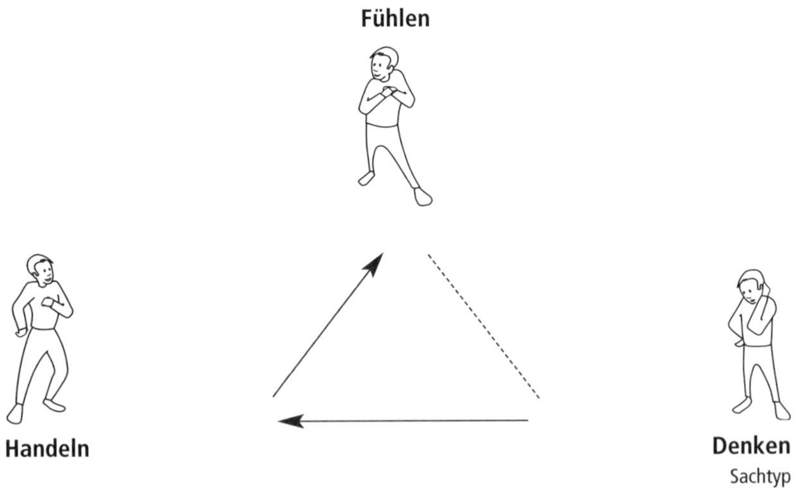

zen, zu anderen fürsorglich zu sein und Verantwortung zu tragen. Diese Mischung aus Klugheit und Tüchtigkeit wird als *Entwicklungslinie Souveränität* bezeichnet.

Solche Entwicklungen finden sich in der Kunst, in der Malerei, der Musik oder auch in der Literatur, wenn der Held ein *Beziehungstyp* ist – der Weg vom dumpfen Fühlen zum klaren Erkennen; ist der Held ein *Sachtyp,* dann vom Befangensein im Sinnenhaften und Grüblerischen hin zum befreienden Handeln, oder bei *Handlungstyp*-Helden aus gesellschaftlichen Zwängen und Normen hin zum menschlichen Mitgefühl.

Sucht man nach bedeutenden *Sachtypen,* so findet man kaum strahlende Helden – im Gegenteil, die meisten zeigen menschliche Schwächen. Bewegt sich der *Handlungstyp* geradlinig und der *Beziehungstyp* anmutig durchs Leben, so hat man beim *Sachtyp* den Eindruck, dass er seinen Lebensweg entlangstolpert. Doch was er hinterlässt, ist oft ein Werk, das mehr hält, als sein Verfasser zu versprechen schien. Kant könnte ein *Sachtyp* gewesen sein, Bach und Shakespeare sicher, Molière vielleicht, Freud wahrscheinlich.

Die Werke des *Sachtyps* sind eigenwillig und eigenständig, sie bieten geistige Nahrung für Generationen nach ihren Schöpfern. *Sachtypen* sind von Haus aus Künstlernaturen, kreativ und erfinderisch. Wichtig für sie ist, dass der Gestaltungswille, der Fleiß und das Durchhaltevermögen dazukommen. Darin liegt ihre eigentliche Leistung, denn ohne einen beharrlichen »Willen zum Werk« bleiben nur Schrottplätze verpasster Chancen und chaotische Genies übrig.

Es ist die Kraft des Wollens, welche die Persönlichkeit des *Sachtyps* ausmacht. Ohne dieses Wollen gleicht er einem Schiff, dessen Steuer kaputt ist und das hilflos in den Wellen treibt. Doch wenn er weiß, was er will, und dieses Wollen nährt, kann er sein Lebensschiff auf den richtigen Kurs bringen, egal ob mit dem Wind oder gegen ihn.

So tut es dem *Sachtyp* besonders gut, sich einer schwierigen

Situation aus eigenem Wissen und Können heraus gewachsen zu zeigen und Aufgaben erfolgreich zu lösen. Das kann er, wenn zur Vernünftigkeit seines Persönlichkeitsbereichs die Tüchtigkeit seines Entwicklungsbereichs hinzukommt, also seine Schlüsselenergien: anzupacken und zuzupacken. Zu ihnen gehören tragfähige Handlungsziele und Zukunftsperspektiven, Energie, Tatkraft, Durchsetzungsvermögen, Schaffensfreude, das Zu-sich-selbst-Stehen, Fürsorglichkeit und Ausdauer.

Der entwickelte *Sachtyp* kann Eigeninitiative entwickeln und eine Aufgabe entschlossen und mit Unternehmungsgeist durchführen. Er möchte zeigen, was in ihm steckt, und wenn ihm das gelingt, ist er hochmotiviert. Misserfolge in seinem sensiblen Bereich Handeln durch Behinderungen von außen – zum Beispiel durch einen *Handlungstyp* an seiner (Ehe-)Seite oder durch Zweifel an seiner Tüchtigkeit – können ihm dennoch lange zu schaffen machen.

Auch in seiner Selbstdarstellung unterstreicht der *Sachtyp* das Kraftvolle seines Entwicklungsbereichs: Er redet gerne von »anpacken«, »machen«, »durchboxen« und »schaffen«, kleidet sich sportlich und identifiziert sich mit großen Marken, die seit langem für Qualität stehen – nicht aus einer konservativen Einstellung heraus, sondern weil solche Firmennamen für ihn schlichtweg Potenz ausdrücken.

Die Entwicklung von einem angespannten Beziehungsleben (oder -erleben) hin zum Erkennen ist charakteristisch für den *Beziehungstyp*. Während der wenig entwickelte *Beziehungstyp* (besonders der Vierer) eher ideologisch mit der Wirklichkeit umgeht, ungeduldig und besserwisserisch ist, in seinem Argumentieren von einem Entweder-Oder bestimmt wird und von einmal gewonnenen »Erkenntnissen« schwer abzubringen ist, kann der entwickelte Typ freier mit seinen Konstrukten umgehen. Er ist neugierig und interessiert, kann sich von früheren »Wahrheiten« lösen oder sie zumindest in Frage stellen und sich weniger nervös oder verspannt auf immer neue und einmalige Situationen einlassen.

Die Persönlichkeitsentwicklung des *Beziehungstyps* lässt sich als die *Entwicklungslinie Esprit* bezeichnen: In diesem Begriff – Geist, Witz – ist beides enthalten, einmal die Lebendigkeit seines Beziehungs-Ichs und außerdem das geistige Moment der entwickelten Persönlichkeit.

Die *Entwicklungslinie Esprit*, vom Fühlen → zum Denken → zum Handeln:

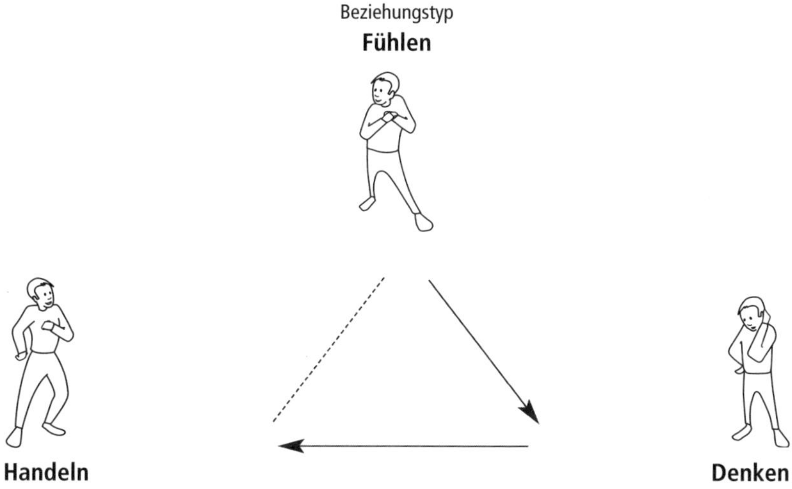

Die Ausgangspersönlichkeit wird nicht aufgegeben, sondern qualitativ verändert. So setzt der *Beziehungstyp* seine Kontaktfähigkeit nicht mehr naiv und manipulativ ein, sondern eher dosiert, klug und verantwortungsbewusst, und alle Themen der Erkenntnis gewinnen für ihn an Faszination: Neugierde, genaues Beobachten, Wahrnehmung der Situation, Konzentration und Entspannung, Körpergefühl und Körpersprache, Erkennen und Verstehen.

Während der dynamische *Beziehungstyp* sonst (vor)schnell und spontan reagiert, nimmt er sich jetzt mehr und mehr Zeit, die anderen wahrzunehmen und ihnen zuzuhören. Dieses gelassene Sehen und Hören gefällt ihm und gibt ihm ein Gefühl der Unabhängigkeit und Freiheit, ein Terrain, das er sich Schritt für Schritt selbst erschließt. Einhergehend mit seiner Persönlichkeitsentwicklung fängt er zum Beispiel mit Sportarten an, die hohe Konzentration verlangen, oder hat geistige Interessen, die analytische Energien voraussetzen. Er muss lernen, nicht sofort Erfolg haben zu wollen, und sich auch darin üben, von seinen hohen Maßstäben zu lassen. Denn misslingt ihm etwas, dann fühlt er sich schlecht, weil er sich selbst für den Misserfolg verantwortlich macht.

Anerkennung, die der *Beziehungstyp* erhält, verbucht er typisch: Lobende Bestätigung einer guten Leistung oder seines Scharfsinns bedeutet ihm viel, vorausgesetzt, es besteht ein vertrauensvolles Verhältnis zu dem, der die Anerkennung ausspricht. Bewundert man die Liebenswürdigkeit des *Beziehungstyps* und sein gutes Aussehen, dann wird er schnell misstrauisch reagieren und sich denken: »Der will was von mir oder hält mich für blöd!« Ja, es ist sogar möglich, dass er ein Kompliment in dieser Richtung als Abwertung auffasst. Denn oft erfährt er seine Antreiber »Mach's den anderen recht!« oder »Sei stark!« als lästigen Zwang, oder er bewertet sie gar als persönliches Versagen: sich nämlich nicht so geben zu können, wie ihm tatsächlich zumute ist.

In der Selbstdarstellung legt er großen Wert darauf, den Aspekt der Klugheit besonders herauszustreichen: Er schätzt intelligente Ästhetik, etwa in Form von durchdachtem, formschönem Mobiliar (dem man die besonderen Ideen des Designers ansieht), funktionellen Wohnungen, origineller, modischer Kleidung. Auch seine Meinungen und Ansichten sollen kritischen Ansprüchen genügen (wie gesagt, nichts kränkt ihn mehr, als wenn man ihn für dumm hält). Doch zugleich will er mit der Meinung jener Menschen übereinstimmen, die er schätzt. Dann steht er oft vor dem Dilemma: »Sag ich etwas, könnte es falsch sein; sag ich nichts, denken die anderen, ich weiß es nicht!« Ein einfacher Ausweg besteht für ihn darin, einfach interessiert zuzuhören. Erfahrungsgemäß macht das immer einen intelligenten und sympathischen Eindruck. Und vor allem, es tut ihm gut in jeder Hinsicht, er kann entspannen und ist informiert.

Der emotionale *Beziehungstyp* ist ständig damit beschäftigt, seine Beziehungsträume zu verwirklichen. Er möchte im Mittelpunkt stehen, der Star sein und von allen geliebt und bewundert werden. Bei diesem Stress bleibt ihm gar keine Zeit, die Situation zu durchdenken und aus eigenen Erfahrungen Schlüsse zu ziehen. Die immer wieder abgewehrten und viel Energie schluckenden Kehrseiten seiner Träume sind totale Leere, Stumpfsinn und Ernüchterung. Kein Wunder, wenn ihm die Welt durch diese »Brille« betrachtet wenig einladend erscheint.

Die *Entwicklungslinie Esprit* zeigt sich beim emotionalen *Beziehungstyp* darin, dass er seine eigene Lebenssituation konsequent durchdenkt. Er lernt immer mehr, den Ergebnissen seiner Erkenntnisse zu vertrauen. Er macht die Erfahrung, dass vieles, was andere ihm zumuten und für selbstverständlich halten, keineswegs so selbstverständlich ist, sondern dass sich dahinter alles Mögliche verbergen kann: menschliche Schwäche, Schlendrian, die Angst vor Veränderungen, Bequemlichkeit, Privilegien. Und er wird sich – und das Verhalten der anderen – immer wacher und bewusster wahrnehmen. Auf der einen Seite gibt ihm das eine größere innere Ruhe, denn bei seiner (eingebauten) Hektik tut ihm diese neu verspürte Gelassenheit besonders gut. Auf der anderen Seite kann er nun auch unbequem für die anderen werden, wenn er damit beginnt, Fragen und Forderungen zu stellen, und nicht mehr weiter das liebe und brave »Kind« ist.

Umso mehr genießt jetzt der entwickelte *Beziehungstyp* den befreienden Durchblick. Er hat kapiert, dass Denken nicht nur unentbehrlich für eine sinnvolle Gestaltung des eigenen Lebens ist, sondern direkt und unmittelbar gut tut. Ja, dass die »Nebenwirkungen« des Denkens unendlich kostbare Gefühle sind. Man kann sie anderen nicht so recht erklären und beschreiben. Sie müssen sich diesen gelassenen Zustand selbst herbeidenken.

Der entwickelte emotionale *Beziehungstyp* überzeugt durch seine Lebensklugheit, wirkt ausgeglichen, ist kollegial, aufmerksam, sprachlich gewandt, freundlich und auf eine realistische Weise hilfsbereit. Er scheut sich nicht, seinen Ärger auszusprechen. Pessimismus macht sich bei ihm eher nur noch unterschwellig breit und versteckt sich manchmal hinter einer aufgesetzten Zuversicht, einer allzu gesunden Lebensweise oder dem übertriebenen Engagement für Natur- und Umweltschutz.

In der Literatur ist die Entwicklung der Persönlichkeit oft als Konflikt zwischen Pflicht und Neigung, Gesetz und Menschlichkeit, Moral und Liebe dargestellt. Wenn in Dramen die Heldin oder der Held an der Verhärtung und Lieblosigkeit der Umwelt tragisch scheitert, so erlebt der Zuschauer deutlich, dass menschliches, liebevolles Verhalten stärker und wertvoller ist als die von Menschen geschaffenen Ordnungen, Pflichten, Zwänge und Moralvorstellungen. Ist dies das Lebensthema des *Handlungstyps,* so sind der Sieg der Wahrheit über Heuchelei und Lüge oder jener der gerechten Tat über Feigheit und Unterwürfigkeit die Themen der beiden anderen Persönlichkeitstypen. Auch dafür sind Menschen bereit, einen hohen oder den höchsten Preis zu bezahlen, den des eigenen Lebens – zumindest auf der Bühne. Zugleich aber machen viele dieser Dramen auch deutlich, dass der Weg von der Ausgangspersönlichkeit zur entwickelten Persönlichkeit kläglich scheitern kann.

Entwickelte Menschen sind »vollständig«, heil und ruhen in sich. Sie müssen andere nicht von sich überzeugen, beeindrucken oder zu etwas zwingen. Sie können die anderen so lassen, wie sie sind. Und sie sind auch nicht bemüht, ständig irgendwelche Erwartungen an andere zu stellen, zu erfüllen oder sich dagegen aufzulehnen. Sie sind frei, ihren eigenen Weg zu gehen, zu tun, was ihnen notwendig erscheint und wofür sie wirklich begabt sind. Und sie ertragen es, unbeachtet, abgelehnt oder einsam zu sein, auch wenn sie darunter leiden. Sie lassen sich nicht durch Einschüchterungen irre machen und sind wenig anfällig für Formen der Manipulation, zum Beispiel durch

Appelle an ein Zugehörigkeitsgefühl, Vorteilsversprechungen oder falsche Anerkennung.

Setzt man bei der Entwicklung der Persönlichkeit konsequent auf die Schlüsselenergien und folgt damit dem typisch vorgegebenen Wertesystem, so wird ein bislang dunkler, geheimnisvoller Prozess plötzlich transparent, verständlich und beeinflussbar. Dabei sei daran erinnert, dass der Weg aus den Fallen, wie er im vorigen Kapitel beschrieben wurde, häufig der erste Schritt dazu ist. Denn um Neuland zu betreten, braucht es die Unterstützung durch den gesunden Persönlichkeitsbereich, Selbstvertrauen für den *Beziehungstyp*, Selbstbewusstsein für den *Sachtyp* und Selbstsicherheit für den *Handlungstyp*.

Wenn hier von unentwickelten und entwickelten Persönlichkeiten gesprochen wird, könnte der Eindruck entstehen, als ob das ein Entweder-Oder wäre. Es ist ein Mehr-oder-Weniger und zudem abhängig davon, ob man sich auf vertrautem Gelände bewegt oder auf fremdem. Deshalb ist es auch gefährlich zu glauben, man sei eine entwickelte Persönlichkeit. Denn wohl niemand ist dagegen gefeit, in Stress-Situationen rückfällig zu werden, sich auf die Fähigkeiten seines Persönlichkeitsbereiches zu verlassen oder sich in seinem Fallen-Verhalten wiederzufinden.

In der Vergangenheit war die gelungene Persönlichkeitsentwicklung eine Folge günstiger Bedingungen und sich wiederholender, intuitiv richtiger Entscheidungen – und damit letztlich ein Glücksfall. Menschen, die fähig sind, nachträglich ihren eigenen Weg zu erkennen und anderen zu beschreiben, sind Beispiele einer vorweggenommenen Zukunft. Doch da sie in ihrer Persönlichkeitsentwicklung über das hinausgehen, was sie umgibt, werden sie (wenn auch heute nicht mehr umgebracht) meist gründlich missverstanden, um- oder zurechtinterpretiert oder schlicht ignoriert. Oft sind es gerade ihre eifrigsten Anhänger, die ihre Botschaft ins völlige Gegenteil verkehren. Beispiele sind die großen Religionsstifter und das, was dann daraus geworden ist.

Als ich zum ersten Mal mit einem Modell der Persönlichkeitsentwicklung konfrontiert wurde (es war vor fast 50 Jahren durch einen Tiefenpsychologen aus der Jung'schen Schule, Klosinski), war ich begeistert. Ich war damals bewegt von der Frage, worauf es im Leben ankommt und was »richtiges Leben« ist. Persönlichkeitsentwicklung schien mir dafür eine Vorbedingung, eine unerlässliche Voraussetzung zu sein. Und ich meinte, dass sie eine natürliche Rangordnung unter Menschen schaffe, unabhängig von Privilegien und Macht. Später habe ich dies in den östlichen Weisheitsschulen, besonders im Zen, bestätigt gefunden. Dort begegnet man mit tiefer Verehrung und Wertschätzung entwickelten Persönlichkeiten – und hat ein recht genaues Wissen über den Weg, der dahin führt. Leider wurde dieses Wissen eingepfercht in ziemlich widernatürliche Lebensformen, wie sie sich in klösterlichen Traditionen zu entwickeln pflegen.

Wir entdecken heute, dass es in vielen anderen Kulturen solche verehrungswürdigen Menschen gab und gibt – in Indien, Tibet, China, Japan, im alten Amerika und Afrika. Natürlich auch bei uns. Jahrtausendelang hatten die christlichen Kirchen in Europa ihren Gläubigen eine gottgewollte Überlegenheit gegenüber anderen Kulturen gepredigt. Später findet man diesen Überlegenheitswahn in der Wissenschafts- und Fortschrittsgläubigkeit, im Rassenwahn, im Faschismus und Kommunismus. Ein Rest davon ist heute noch bei den kritisch denkenden und akademisch gebildeten Intellektuellen anzutreffen. Hier werden immer noch Privilegien mit persönlicher Reife verwechselt. Die Kehrseite der Überheblichkeit sind Zynismus, Nihilismus, Selbstabwertung und Selbstdestruktion – sogar darin ist noch der heimliche Stolz zu spüren, etwas Besonderes zu sein.

Als ich die Schriften indischer, chinesischer und japanischer Meister studierte, wurde ich bescheidener. Hatte ich bisher nur Hügel gekannt, so erschienen diese mir nun wie Bergriesen im Hochgebirge. Als ich später Zugang zu ihrem besonderen Wissen fand, wurde mir klar, dass ich sie noch unterschätzt hatte.

Persönlichkeitsentwicklung ist auch heute noch immer ein schöpferischer und zuweilen auch abenteuerlicher Prozess, erfordert er doch neben einem konstruktiven Umgang mit den

Wechselfällen des Lebens die Bereitschaft, aus Fehlern zu lernen, Leid zu integrieren, sich tragfähige Ziele zu suchen und immer wieder neue, nie erlahmende Entschlossenheit, Energie, Geduld, Ehrlichkeit und vertrauensvolle Gelassenheit aufzubringen.

Wenn wir versuchen, unsere Schlüsselenergien im Entwicklungsbereich bewusst zu entfalten (und so Schwachstellen im Persönlichkeitsbereich ausheilen lassen) und Fehler im Zielbereich abbauen, ist es möglich, unsere Persönlichkeitsentwicklung immens zu fördern. Mit Hilfe der Psychographie wird deutlich, welche Schritte jeder Einzelne in die richtige Richtung (eigentlich schon ansatzweise intuitiv) macht und dass er meist ein sicheres Gespür dafür hat, was ihm gut tut.

Dass all dies trotzdem noch nicht so richtig klappt, hängt mit den gegenläufigen Bewegungen zusammen, die in ihrer negativen Kraft meist verharmlost werden. Sie erinnern an Hauffs Märchen vom Gespensterschiff: Schiffbrüchige im offenen Meer finden ein Schiff zu ihrer Rettung. Aber es ist ein Totenschiff, das Deck übersät von erschlagenen Seeräubern. Tagsüber segelt es vor dem Wind eine gute Strecke. Doch nachts, wenn die Besatzung aus ihrem Todesschlaf erwacht, fährt es sie brüllend und fluchend den ganzen Weg wieder zurück. Allesamt sind sie dazu verdammt, immer hin und her zu fahren. Erst als es den Schiffbrüchigen gelingt, die Segel mit Suren aus dem Koran zu umwickeln, können die Seeräuber nachts nicht mehr das zunichte machen, was am Tag erreicht wurde.

Wachstums- und Entwicklungsprozesse – das wissen wir aus unserer bisherigen Lebenserfahrung – vertragen sich nicht mit Härte, Unachtsamkeit, Desinteresse oder mit Selbstbetrug. Wenn es darum geht, alle drei Ich-Bereiche zu entwickeln, ist es freilich notwendig, die drei in ihrer ganzen Komplexität und in ihrem Bezug auf die dazugehörigen Lebensbereiche mit ihren je eigengesetzlichen Bedingungen zu sehen:

1. das Erkenntnis-Ich mit seinen sinnenhaften Fähigkeiten, den verschiedenen Ebenen des Denkens (also intuitiv und bewusst, dialektisch, realitätsbezogen, strategisch, spekulativ) und

den geistigen Anlagen wie Konzentration und Sammlung, die Fähigkeit, Abstand zu gewinnen und loslassen zu können, verbunden mit der Erfahrung des Einsseins, eines stillen Glücks von Freiheit und Geborgenheit zugleich;

2. das Handlungs-Ich mit seinen vielfältigen energetischen Fähigkeiten wie Entschlossenheit, Tatkraft, Fürsorglichkeit, das Gewähren von Schutz und Geborgenheit, bezogen auf den weiten Bereich Handeln;

3. das Beziehungs-Ich mit seinen komplexen Gefühlsebenen, seinem Vertrauen und seiner Liebesfähigkeit, bezogen auf den Bereich Beziehung.

Bei einer solchen umfassenden Sichtweise hat man nicht nur den ganzen Menschen, sondern auch sein Leben im Blick. Es wird auf einmal deutlich, wie jeder in seiner (von ihm selbst geschaffenen und interpretierten) Welt lebt, wie die Grenzen der Entfaltung der Ich-Bereiche seinem Erleben Schranken setzen und damit seine Welt zwar absichern, aber auch einengen. Auf der anderen Seite stellt die Realität mit ihren Forderungen diese Eingrenzungen immer wieder in Frage, fordert zu liebevollem Beziehungsverhalten heraus, zu ehrlichem Erkennen oder entschlossenem Handeln.

Für den *Beziehungstyp* heißt der Schlüssel Erkennen: sinnenhaftes Wahrnehmen und Genießen lernen, realitätsbezogen denken, ehrlich sein sich selbst gegenüber, sich nicht von Ideologien gefangen nehmen lassen und die eigenen geistigen Fähigkeiten nicht vernachlässigen. Es helfen bewährte Methoden wie Konzentrations- und Meditationsübungen. In der Psychotherapie sind es vor allem analytische Ansätze, bezogen auf das gegenwärtige Leben, die diese Schlüsselenergien herausfordern. Wichtig dabei ist, dass der *Beziehungstyp* selbst interessiert und realistisch sein Leben durchdenkt. Er darf nicht erwarten, dass der Therapeut ihm das abnimmt.

Für den *Sachtyp* ist es wichtig, den Schlüssel Wollen zu realisieren: In den Seminaren zur Persönlichkeitsentwicklung kommt das Training des Willens, der Entschlossenheit und Tatkraft eher zu kurz, vielleicht weil dies immer eine Angelegenheit des praktischen Lebens und des beruflichen Alltags war. – Im japanischen Zen gab es die Verbindung von Samurai- und Zen-Ausbildung, etwa in der Schwertkunst, doch das ist heute fast nur noch von historischem Interesse. – Als *Sachtyp* ist man bei der Ausbildung seiner Schlüsselenergien also weitgehend auf sich allein gestellt.

Für den *Handlungstyp* kommt es darauf an, seinen Schlüssel Sympathie zu verwirklichen, wobei ihm viele neuere Entwicklungen entgegenkommen: eine anregende und bestätigende Pädagogik; eine Gesellschaft, die im Gegensatz zu früheren Generationen erlaubt, das Leben zu genießen, bemüht ist, das Arbeitsleben aufzulockern und menschlich zu gestalten. Auch in der Psychotherapie stehen Erleben und Gefühle im Mittelpunkt. Freilich, vieles davon bleibt an der Oberfläche, hat manipulative Züge und wird seinem viel tiefer gehenden Bedürfnis nach Freundschaft und Liebe nicht gerecht: Das kann der *Handlungstyp* nur in sich und in seinem Leben ganz verwirklichen.

Es ist nicht leicht, bei historischen Persönlichkeiten im Nachhinein zu sagen, welcher Persönlichkeitstyp sie waren. Lassen Sie uns dennoch eine herausgreifen. Vieles in den Briefen von Rosa Luxemburg (1871–1919) spricht dafür, dass sie ein Beispiel für den durch Sympathie geleiteten *Handlungstyp* war. Sie war zwar ein emotionslos kalkulierender Bürgerschreck mit messerscharfem Verstand, doch sie war auch die Poetin des so leicht übersehenen »kleinen Glücks«. In der Haft schrieb sie diese Zeilen:

»... dass ich allein so viel Schönheit genießen soll. Ich möchte laut über die Mauern hinausrufen: O, bitte, beachten Sie doch diesen herrlichen Tag! Vergessen Sie nicht, wenn Sie noch so beschäftigt sind, wenn Sie auch nur in dringendem Tagwerk über den Hof eilen, vergessen Sie nicht den Kopf zu heben und einen Blick auf die riesigen silbernen Wolken zu werfen und auf den stillen blauen Ozean, in dem sie schwimmen. Beachten Sie doch die Luft, die von leidenschaftlichem Atem der letzten

Lindenblüten schwer ist, und den Glanz und die Herrlichkeit, die auf diesem Tage liegen, denn dieser Tag kommt nie, nie wieder! Er ist Ihnen geschenkt wie eine voll aufgeblühte Rose, die zu Ihren Füßen liegt und darauf wartet, dass Sie sie aufheben und an Ihre Lippen drücken.«[1]

Auch hatte sie einen ungewöhnlichen Bezug zu Tieren. Aus dem Strafgefängnis Breslau stammt dieser Brief:

»Ach Sonitschka, ich habe hier einen scharfen Schmerz erlebt. Auf den Hof, wo ich spaziere, kommen oft Wagen vom Militär, voll bepackt mit Säcken ... Neulich kam so ein Wagen, bespannt statt mit Pferden mit Büffeln. ... Die Last war so hoch aufgetürmt, dass die Büffel nicht über die Schwelle bei der Toreinfahrt konnten. Der begleitende Soldat, ein brutaler Kerl, fing an, derart auf die Tiere mit dem dicken Ende des Peitschenstiels loszuschlagen, dass die Aufseherin ihn empört zur Rede stellte, ob er denn kein Mitleid mit den Tieren hätte. ›Mit uns Menschen hat auch niemand Mitleid‹, antwortete er mit bösem Lächeln und hieb noch kräftiger ein. Die Tiere zogen schließlich an und kamen über den Berg, aber eines blutete. Sonitschka, die Büffelhaut ist sprichwörtlich an Dicke und Zähigkeit, und die war zerrissen. Die Tiere standen dann beim Abladen ganz still, erschöpft, und eins, das, welches blutete, schaute dabei vor sich hin mit einem Ausdruck in dem schwarzen Gesicht und den sanften schwarzen Augen wie ein verweintes Kind. Es war direkt der Ausdruck eines Kindes, das hart bestraft worden ist und nicht weiß, wofür, weshalb, nicht weiß, wie es der Qual und der rohen Gewalt entgehen soll. Ich stand davor, und das Tier blickte mich an, mir rannen die Tränen herunter – es waren seine Tränen, man kann um den liebsten Bruder nicht schmerzlicher zucken, als ich in meiner Ohnmacht um dieses stumme Leid zuckte.«[2]

---

[1] H. Hirsch, Rosa Luxemburg, Hamburg 1969.

[2] Gesammelte Briefe, Berlin 1984, Bd. 5, S. 349 f.

WIE WERDEN WÜNSCHE WIRKLICHKEIT?

Wenn Sie in irgendeinem Lebensbereich etwas erreichen wollen – egal, ob Sie Ihre Beziehung verbessern möchten, ob Sie spirituell weiterkommen oder beruflich erfolgreich sein wollen –, so können Sie das am besten von den Menschen lernen, die in diesen Lebensbereichen schon erfolgreich sind. Einer, der im Handeln besonders erfolgreich war, ist Arthur Williams. Er hat seine Erfahrungen in dem Buch ›Das Prinzip Gewinnen‹ zusammengefasst. Seine unglaubliche Karriere ist der zur Wirklichkeit gewordene amerikanische Traum. Ehe er sich selbständig machte, verdiente er seinen Lebensunterhalt als Footballtrainer an einer Universität. Später gründete er mit Partnern die A. L. Williams-Lebensversicherung, die innerhalb kurzer Zeit zum Branchenführer auf dem Versicherungsmarkt wurde. Ich kann Arthur Williams in vielem zustimmen, sicher deshalb, weil wir beide *Sachtypen* sind, ich ein Fünfer, er vermutlich ein Sechser (im Enneagramm).

Psychographisch gesehen ist ein Ratgeber immer nur begrenzt tauglich, da er in der Regel die typspezifischen Erfahrungen des Autors verallgemeinert. Ist der Leser ein anderer Persönlichkeitstyp, kann er über diesen fremden Strukturtyp eine Menge lernen und sicher auch das eine oder andere übernehmen. Doch nur wenn Leser und Verfasser vom Typ her übereinstimmen, kann der Ratgeber, der praktische Erfahrungen weitergibt, wie ein Rezeptbuch verwendet werden. Im Fall Arthur Williams also empfehlenswert für *Sachtypen* und *Selbstzweifler.*

Um irgendwann (Berufs-)Wünsche erfolgreich zu realisieren, muss man lange vorher wissen, was man eigentlich will. Man braucht eine klare Vorstellung davon, wie das Wunschziel aussehen soll, das man erreichen möchte. Auch das ist nicht selbstverständlich, denn viele Menschen glauben, sie müssten flexibel sein, sie müssten nehmen, was kommt. Oder sie absolvieren zuerst eine Ausbildung, um dann zu sehen, was sie damit anfangen können.

So wird man allerdings wenig erfolgreich sein, denn Zielsetzungen sind mehr als nur Gedankenspiele. Mir war früh klar, dass ich in meinem Leben keine Jobs machen wollte, die genauso gut andere erledigen könnten. Ich meine, man sollte solche Dinge tun, die einem wirklich am Herzen liegen, mit anderen Worten: Man sollte seine Aufgabe im Leben finden.

Setzt man sich ein Ziel und »pflegt« es, dann beginnt es zu wirken. Es beginnt Wirklichkeiten zu steuern: einerseits die Wirklichkeit in mir, also die eigene Motivation oder die Fähigkeiten, die ich brauche, um dieses Ziel zu erreichen, andererseits beeinflusst es die Wirklichkeit um mich herum, die mich unterstützt oder auch behindert.

Wie wichtig eine solche konkrete Zielbestimmung ist, habe ich auf meinem eigenen Lebensweg erfahren. Mit achtzehn Jahren wollte ich Psychoanalytiker oder Philosophieprofessor werden. In gewissem Sinn habe ich das auch erreicht, zwar nicht unter diesen Bezeichnungen, doch ich habe das erreicht, was ich mir damals unter diesen Berufen vorstellte. Ich nahm an, diese Leute wüssten, wie das Leben »funktioniert«, und das interessierte mich brennend.

Wenn ich nun fast vier Jahrzehnte später auf die Wege zurückschaue, die ich gegangen bin, so waren diese nicht geradlinig, sondern eher Zickzackkurse, die mich aber immer näher an mein Ziel herangeführt haben. Oft genug haben mich Lebensumstände dazu gezwungen, einen Weg zu verlassen, der – rückblickend – mit Sicherheit zu einer Sackgasse geworden wäre. Das ist mir damals keineswegs leicht gefallen. Im Gegenteil, ich habe mich dagegen gewehrt, den eingeschlagenen Weg zu verlassen. Aus einer gut bezahlten und recht bequemen Anstellung musste ich mich einmal durch Unterstellungen und Intrigen meiner Gegner regelrecht hinauswerfen lassen. Ich habe es damals freilich nicht so gesehen, sondern mich als bedauernswertes Opfer gefühlt und sehr gelitten. Doch heute weiß ich, es war notwendig, damit ich wieder auf den Weg zu meinem eigentlichen Ziel zurückfand.

Art Williams widmet dem Thema »sich Ziele setzen und lernen, wieder kreativ zu träumen« einen breiten Raum. Er meint, dass Zielsetzungen über das eigene Ich hinausgehen sollten. Sie sollen also nicht nur in erster Linie mir selbst, sondern auch anderen zugute kommen. »Unzählige Menschen machen sich selbständig, nur um sich selbst zu helfen, und das klappt dann nie. Jene Geschäfte wachsen und blühen, die ein Erzeugnis herstellen oder eine Leistung erbringen, mit denen anderen geholfen oder ihr Leben verbessert wird.«[1]

Das positive Denken hat sich schon immer mit diesen Themen – Zielsetzungen, sich Vorstellungen und Visionen machen – beschäftigt und hat darüber einiges zu sagen. Freilich werden dort oft unrealistische und inflationäre Hoffnungen geweckt, so als ob jeder jederzeit alles erreichen könnte. Was dabei vergessen wird, ist die Überlegung: Wäre das überhaupt bekömmlich für mich, wenn dieser oder jener Wunsch tatsächlich in Erfüllung ginge? Also sollten wir uns (vorher) in der Kunst üben, die »richtigen« Wünsche zu kreieren.

Stellen Sie sich einmal vor, Ihr Wunsch wäre schon Wirklichkeit geworden. Malen Sie sich die Situation realistisch aus. Dann fragen Sie sich: »Ist das das, was ich will?« – Oder hat Sie nur das Träumen oder das Kämpfen gereizt? Das erinnert mich an die Geschichte eines Mannes, der sich jahrelang erfolglos um eine verheiratete Frau bemühte, bis ihm eines Tages klar wurde, dass er nicht an dieser Frau interessiert war, sondern ihn die schmerzlichen Erfahrungen faszinierten.

Bei Art Williams – wie bei vielen anderen wirklich erfolgreichen Menschen – wird deutlich: Sie hatten nicht einfach eine gute Idee und haben diese dann realisiert, sondern sie haben ihre Lebensaufgabe, ihr ganz persönliches (Lebens-)Ziel gefunden. Das heißt, ein wirklich tragfähiges Ziel ist immer ein spezi-

---

[1] A. L. Williams, Das Prinzip Gewinnen, S. 218.

fisches Ziel, das ich mir setze und das ich zu erreichen suche. Nachdem Art Williams sein Ziel oder seine Aufgabe gefunden hatte – nämlich die Gründung einer neuen Art von Lebensversicherung, eine faire, anständige, die in erster Linie den Versicherten zugute kommt und nicht den Gesellschaften –, machte er sich Gedanken über den Weg dahin und entwickelte eine ausgefeilte Strategie, wie er sein Ziel erreichen konnte.

Wenn die Umstände dem Ziel entgegenstehen (und für mich sah das lange so aus), muss man lernen, die Umstände zu verändern. Und wenn man kein Glück dabei hat, muss man lernen, Glück zu haben. Wie das geht, das war meine Lektion. Wenn man dann eine Strategie hat, kommt es darauf an, konsequent dieser Strategie zu folgen. Art Williams sagt, wenn man wirklich etwas erreichen will, so wird einem das nicht geschenkt, man muss hart dafür arbeiten! Man muss also bereit sein, einen großen Teil seiner Lebenszeit für diese Aufgabe zu opfern: »Man kommt nicht einfach daher, schnippt mit den Fingern und befindet sich sofort mitten im dicksten Gewinn. So einfach geht es nun auch wieder nicht. Man muss von Anfang an wissen, dass man sich für acht bis zehn Jahre verpflichtet. Ebenso muss man wissen, dass in den ersten anderthalb Jahren praktisch alles, was man anpackt, auseinander fällt. Man braucht drei bis fünf Jahre, nur um ein Unternehmen zu gründen, und dabei macht man unaufhörlich nur das Richtige und steht ständig im Konkurrenzkampf.«[1]

Vor Jahren wollte ich zusammen mit einem Freund etwas Neues aufbauen. Ich hatte schon viel Geld in das Projekt investiert. Wir waren jedoch wenig erfolgreich, bis mir klar wurde, warum: Keiner von uns engagierte sich so richtig in diesem Projekt. Wir wollten zwar damit Erfolg haben, Geld verdienen, doch keiner von uns war mit dem Herzen dabei. Mein Freund hatte im Grunde ganz andere Träume und Ziele und ich ebenso. Solche Rückschläge sind normal, und sie sind wichtige Erfah-

---

[1] ebd, S. 67.

rungen auf dem Weg zum Erfolg. Und doch war ich enttäuscht und entmutigt und fragte mich: »Wie mache ich trotz dieser Rückschläge weiter?«

Ich vermute, dass Menschen, die rein egoistische Zielsetzungen verfolgen, an solch einer Stelle aufgeben. Ziehen sie in solch einem Tief Bilanz, so kommen sie zu dem Ergebnis: »Nein, es lohnt sich nicht, der Preis ist zu hoch!« Hat man jedoch eine Zielsetzung, die über die eigenen Wünsche und Bedürfnisse hinausgeht, wird man zwar auch unter den Rückschlägen leiden, doch sie können einen nicht völlig aus der Bahn werfen. Es ist eine schmerzliche Erfahrung, aber kein Todesurteil. Man wird seinen Kurs ändern, jedoch an seinem Ziel festhalten.

Es gibt viele Menschen, die sich in ihrem Beruf hingebungsvoll engagieren und darin erfolgreich sind. Sie tun das, weil sie einen Sinn darin sehen, es ihnen Spaß macht und sie sich dabei wohl fühlen. Sie werden von anderen, die ihren Beruf mehr als Job ansehen, argwöhnisch betrachtet, so als ob mit ihnen etwas nicht stimmen könne, so als ob sie vielleicht arbeitssüchtig seien oder nichts Besseres zu tun hätten. Und es sind nicht immer Traumberufe, in denen sie sich engagieren, Berufe wie die des Arztes, des Psychologen, des Hochschullehrers oder des Künstlers. Die Kernfrage ist: »Wie kann ich mich in meinem Beruf engagieren, wie kann ich darin Sinn finden?«

Zunächst bin ich der Meinung, dass es nicht *einen* Sinn gibt im Leben, sondern unterschiedliche Sinnerfahrungen. So kann es als sinnvoll erfahren werden, etwas zu erkennen, etwas Bestimmtes zu tun oder liebevolle Gefühle weiterzugeben. Ich freue mich, wenn meine Ausbildungsteilnehmer etwas können und erfolgreich sind. Oder wenn mir selbst etwas gelungen ist, das mir zunächst schwierig erschien *(Sachtyp)*. Solche vielfältigen Sinnerfahrungen können auch im Beruf gemacht werden – kein Wunder, dass Arbeitslosigkeit ein seelischer und gesundheitlicher Risikofaktor ist, wie wissenschaftliche Untersuchungen zeigen.

Durch meine Erfahrungen mit Zen ist mir ein anderer Aspekt

der Sinnerfahrung klar geworden: dass sich der Sinn einer Tätigkeit nicht ausschließlich aus ihrem Inhalt herleiten muss, sondern dass im Engagement selbst ein tiefer Sinn liegt. Das klingt ungewöhnlich und theoretisch, ist aber eine ganz praktische Erfahrung, die beispielsweise viele Sportler machen. Mancher Außenstehende wird sich fragen, welchen Sinn es haben kann, dass jemand allein auf einen Berg klettert oder als Jogger durch den Wald läuft oder als Schwimmer Bahn um Bahn schwimmt?

Der Sinn, die Erfüllung kommen aus ihrem Engagement, aus ihrer Begeisterung und Hingabe. Je mehr es jemandem gelingt, sich zu engagieren und eins zu werden mit seiner Tätigkeit, desto stärker ist diese Sinnerfahrung für ihn. Und er kann erleben, dass selbst bei attraktiven Tätigkeiten die wesentlichste Erfahrung nicht aus den Inhalten kommt – das mag sicher mit hereinspielen –, sondern aus seinem Einsatz selbst, aus dem Enthusiasmus, der Konzentration und Hingabe an sein Tun.

Das wird auch durch die Erfahrung bestätigt, dass Menschen, die in ihrem Beruf aufgehen, die viel und engagiert arbeiten, sich dabei wohl fühlen und nicht krank werden. Krank werden sie dann, wenn äußere Umstände sie hindern, sich weiterhin so intensiv einzusetzen. Eines von vielen Beispielen: Eine Abteilung wird aus wirtschaftlichen Gründen geschlossen, der leitende Ingenieur mit einer entsprechenden Abfindung vorzeitig in den Ruhestand versetzt. Ein halbes Jahr später erkrankt er an Krebs, ein Jahr später ist er tot. Warum? Ich meine, man hatte ihm seinen Lebenssinn genommen, nämlich die Möglichkeit, sich in der gewohnten Art zu engagieren. Und er hatte es in den Jahren davor womöglich versäumt – »Mein Mann war mit seiner Arbeit verheiratet!« –, sich andere Quellen für Sinnerfahrungen zu erschließen.

Dass Arthur Williams ein *Sachtyp* ist, lässt sich schon am Titel seines Buches ›Das Prinzip Gewinnen‹ ablesen. Daraus kann man das erfolgsgeleitete Wertesystem heraushören. Und es ist auch ganz typisch, dass er als *Sachtyp* das Handeln betont. Im Original heißt der Titel: ›All you can do is all you can do‹. Sinngemäß übersetzt: Tu, was du kannst, das ist genug. Steven Brown leitet ein Institut für Managementberatung und hat seine Erfahrungen in dem Buch ›13 Todsünden des Managers‹ zusammengefasst. Er ist vermutlich ein *Beziehungstyp,* und er betont besonders die Rolle des Denkens und Erkennens. Peters und Waterman haben in ihrem Buch: ›Auf der Suche nach Spitzenleistungen‹ erforscht, was für erfolgreiche Unternehmen besonders charakteristisch ist. Sie scheinen beide *Handlungstypen* zu sein, denn sie stellen immer wieder den Menschen und das Menschliche in den Vordergrund.

Daraus lässt sich ablesen, dass es, um erfolgreich zu sein und seine Arbeit als sinnvoll zu erleben, entscheidend ist, die eigenen Schlüsselenergien einzusetzen und einsetzen zu können: der *Handlungstyp* sein Beziehungs-Ich, also das (Zwischen-) Menschliche, die Gefühle, die Spontaneität, das Kollegiale; der *Sachtyp* sein Handlungs-Ich, das Wollen und Machen, Verantwortung übernehmen, sich durchkämpfen und durchsetzen; und der *Beziehungstyp* sein Erkenntnis-Ich. Für ihn ist es entscheidend, dass er seine Ideen und Kenntnisse ins Spiel bringt, das heißt strategisch denkt, plant und Situationen genau analysiert.

Bei den meisten Tätigkeiten sind alle drei Ich-Bereiche gefordert, je nach Art der Aufgabe der eine mehr, der andere weniger. Ein Konstrukteur braucht andere Fähigkeiten als eine Kindergärtnerin oder ein Politiker. Doch auch der Konstrukteur muss mit Mitarbeitern zurechtkommen, die Kindergärtnerin muss planen und der Politiker sich informieren. Für den Anfang tut man sich leichter, wenn man seinen Persönlichkeitsbereich einbringen kann, das heißt, als *Handlungstyp* die handwerkliche Kompetenz und Organisationsfähigkeit, als *Sachtyp* das analytische und planende Denken und als *Beziehungstyp* die kommunikativen Fähigkeiten. Das sind ihre spezifischen »Naturbegabungen«, und deshalb findet man in entsprechenden Berufen auch einen überdurchschnittlich hohen Prozentsatz der jeweiligen Persönlichkeitstypen. *Beziehungstypen* wird man dort finden, wo mit Menschen gearbeitet wird; *Sachtypen* in technischen und *Handlungstypen* in praktischen Berufen.

Erfolgreiches Handeln, Erkennen oder Lieben baut auf drei Grundbegriffen auf: Annehmen, Daraus-Lernen, Dorthin-Wollen. Gleich, ob wir diese Begriffe jeweils als Schlüsselenergie oder Energie des Persönlichkeitsbereichs ansehen, sie sind Leistungen unserer jeweiligen Ich-Bereiche und in einer wechselnden, aber genau festgelegten Abfolge die psychographischen Codes der einzelnen Persönlichkeitstypen:

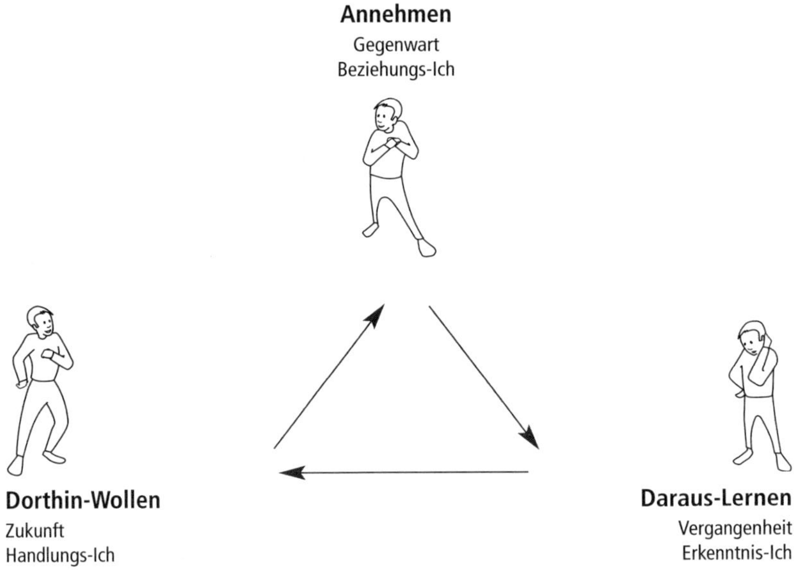

Was verstehen wir unter diesen Begriffen? »Annehmen« ist eine gegenwärtige, gefühlsmäßige Reaktion des Beziehungs-Ichs. Ereignisse annehmen heißt positive wie negative Gefühle bei sich zulassen und nicht abwehren. Menschen, die zufrieden und erfolgreich in ihrem Leben sind, stehen auch zu ihren Fehlern. Menschen jedoch, die unglücklich und wenig erfolgreich sind, machen häufig andere und/oder irgendwelche Umstände dafür verantwortlich – auch für ihre Erfolge. Sie stehen nicht zu ihrem Tun, entziehen sich möglichen Konsequenzen durch Flucht (Drogen, Alkohol etc.) und geben sich selbst auch wenig Anerkennung.

»Daraus-Lernen« hat mit Erkennen und mit Ich-Identität zu tun; beides sind Funktionen unseres Erkenntnis-Ichs. »Daraus-Lernen« analysiert Ereignisse und fragt nach ihren Ursachen, bezieht sich also auf Vergangenes. Gerade diese erkennende Phase kann von einem Gefühl der Ungewissheit bestimmt sein. Man kann sich unsicher und hilflos fühlen, doch auch herausgefordert und neugierig sein. Dann, wenn es um viele unterschiedliche Faktoren geht, braucht auch das Erkennen Zeit, man muss die Informationen erst »verdauen« und »bewerten«, um zu einem Schluss, einem Ergebnis zu kommen.

»Dorthin-Wollen« – das Sich-Ziele-Setzen – ist auf die Zukunft bezogen und vom Handlungs-Ich initiiert. Die oben angeführten »Erfolgs-Bücher« unterstreichen, wie unverzichtbar es ist, sich realistische, attraktive Bilder und Vorstellungen von dem Ziel zu machen, das wir erreichen wollen, und welche zukunftsgestaltenden Kräfte darin liegen. Neu ist, dass das auch die Psychotherapie erkannt hat, die sich in der Vergangenheit um das Thema »erfolgreich handeln« wenig gekümmert hat.

Die Reihenfolge Annehmen → Daraus-Lernen → Dorthin-Wollen, beziehungsweise Fühlen → Erkennen → Handeln, ist die psychographische Codierung des *Beziehungstyps,* ausgehend von seinem Persönlichkeitsbereich über den Entwicklungsbereich hin zum Zielbereich. Dieser Weg ist auch eine wichtige Abfolge bei einer maßgeschneiderten Lösung von Problemen (besser ist es, von Herausforderungen statt von Problemen zu sprechen). Man kann dem *Beziehungstyp* optimal helfen, wenn man sich in einem Gespräch an diese Reihenfolge hält, zuerst über sein Erleben, seine Gefühle spricht, im zweiten Schritt über das, was er daraus erkannt hat, und erst dann über sein Wollen. – Unabhängig vom typspezifischen Vorgehen ist diese Abfolge generell eine erfolgreiche Handlungsstrategie: gefühlsmäßige Betroffenheit, dann lösungsorientiertes Denken sowie anschließendes Entscheiden und planmäßiges Handeln.

Der spezifische Weg des *Sachtyps* beginnt mit dem sinnenhaften Erkennen und der Analyse der Situation. Dann geht es für ihn darum, sich zu fragen, was er will, also sich Ziele zu setzen. Wenn er diesen Schritt von der Analyse zum Wollen nicht schafft, wird er scheitern. Nun folgt die menschliche Komponente: auf andere zugehen, mit ihnen sprechen, sie gefühlsmäßig annehmen. Der Weg Erkennen → Handeln → Fühlen ist die psychographische Codierung oder die *Entwicklungslinie Souveränität* des *Sachtyps*. Das heißt, Ziele, die er sich setzt, und Entscheidungen, die er trifft, setzen bei ihm (Handlungs-)Energien frei und verbessern die Konditionen, die zum Erreichen seiner Ziele wichtig sind. Das gibt ihm das souveräne Gefühl, die Dinge im Griff zu haben.

Werfen wir an dieser Stelle ganz allgemein einen Blick auf den Prozess des Beziehungsverhaltens – den anderen wahrnehmen, Kontakt herstellen und die Beziehung erleben. Ich habe einige *Sachtypen* kennen gelernt, die sich unbewusst oder bewusst weigern, sich auf den dritten Schritt, das Beziehungserleben, einzulassen. Sie denken für den anderen, handeln für ihn, doch sie vermeiden es, sich auf die Beziehungsebene zu begeben: bitte keine Gefühle! Damit bringen sie sich um das, was für sie am wertvollsten wäre. Wenn also die Erfüllung des entwickelten und eigenbestimmten *Beziehungstyps* im kreativen Handeln liegt, dann die vom *Sachtyp* in einem liebevollen und gebenden Beziehungsverhalten.

Der *Handlungstyp* will auf ein befreiendes Erkennen hinaus, denn seine psychographische Abfolge setzt bei praktischen Dingen ein, also mit dem Handeln. Dann folgt das Fühlen und schließlich das Nachdenken und Erkennen. Diese charakteristische Codierung Handeln → Fühlen → Erkennen wurde im letzten Kapitel als *Entwicklungslinie Spontaneität* bezeichnet. Damit sein Denken nicht starr wird und von Vorurteilen geprägt, muss er sich zuerst auf sein gefühlsmäßiges Erleben einlassen.

Unabhängig vom *Handlungstyp* ist dieser Prozess die Voraussetzung für das Erkennen generell. Es muss ausgehen von praktischen Erfahrungen, die gefühlsmäßig begleitet werden. Das macht deutlich, wieso unsere geistige Welt – Schule, Hochschule z. B. – so erschreckend arm und leer ist. Man will im Erkennen vom Erkennen ausgehen, quasi unter sich bleiben. Doch das bringt nichts. Jedes Erkennen braucht eine lebendige Praxis und emotionales Engagement, braucht Handeln und Fühlen.

Wo liegen nun die spezifischen Gefahren und Chancen für die einzelnen Persönlichkeitstypen bei der Abfolge ihrer psychographischen Codes? Der *Beziehungstyp* modelt das Annehmen, also die gegenwärtigen Ereignisse, gefühlsmäßig um: der emotionale Typ durch Gefühlsüberschwang, der etwas kühlere Typ durch Gefühlskontrolle. Damit kommt für ihn die Wirklichkeit des Geschehens wenig zur Geltung. Stattdessen drängen sich Impulse in den Vordergrund von der Art: Wie erleben mich die anderen? Wie stehe ich da? Wie werde ich eingeschätzt? So bleibt sein zukünftiges Handeln entweder selbstvergessen oder egozentrisch, also fremdbestimmt, weil es nicht seinen wirklichen Bedürfnissen entspricht. Das hindert den *Beziehungstyp* daran, sich vertrauensvoll, gelassen und interessiert auf das Erkennen einzulassen, auf das eigentliche Daraus-Lernen. Dazu müsste er innerlich eine Haltung einnehmen, die offen und zugleich passiv ist und von der subjektiven zur objektiven Seite hin wechselt. Er macht wohl viele Erfahrungen im Leben, doch er lernt wenig daraus. – Pointiert könnte man sagen: Solche *Beziehungstypen* erscheinen wie Menschen ohne Vergangenheit.

Beim Dorthin-Wollen steht der *Beziehungstyp* vor der Entscheidung, ob er selbst- oder fremdbestimmt seine Ziele realisieren soll. Dabei lässt sich der kontrolliert-dynamische *Beziehungstyp* eher von dem leiten, was »in« ist. Und der emotional-dramatisierende *Beziehungstyp* möchte es seinen Lieben recht machen, aber auch möglichst von allen geliebt werden. Das ist nicht einfach für ihn zu lösen. So wie er sich dabei selbst manipuliert, versucht er auch andere zu beeinflussen. Darum hat das Handeln des *Beziehungstyps* meist die Aspekte einer fremdbestimmten Egozentrik.

Der *Sachtyp* neigt beim Annehmen dazu, fremdbestimmt zu empfinden, das heißt, er blendet seine eigenen Gefühle aus und lebt von den Gefühlen der anderen. Dadurch erfasst er zwar den objektiven Aspekt des Geschehens erstaunlich gut, aber nicht den eigenen, subjektiven, denn er selbst bleibt davon, zumindest in der Situation, merkwürdig unberührt. Mit wachsendem räumlichen und zeitlichen Abstand kann er eher seine Gefühle zulassen, doch dann ist es oft zu spät. So vernachlässigt er auch im weitesten Sinne seine eigene Person. Kurz: Der *Sachtyp* leidet an einer fremdbestimmten Pseudo-Objektivität.

Beim Dazu-Lernen dramatisiert der *Sachtyp.* Er denkt zu viel, grübelt und sinniert (meist über das, was in seinem Leben schief gelaufen ist), verliert dann den Faden und fällt so eher Zufalls- und Adhoc-Entscheidungen, die nicht nur wenig erfolgreich sind, sondern auch noch selbstschädigend sein können. (Ist jemand »geistesabwesend« oder »gedankenverloren«, so umschreiben diese Adjektive in etwa jenen Verlust an tatkräftigem Wirklichkeitsempfinden.) In einer Art Selbstvergessenheit verliert sich der *Sachtyp* im Objektiven. Seine Subjektivität erlebt und erleidet er dann oft in depressiven Verstimmungen, die wiederum sein Dorthin-Wollen lähmen. – Ist der *Beziehungstyp* der Mensch ohne Vergangenheit, so ist der *Sachtyp* gewissermaßen der Mensch ohne Zukunftsperspektiven.

Der *Handlungstyp* tut sich – solange er seine Schlüsselenergien noch wenig entwickelt hat – am schwersten von allen Persönlichkeitstypen mit dem gefühlsmäßigen Annehmen. Stattdessen misst und bewertet er seine Erfahrungen an übernommenen Maßstäben, packt sie in (Entweder-Oder-)Raster wie richtig oder falsch, gut oder böse, anständig oder unanständig. Durch seine Schwarzweißmalerei übergeht und erschlägt er die eigene, lebendige Erfahrung, und zugunsten von Pflicht, Regeln und Anordnungen versäumt er wertvolles gegenwärtiges (Er-)Leben.

Da der *Handlungstyp* alles perfekt und richtig machen möchte, korrekt und fehlerfrei, wird er sich beim Daraus-Lernen fremdbestimmt verhalten. Aus seiner sittlichen, moralischen oder ethischen Verpflichtung heraus denkt er starr und zwanghaft, ja man kann sagen: Er neigt im Denken zum fremdbestimmten Rigorismus. Ich habe erlebt, wie *Handlungstypen* mit freundlichem Gehabe recht unmenschlich handeln können.

Der *Handlungstyp* dramatisiert beim Dorthin-Wollen. Sein starkes Bedürfnis, sich abzusichern, ist wohl der Grund, warum er zu nachdrücklich plant und zu viel tut. Damit verplant er sich und andere und macht sie und sich zum Sklaven seiner Ziele. Eine Kollegin schilderte es so: »Ich sehe meine Ziele vor mir wie auf einem Einkaufszettel. Ich kann die einzelnen Posten gar nicht so schnell abarbeiten, wie mir neue einfallen und ich sie aufnotiere. So wird der Zettel immer länger.«

Lässt sich der *Beziehungstyp* aufs Beziehungsverhalten ein, dann startet er zwar von seiner Domäne aus, aber er hat meist Schwierigkeiten zu erkennen, wer der richtige Partner für ihn ist. Er handelt sehr oft nach seinen momentanen und rasch wechselnden Gefühlen (oder danach, was »in« ist oder wie es beim anderen gut ankommt) und er ist dann – je nachdem – sehr glücklich oder sehr unglücklich. Sein Beziehungsverhalten hat etwas von einem Lotteriespiel: Nach vielen Nieten kommt (vielleicht) der große Treffer.

Der *Sachtyp* erkennt zwar genau, wer zu ihm passt, doch weil er so schüchtern ist, bleibt er passiv oder verhält sich ungeschickt. Meist passt er sich an die Gefühle des anderen an. So findet er zwar leicht Partner, doch die Beziehung ist für den anderen wenig ergiebig und beglückend, weil er sich nicht wirklich aufrichtig geliebt fühlt. *Beziehungstypen* fühlen sich von *Sachtypen* oft ausgenützt, während *Sachtypen Handlungstypen* gegenüber das Gefühl haben, sich zum Narren gemacht zu haben.

Der *Handlungstyp* meint zwar, er hätte den richtigen Partner gefunden und »tut« dann viel für die Beziehung, doch auf zartes Beziehungserleben lässt er sich kaum ein. So ist er (oft ein Leben lang) für den anderen eher ein guter Freund und prima Kumpel als ein Liebhaber oder eine Geliebte. Das hat den Vorteil einer handfesten, aber etwas unbefriedigenden Beziehung.

Welche spezifischen Probleme haben die weniger entwickelten Persönlichkeitstypen beim Erkennen? Hier macht der *Beziehungstyp* Erfahrungen, die gefühlsmäßig eingefärbt oder nach gängigen Mustern vorgegeben sind. Sein mangelhafter Durchblick lässt ihn zynisch und abwertend reagieren, und viele an sich positive Dinge schmettert er ab mit dem Satz: »Das ist doch alles doof!« – Der *Sachtyp* ist zwar im Erkennen zu Hause, hat aber oft zu wenig ich-stabilisierende Erfahrungen gemacht. So macht er wenig aus seinen Erkenntnissen und resigniert: Wissen ist Ohmacht! – Der *Handlungstyp* trägt moralische Scheuklappen und lernt zu wenig dazu, weil er seine Gefühle übergeht und sich nicht erlaubt, eigenständig zu denken.

Der Ausweg ist die konsequente Umsetzung der jeweiligen Schlüsselenergien: Für den *Beziehungstyp* beginnt eine große positive Veränderung, wenn er sich vor dem Tun etwas Zeit nimmt und erst mal klar und folgerichtig nachdenkt – dann wird er eigenbestimmt handeln. Der *Sachtyp* bekommt (neuen) Schwung, wenn er sich nicht mehr von Misserfolgen bestimmen lässt (es gibt nur Erfahrungen, und auch schmerzliche Gefühle sind wertvolle Gefühle!), sondern von seinen Zielen. Und der *Handlungstyp* wird eigenständig und menschlich denken, wenn er sich auf seine Gefühle (und die von anderen) einlässt.

MITEINANDER REDEN – ABER WIE?

Will man den Partner erreichen, geht das besser, wenn man seine Sprache spricht. Es gibt ja nicht nur viele unterschiedliche Sprachen und noch mehr Dialekte auf der Welt, sondern auch typspezifisches Sprechen. Ich erinnere mich an die Aussage einer Mutter: »Mein Sohn ist mir so fremd.« Die Mutter *Beziehungstyp* und *Sorgen*-Typ (Zweier), der Sohn *Sachtyp* und *Selbstzweifler* (Sechser). Kein Wunder, dass sie es schwer hatte, Kontakt zu ihm zu finden. Sie leben in zwei verschiedenen Welten. Mit seiner Schwester, zwar auch *Beziehungstyp,* doch wie er *Selbstzweifler* (Vierer), verstand er sich umso besser.

Spricht man die Sprache des anderen, dann geht ihm das »in den Kopf«, »unter die Haut« oder auch »zu Herzen«, je nachdem. Mit diesen umgangssprachlichen Wendungen werden die drei Ebenen des Sprechens angedeutet, eine emotionale Sprache, eine sachliche und eine tatkräftige. Dazu kommen dann noch Haltungen wie zugewandt, selbstreflektiv und fürsorglich. Das gibt schon neun Kombinationen und erscheint recht kompliziert. Doch der andere zeigt uns ja, welche Sprache er spricht. Wir brauchen uns nur darauf einzulassen. Dann nämlich spürt er die Anerkennung, lässt sich motivieren und begeistern. Spricht man dagegen immer nur die eigene Sprache, dann werden einem viele Gesprächspartner nicht nur schlecht, sondern vielleicht auch gar nicht zuhören. Vieles von dem, was man sagt, geht an ihnen vorbei, erweckt kein Echo, findet bei ihnen keine Resonanz. Besonders bei Kindern (oder manchen Ehemännern) kann man das beobachten. Das ist so, wie wenn man jemandem, der klassische Musik liebt, mit Pop- oder Jazz-Musik die Ohren voll dröhnt – oder umgekehrt. Der andere wird gegenüber der fremden Musik dichtmachen. Hört er aber seine Lieblingsmusik, so öffnet er sich, freut sich und lauscht ihr genussvoll.

Werden wir in einer »fremden« Sprache angeredet, so kommt es zu typischen »Empfangsstörungen«: Wenn der *Beziehungstyp* die bestimmend-kollegiale Sprache des *Handlungstyps* hört, fühlt er sich meist autoritär von oben herab behandelt und manipuliert. Und an der wenig emotionalen Sprache des *Sachtyps* wird er die herzliche Wärme vermissen. – Auf die kontaktfreudig-analytische Sprache des *Beziehungstyps* wiederum kann der *Sachtyp* mit Misstrauen und dem Gefühl reagieren, von ihm verhört oder kritisiert zu werden, oder er (miss-)versteht die liebenswürdige Zuwendung des *Beziehungstyps* gleich als Liebeserklärung. – Und die objektiv-sachliche Sprache des *Sachtyps* schließlich irritiert womöglich den *Handlungstyp,* und er wird sich dann denken: »Das ist alles ganz richtig, aber was will er denn eigentlich von mir?«

Wenn es so läuft, dann fehlt nicht nur der direkte Draht zum anderen, über den das Gesagte vertraut und sympathisch klingt, auch das inhaltliche Sich-Verstehen und Sich-Verständigen ist erschwert. Denn unterschiedliche Sprachen verweisen auf unterschiedliche Energien, Werte und Ziele, die mit dem jeweiligen Entwicklungs- und Zielbereich zusammenhängen: Der *Handlungstyp* steuert über das Gefühl das Denken an. Er wird also Fragen stellen oder Aussagen machen, die letztlich auf Erkenntnisse hinauslaufen, die aber zeigen, dass ihm Gefühle der Sympathie, Wertschätzung und Lebensfreude wichtig sind.

Der *Beziehungstyp,* dem es letztlich ums Handeln geht und für den Erkenntnisse relevant sind, kann mit den Fragen oder Aussagen des *Handlungstyps* nicht allzu viel anfangen. Wenn er seine emotionale Absicht nicht erkennt, wird er ihm Handlungsabsichten unterstellen, oder er versteht sie als bloße Faktenaufzählerei. Und die gefühlvolle Seite wird er vielleicht als sentimentale Wichtigtuerei und Gefühlsschmus abtun, weil seine Gefühlswelt eben eine andere ist. Doch damit kann er den *Handlungstyp* nicht nur tief verletzen, er missversteht ihn auch gründlich.

Dem *Handlungstyp* geht es mit den Aussagen des *Beziehungstyps* nicht viel besser. Der *Beziehungstyp,* der auf Klärung von Sachverhalten viel Wert legt, meint, mit vielen Ja-aber-Sätzen ans Ziel zu kommen. Die nerven aber nicht nur den *Sachtyp,* auch der *Handlungstyp* hat den Eindruck, der *Beziehungstyp* wolle sich ihm gegenüber besserwisserisch profilieren. Und vor den meist sprunghaften Sätzen geht er in Deckung oder reagiert aggressiv.

Das heimliche Anliegen des *Sachtyps* ist, dass man ihn gern hat. Ihm geht es also um das Thema Beziehung. Doch das spricht er nicht an. Stattdessen redet er über sachliche und praktische Dinge und meint so, Interesse für sich hervorzulocken. Oder er streicht gleich am Anfang seine Leistungen als Erfolge heraus, was den anderen Persönlichkeitstypen dann als (peinliche) Angeberei erscheinen mag. Da sie nicht wissen, wie wichtig Interesse an seiner Person, erfolgreiches Handeln und mit sich im Reinen zu sein für seine Ausgeglichenheit sind, werden sie vielleicht abschätzig lächeln und ihm einen Dämpfer verpassen.

So in etwa laufen viele Gespräche und Diskussionen ab. Der eine Gesprächspartner kann das Gesagte nicht aus dem Kontext des anderen heraus verstehen, kann ihm nicht nachfühlen und nachsehen, dass auch er Unsicherheiten und Ängste hat, die er überspielt, Schwachstellen, wo er sich Mühe geben muss, und dass er da doch gerade besondere Anerkennung verdient! Wen wundert es, wenn die Atmosphäre unstimmig, angespannt und gereizt ist.

Um die Sprache und das Denken des anderen zu verstehen, ist es wichtig, ihm genau zuzuhören. Besonders aufschlussreich sind Gespräche, wenn es dem Partner gut geht. Dann wird er von erfreulichen Dingen erzählen, zum Beispiel von seinem Hobby oder einem Erfolgserlebnis, und mit dieser Aussage in seiner spezifischen Sprache Entwicklungsbereich und Schlüsselenergien deutlich machen.

Meist hält sich jeder Persönlichkeitstyp sprachlich zuerst in seinem Persönlichkeitsbereich auf, bevor er in seine Schlüsselenergien geht: Der *Beziehungstyp* wird die emotionale Seite einer Situation (oder eines Problems) akzentuieren oder dramatisch herausarbeiten. Das muss nicht unbedingt heißen, dass er von seiner eigenen gefühlsmäßigen Betroffenheit spricht. Seine Schilderungen können auch darauf abzielen, beim Zuhörer eine gefühlsmäßige Reaktion hervorzurufen. Spricht er von seinen Erfolgen, etwa dass er eine Strategie entwickelt hat, um ein bestimmtes Problem zu lösen, dann ist er stolz darauf, dass er mehr oder systematischer als sonst von seinen Fähigkeiten des Erkennens Gebrauch gemacht hat.

Der *Sachtyp* wird lang und breit erklären und informieren, wie er sich einer schwierigen Aufgabe gegenübersah, sich ihr gestellt, sie entschlossen und tatkräftig angepackt und Widerstände überwunden hat. Entgegen der Erwartung anderer sei er damit erfolgreich gewesen und habe Anerkennung dafür bekommen. Es erfüllt ihn mit Genugtuung, dass er sein Vorhaben so entschlossen realisiert hat.

Und der *Handlungstyp* erzählt häufig von menschlichen Begegnungen, oder wie er jemandem in einer schwierigen Situation helfen konnte. Sein liebevolles Engagement kann auch der Natur oder Tieren gelten – sein Erfolgserlebnis hat in jedem Fall mit Gefühlen zu tun. Und wenn er darüber berichtet, sieht man es ihm an, dass er auch jetzt in der Erinnerung in Kontakt ist mit Gefühlen wie damals.

Dass Menschen so aneinander vorbeireden können – und damit auch aneinander vorbeileben –, ist nichts Neues. Doch was geschieht, wenn keine gemeinsame Sprache mehr gesprochen wird, wenn Botschaften, Interessen, Meinungen, Ideen, Vorschläge, Fragen voll ins Leere laufen? Nun, das wird an folgendem Beispiel deutlich: Katja fühlte sich seit einiger Zeit unwohl, ohne recht zu wissen, was die Ursache dafür war. In einem beratenden Gespräch sollte ich herausfinden, wo die Ursache dafür liegen könne. Katja erzählte unter anderem von der Freundschaft zu einem netten, etwas jüngeren Mann, den sie fast täglich traf. Er war freundlich, aufgeschlossen, hilfsbereit und hörte ihr gern zu, wenn sie von sich erzählte. Eigentlich kein Grund für ihr Unwohlsein – so jedenfalls erschien es zunächst.

Und doch war diese Beziehung nicht so stimmig, wie es den

Anschein hatte. Dieser junge Mann war seit längerem Katjas einziger Gesprächspartner. Sie war ihm überlegen an Lebenserfahrung, gefühlsmäßiger Sensibilität und in der Art, wie sie ihre Interessen verwirklichte. So ergab es sich bei den Treffen wie von selbst, dass sie ihm von sich erzählte, während er nur zuhörte, was sie wiederum anregte, noch mehr von sich zu erzählen. Dass sie sich nach diesen Monologen leer und unbefriedigt fühlte, fiel ihr lange nicht auf. Was aber war bei den beiden abgelaufen? Vieles, worüber Katja sprach, war ihrem Freund neu oder fremd. Er konnte ihr zwar aufmerksam zuhören, doch er war nicht fähig, etwas Eigenes hinzuzufügen oder auch entgegenzusetzen und so einen Dialog mit ihr zu führen. Katja fehlte schlicht ein Echo, Austausch oder eine Resonanz.

Kommunikative Resonanz ist also eine verwandte Reaktion des anderen, ist sein Mitschwingen, Austausch, seine Antwort, sein Verständnis mit dem oder für das, was man sagt, meint, denkt, empfindet und fühlt. Auch von der Persönlichkeitsstruktur her war die zu erwartende Resonanz gering: Katja ist ein kommunikativer *Beziehungstyp,* ihr Freund vermutlich ein zurückgenommener, eher schweigsamer und mehr sinnender *Sachtyp.*

Kommunikative Resonanz entspricht dem Modell vom Verstärken und Löschen aus der Verhaltenstherapie: Erfahrungen, die sich in den Erfahrungen der anderen widerspiegeln, werden verstärkt, Erfahrungen ohne Entsprechung oder Spiegelung in anderen werden gelöscht. Während des Gesprächs mit mir fühlte sich Katja freilich recht wohl, denn sie sprach über Erlebnisse, die sie bewegten und interessierten, und sie fand in mir einen Zuhörer, der weiß, wie man sich auf einen *Beziehungstyp* einstellt; indem man emotional mit ihm mitgeht, sich thematisch »anstecken« lässt, dem sorgenvollen fürsorglich, dem abhängigen zugewandt und dem selbstzweifelnden selbstreflektiert begegnet. Der Fachbegriff dafür ist »Pacing«. Doch dazu später.

Was Katja als Antwort auf ihre lebhafte und gefühlsmäßige Erzählweise von ihrem Freund erhielt, waren »vernünftige«

Reaktionen, wie Aufmerksamkeit, Interesse, Verständnis. Ihr schlechtes Gefühl konnte sie sich nicht erklären, doch vieles von dem, was ihr wertvoll war, wurde von ihrem Freund nicht aufgenommen und zurückgespiegelt und dadurch gelöscht. Auf Dauer führte dies bei ihr zu einer inneren Erschöpfung, verbunden mit dem Gefühl von Frust und Verunsicherung.

Sicher, es ist verwirrend, dass das Löschen in einer so freundschaftlichen Atmosphäre erfolgt, wo der spezifische Mangel an Resonanz schwer erkennbar und korrigierbar ist. So etwas kann auch in so genannten »guten Beziehungen« geschehen, in denen sich jeder Mühe gibt und vor lauter gutem Willen nicht merkt, wie er am anderen vorbeiredet und -lebt: »Mein Mann ist zwar ein lieber Kerl, aber ...« Und es kann zu ebenso »unerklärlichen« psychosomatischen Erkrankungen kommen. Während sich das Bewusstsein noch über das tatsächlich ablaufende Geschehen hinwegtäuscht, hat das Unbewusste längst die Situation registriert und die (psycho-physische) Notbremse gezogen.

Werden bestimmte Qualitäten über einen längeren Zeitraum hinweg permanent gelöscht, so gehen sie irgendwann tatsächlich verloren. Das geschieht immer wieder und sehr nachhaltig in der Erziehung. Verbote wie: »Fühle nicht!«, »Vertraue nicht!«, »Sei nicht du selbst!« oder »Spüre nicht, was du willst!« werden nicht nur in traumatisierenden Situationen direkt vermittelt, sondern mehr noch »atmosphärisch« durch ein andauerndes Löschen über einen längeren Zeitraum hinweg. Dies geschieht oft so unauffällig zwischen den Zeilen, dass nur ein Fachmann, etwa ein Familientherapeut, merkt, was da vorgeht, und es erkennbar und korrigierbar machen kann.

Das Löschen kann sich auf alle Lebensbereiche beziehen: In der Beziehung führt es zu emotionalem Ausbrennen, der Verminderung oder dem Verlust der gefühlsmäßigen Sensibilität, zur Flucht in Traum- und Idealwelten, zum Mangel an Liebesfähigkeit und/oder Einstehen für den anderen. Im Erkennen führt es zu Störungen in der Wahrnehmung und im Selbstbewusstsein, zu Größenideen und Depressionen, zur inneren Kündigung, zu einer Verminderung der geistigen Fähigkeiten, zu Identitätsschwäche und Identitätsverlust. Im Handeln führt es zum Verlust der Arbeits- und Lebensfreude, der Spontaneität und Kreativität, zur Angst vor anderen Menschen, zu dem Gefühl verfolgt zu werden, zu Scheu vor Verantwortung, Willensschwäche und Entscheidungsskrupeln.

Der typische Zuwendungsmangel (wir erinnern: beim *Beziehungstyp* der an liebevoller Zuwendung, beim *Sachtyp* der an aufmerksamer, sinnenhaft-geistiger Zuwendung, beim *Handlungstyp* der an erlaubender Zuwendung) sitzt so tief in uns, dass auch die Beziehungspartner leider oft nach diesen alten (Mängel-)Mustern ausgewählt werden. So geschieht es dann, dass beide, ohne es zu wissen, lange, ohne es zu wollen, sich gegenseitig in ihre alten Kerben hauen: Der *Beziehungstyp* sucht sich also jemanden, der ihn (wieder) emotional unterversorgt, der *Sachtyp* einen, der nicht zuhören kann, und der *Handlungstyp* jemanden, der ihn reglementiert.

Dazu kommt noch eine weitere Tragik. Zwar sammelt der *Beziehungstyp* ständig »Liebespunkte«, der *Sachtyp* »Aufmerksamkeitspunkte« und der *Handlungstyp* »O. k.-Punkte«. Doch genau an diesen Stellen sind alle schlechte »Futterverwerter«, sind Vielfraße, die nicht satt werden. Und durch dieses Immer-noch-punkten-Müssen bleibt jeder Strukturtyp auch auf seinen Persönlichkeitsbereich fixiert und gelangt nicht in seinen Entwicklungsbereich mit den Schlüsselenergien.

Eine wesentliche Hilfe zum Start in die Schlüsselenergien ist das oben schon erwähnte »Pacing«. Es ist eine der wichtigen Entdeckungen der modernen Kommunikationswissenschaft. Der Begriff kommt aus dem Amerikanischen und heißt so viel wie »mit jemandem Schritt halten«. Pacing ist weit mehr als nur eine neue Kommunikationstechnik. Es ist ein Weg, Zugang zu finden zum anderen, ihn in seiner Wesensart zu verstehen.

Aus irgendeinem Grund glauben wir, dass wirksame Mittel kompliziert sein müssten. Doch Pacing ist einfach, so einfach, dass man es erst spät entdeckte oder auch immer wieder vergessen hat. Es ist (simple) Übereinstimmung mit dem anderen auf allen drei Ebenen der Kommunikation, der verbalen, indem man z. B. die Worte des anderen aufgreift, der körpersprachlichen, indem man z. B. eine ähnliche Haltung einnimmt, und der energetischen, indem man ihm mit einer ähnlichen Energie begegnet.

Übereinstimmung bedeutet hier, dass Sender und Empfänger auf derselben Frequenz oder Wellenlänge sind. (In der Psycho-Sprache nennt man dieses Phänomen ein »positives und passgenaues Feedback«.) Es ist dann so, als ob man die »Lebensmelodie« des anderen aufnimmt, musikalisch begleitet und verstärkt. So gesehen ist Pacing wohltuend, heilsam und motivierend, und es ist zugleich die direkteste Form der Anerkennung für den anderen, die möglich ist. Was sind die Voraussetzungen für gelingendes Pacing?

Das Wort »anerkennen« setzt sich zusammen aus »erkennen« und der Vorsilbe »an«, was so viel wie »hin zu« dem anderen bedeutet, ihn in seiner Wesensart annehmen und bestätigen. Es meint, dem anderen das zurückzugeben, was man von ihm weiß. Pacing setzt also Erkennen voraus. Dazu gibt es zwei Zugänge: über die Wahrnehmung und das Wissen. Bisher hat man Pacing nur als ein direktes Nachahmen des Gesichtsausdrucks, der Körperhaltung, der Sprechweise und der Worte gekannt. Doch mittels der Psychographie ist uns ein erweiterter, tieferer Zugang zum Partner möglich, indem wir seinen Persönlichkeitsbereich »pacen«.

Habe ich es also mit einem *Beziehungstyp* zu tun, so gehe ich in mein eigenes Beziehungs-Ich, bin lebendig, emotional, spontan, verhalte mich kommunikativ und einfühlend. Spreche ich mit einem *Sachtyp,* so gehe ich in mein Erkenntnis-Ich, bin aufmerksam, interessiert, entspannt, sachlich und objektiv. Rede ich mit einem *Handlungstyp,* so gehe ich in mein Handlungs-Ich, spüre die kraftvolle Energie, Entschlossenheit, Geradlinigkeit und Zuverlässigkeit.

Wenn ich mich so spezifisch auf mein Gegenüber einlasse, fühlt sich der andere sofort akzeptiert, verstanden und anerkannt. Da er sich auch sicher fühlt, kann er wiederum in seine Schlüsselenergien gehen, das heißt, das Gespräch gewinnt dadurch an besonderer Qualität. Und ich habe für mich den Vorteil, dass ich besser verstehe, was den anderen bewegt, was in ihm vorgeht, was er meint. Außerdem mache ich die wohltuende Erfahrung, dass ich durch Pacing auch inhaltlich besser zuhören kann und in die Aussagen des anderen weniger meine eigenen Bedeutungen hineininterpretiere.

Untersucht man die Beziehungen zwischen den Persönlichkeitstypen psychographisch, so zeigt sich, dass die Beziehung zwischen Menschen vom selben Persönlichkeitstyp zunächst leichter funktioniert: Die Ähnlichkeit der Partner verbessert die kommunikative Resonanz, es findet zwischen ihnen viel »natürliches« Pacing statt. Solche Beziehungen wirken echter, selbstverständlicher und stimmiger. Häufig bestehen Freundschaften zwischen gleichen Persönlichkeitstypen.

Bei einer Beziehung zwischen wenig entwickelten Persönlichkeiten von unterschiedlicher Struktur kann zwar die gegenseitige Faszination groß sein, aber die kommunikative Resonanz und das Pacing recht gering: Der *Beziehungstyp* fühlt sich in seinen Emotionen nicht angenommen und erfährt so zu wenig Verständnis, liebevolle Geborgenheit und Schutz. Der *Sachtyp* findet für sein Denken keine Entsprechung und für seine Person zu wenig Interesse und Beachtung, und der *Handlungstyp* fühlt sich in seiner Fürsorge missverstanden und in seinen Gefühlen zu wenig angesprochen. Das führt freilich bei den Partnern zu gegenseitigem Frust.

Wir müssen uns nicht damit abfinden, in unserer Beziehung unerfüllt und unglücklich zu sein. Voraussetzung ist aber, dass wir die weit verbreitete Illusion aufgeben, Liebe hätte die Macht, alle Probleme zu lösen. Es ist genau umgekehrt: Wir müssen unsere Probleme lösen, damit die Faszination für den anderen nicht erlischt. Hier kann die Psychographie dazu beitragen, dass Probleme erst gar nicht entstehen, weil wir den anderen verstehen. Und Pacing ist der Weg, dieses Sich-Verstehen auszudrücken und real werden zu lassen. – Freilich, es muss ein gegenseitiges Geben und Nehmen sein. Auf die Dauer kann ein Partner nicht allein die Beziehung leben.

Dem Partner, Freund oder Mitarbeiter etwas Unangenehmes sagen zu müssen, fällt vielen schwer. Wir befürchten eine Verschlechterung der Beziehung, und unsere Unsicherheit kann dazu führen, dass wir entweder den Ärger hinunterschlucken oder unangemessen schroff reagieren oder ewig um den heißen Brei herumreden. Und genau dadurch wird das passieren, was wir befürchtet haben: Das Verhältnis zum anderen wird tatsächlich schlechter!

Hier sind so genannte »*Ich*-Botschaften« eine große Hilfe, denn durch sie wird der andere angeregt, von sich aus etwas besser zu machen und seine Vorstellungen und Lösungsvorschläge zum Problem einzubringen. Die weniger ratsame Variante sind die so genannten *Sie*- beziehungsweise *Du*-Botschaften wie:

»Vergiss nicht ...!«
»Könnten *Sie* nicht etwas ...!«
»Jetzt hast *du* schon wieder ...!«
»Lassen *Sie* sich den Rat geben ...!«
»Ich verstehe einfach nicht, warum *du* ...!« etc.

Bei wem lösen diese Botschaften nicht negative Gefühle und mehr oder weniger schmerzliche Erinnerungen an Situationen aus, in denen er früher als Kind oder Jugendlicher bloßgestellt, ausgeschimpft oder bestraft wurde? Wir reagieren unbewusst mit alten Ängsten, Schuldgefühlen und entsprechenden Gegenreaktionen.

Der so Angesprochene wird den größten Teil seiner Energie kaum für die Lösung des anstehenden Problems einsetzen, sondern für seine Verteidigung und Rechtfertigung. Er wird sich krampfhaft bemühen, eventuelle Fehler zu vertuschen oder sie anderen in die Schuhe zu schieben, er wird ärgerlich, rebellisch oder überangepasst reagieren. Das sind selbstverständlich keine optimalen Voraussetzungen für eine Problemlösung, sondern das ist der Einstieg in ein Psycho-Spiel.

Was bewirke ich aber mit einer *Ich*-Botschaft, die zum Beispiel so lautet:

»*Ich* ärgere mich darüber, dass ...«

»*Mir* ist neulich aufgefallen, dass ...«

»*Mein* Wunsch ist, dass ...«

Mit der Botschaft: »*Ich* ärgere mich darüber, dass ...« lenke ich die Aufmerksamkeit auf meine Gefühle und spreche gleichzeitig die Gefühle des Partners an. Vielleicht hat er sich in derselben Situation auch geärgert oder war ängstlich und bedrückt? Diese Botschaft ist ein subjektiver Gesprächseinstieg, ein Appell an den anderen, auf mein Gefühl zu reagieren – also eine *beziehungsorientierte Ich*-Botschaft.

Die zweite *Ich*-Botschaft: »*Mir* ist neulich aufgefallen, dass ...« lenkt die Aufmerksamkeit des anderen auf meine Wahrnehmung. Ein analoger Gesprächseinstieg wäre: »*Ich* habe darüber nachgedacht ...« oder: »*Mich* interessiert ...«. Hier lenke ich die Aufmerksamkeit des anderen auf mein Denken und spreche gleichzeitig auch seine Beobachtungen und sein Nachdenken an. Er wird sich an sie erinnern und mit eigenen Überlegungen in das Gespräch einsteigen. Diese Botschaft ist ein sachlicher, objektiver Gesprächseinstieg und eine Herausforderung an den anderen, ein Problem durch Nachdenken und Beobachten zu lösen, also eine *erkenntnisorientierte Ich*-Botschaft.

Die dritte Botschaft: »*Mein* Wunsch ist, dass ...« oder: »*Ich* möchte am liebsten, dass ...« lenkt die Aufmerksamkeit auf mein Wollen und Handeln. Gleichzeitig spreche ich es beim anderen an. Vielleicht will er etwas Ähnliches oder etwas ganz anderes? Dies ist ein praktischer Gesprächseinstieg, ein Appell, durch Wollen und Handeln ein Problem zu lösen, also eine *handlungsorientierte Ich*-Botschaft.

Auf die drei Lebensbereiche übertragen wird uns klar, dass es keineswegs beliebig ist, welche Art Botschaft ich auswähle (eine beziehungs-, erkenntnis- oder handlungsorientierte), da sie ein wirksames Steuerungsinstrument in einem Gespräch ist. Damit Gespräche befriedigend, erfolgreich und atmosphärisch angenehm verlaufen, ist es sinnvoll, sie situationsadäquat zu führen. Dann überlege ich mir vor dem Gespräch, was ich eigentlich erreichen möchte, ein Beziehungs-, Erkenntnis- oder ein Handlungsziel? Inadäquate Botschaften werden den Gesprächsverlauf verwirren. Es wird viel geredet und wenig gesagt, eventuell noch mehr gestritten. Das heißt, will ich eine gefühlsmäßige Verbesserung der Beziehung anstreben, oder will ich etwas erkennen, etwas herausfinden beziehungsweise verstehen, oder will ich etwas tun und praktisch verändern?

Der Einstieg in diese Art Gespräche lässt sich am Psychographie-Dreieck verdeutlichen:

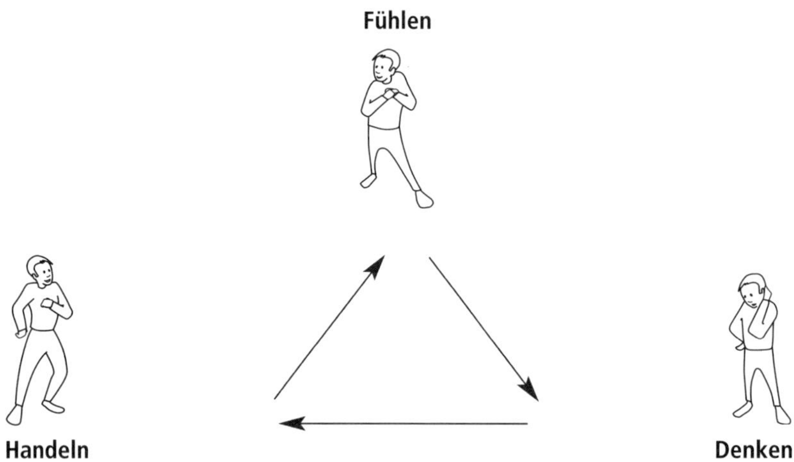

Die Abfolge einer *beziehungsorientierten Ich*-Botschaft wird vom Fühlen über das Denken zum Handeln gehen, zum Beispiel: »Ich freue mich ..., dich zu sehen – ich möchte mich gerne mit dir unterhalten!« Im Grunde würde auch schon reichen: »Ach, ich freu mich so!«

Für die *erkenntnisorientierte Ich*-Botschaft gilt die Reihenfolge:

Denken → Handeln → Fühlen, zum Beispiel: »Ich habe beobachtet, dass … – ich möchte herausfinden, womit das zusammenhängt – ich würde mich freuen, wenn ich diese Frage lösen könnte.« Auch hier ist es manchmal besser, nur einen Impuls zu setzen, etwa: »Ich habe beobachtet …«, und die anderen weiterdenken lassen.

Bei der *handlungsorientierten Ich*-Botschaft wäre die Abfolge: Handeln → Fühlen → Denken, zum Beispiel: »Ich möchte, dass wir … – ich ärgere mich darüber, wenn … – ich denke, wir können dies bis … schaffen.« Auch hier ist es nicht immer notwendig oder gar zweckmäßig, die *Ich*-Botschaft vollständig zu formulieren.

Freilich, Situationen sind vieldeutig, und aus ihnen ist nicht immer klar abzulesen, ob es sich um eine Beziehungs-, Erkenntnis- oder Handlungssituation dreht. Wenn ich annehme, dass die Beziehung zum Partner nicht intakt ist, und ich sie verbessern möchte, wäre ein beziehungsorientierter Einstieg in das Gespräch gut: »Ich habe mich nicht gut gefühlt nach unserem Gespräch gestern. Du hast auf mich sehr reserviert gewirkt, und ich frage mich, habe ich dich verletzt oder geärgert? Darüber möchte ich mit dir sprechen.«

Wenn ich weder an der Beziehung noch am Verhalten des anderen etwas ändern möchte, sondern einfach nur neugierig bin, warum ich mich unwohl gefühlt habe, bringt mich eine *erkenntnisorientierte Ich*-Botschaft weiter: »Mir ist aufgefallen, dass ich mich nach unserem Gespräch gestern schlecht gefühlt habe. Ich weiß nicht, was die Ursache war. Ich würde das gerne herausfinden.«

Wenn mir jedoch die Situation klar erscheint und ich davon ausgehen kann, dass die Beziehung in Ordnung ist, ich aber trotzdem möchte, dass sich der Partner anders verhält, dann ist eine *handlungsorientierte Ich*-Botschaft sinnvoll. Dabei ist der subjektive Wunsch so zu formulieren, dass beide Partner ihn bejahen können: »Ich möchte, dass Gespräche für uns beide einen guten Verlauf nehmen. Gestern habe ich mich unwohl gefühlt.

Du hast auf mich einen reservierten Eindruck gemacht, und ich frage mich, habe ich dich verletzt oder verärgert?«

Ähnliches gilt für die Steuerung des Gesprächsverlaufs. Auch hier werde ich versuchen, immer wieder die entsprechenden Impulse zu setzen. Wenn mein Gesprächsziel mit der Lieblingsstrategie meines Gesprächspartners übereinstimmt, also ein Beziehungsziel beim *Beziehungstyp*, ein Erkenntnisziel beim *Sachtyp* oder ein Handlungsziel beim *Handlungstyp*, wird es nicht schwer sein, beim Thema zu bleiben und Konsens zu erreichen. Doch treffe ich auf den defizitären Entwicklungsbereich oder den manipulativen Zielbereich, werden die Anforderungen an meine Gesprächsführung weitaus größer sein.

Als Thomas Gordon sein Konzept von den *Ich*-Botschaften entwickelte, wusste er noch nichts über die oben beschriebenen Gesetzmäßigkeiten. Deshalb formulierte er eine Standard-*Ich*-Botschaft nach folgendem Schema:

1. Information
2. Gefühl
3. Handlungskonsequenzen

So eine standardisierte *Ich*-Botschaft klingt immer ein wenig hölzern. So redet normalerweise niemand, es sei denn, er beklagt sich und folgt dem Muster eines Opfer-Spiels. Die oben angeführten situationsorientierten Ich-Botschaften stimmen mit dem natürlichen Sprachgefühl überein – gute Voraussetzungen dafür, dieses bewährte Kommunikationsmodell wieder für sich zu entdecken. Nun ist es nicht empfehlenswert, einen *Sachtyp* gleich mit Gefühlen zu überfallen, einen *Handlungstyp* in eine theoretische Diskussion zu verwickeln oder dem *Beziehungstyp* mit Handeln zu kommen. Es empfiehlt sich, mit einer typangemessenen Kontaktaufnahme zu beginnen – und dann mit einer themenangemessenen *Ich*-Botschaft zur Sache zu kommen.

So wie die *Ich*-Botschaften durch ihre situationsorientierte

Anwendung ihre positiven Möglichkeiten eigentlich erst voll ausschöpfen, gilt dies auch für die persönlichkeitsorientierte Motivation. Grundsätzlich gilt: Eine Anerkennung wird dann als besonders überzeugend empfunden, wenn sie sich auf Fähigkeiten aus dem Persönlichkeitsbereich bezieht, etwa wenn man dem *Beziehungstyp* bestätigt, dass er liebenswert ist, dem *Sachtyp*, dass er vernünftig ist, und dem *Handlungstyp*, dass er tüchtig ist. Dazu kann jeder von ihnen ja sagen.

Doch die Sache hat – wie wir schon gesehen haben – einen Haken. Wenig entwickelte Persönlichkeiten mögen diese positiven Botschaften im Persönlichkeitsbereich motivieren, doch es kann sein, dass sich der entwickelte *Beziehungstyp* mit dieser Anerkennung in seinen geistigen Fähigkeiten abgewertet fühlt. Oder der *Sachtyp* denkt: »Ich weiß, ich bin viel zu vernünftig. Ich sollte mehr Energie und Lebendigkeit zeigen!« Und der *Handlungstyp* fragt sich: »Soll ich mir noch mehr aufladen?«

Deshalb möchten wir Sie warnen, *Ich*-Botschaften nur als Technik – also rein manipulativ – einzusetzen. Dann wendet man sie zwar »richtig« an, doch erzielt »falsche« Ergebnisse. Folgen Sie auch immer Ihrer Intuition und beobachten Sie die Reaktionen des anderen. Dann finden Sie schnell heraus, was ankommt und was nicht. Trotzdem noch zwei Tipps: Zu 90 Prozent gilt, deutlich im Persönlichkeitsbereich anerkennen und dezent im Entwicklungsbereich. Aber, wie gesagt, lassen Sie sich dabei von Ihrem Gespür und Ihrer Erfahrung mit dem anderen leiten. Diese Mischung aus »wissen, wie es geht« und Intuition bewährt sich. Und der zweite Tipp: Was einmal gut (oder nicht gut) angekommen ist, wird mit großer Wahrscheinlichkeit wieder gut (oder nicht gut) funktionieren.

Und noch etwas: Gerade in Konfliktsituationen nehmen die typischen Spielneigungen zu, und so ist wohl das Konfliktgespräch das wichtigste, aber auch heikelste Anwendungsgebiet für die situationsdefinierten Ich-Botschaften. Hier ist es – wie gesagt – unerlässlich, die Fähigkeiten des eigenen Entwicklungsbereichs parat zu haben. Vernachlässigt der *Beziehungstyp* den

Bezug zur Realität, so wird das Gespräch ideologisch; vernachlässigt er sein logisches Durchdenken, so wird es irrational. Weicht der *Sachtyp* auf die analytische Ebene aus und handelt nicht, wird der Konflikt zu seinem Nachteil ausgehen. Wenn der *Handlungstyp* seine Gefühle übergeht, darf er sich nicht wundern, dass er mit seinem nur Sachzwängen gehorchenden Verhalten Unmut auslöst.

AUSBRENNEN, INNERE KÜNDIGUNG UND ARBEITSSUCHT

Vorgesetzte motivieren (oder demotivieren) ihre Mitarbeiter weit mehr durch die Art, wie sie aus einem inneren Reichtum an Möglichkeiten auf ihre Mitarbeiter eingehen, als durch besonders ausgefeilte »Motivationsmaßnahmen«. Was dabei auch geschieht, ist ein Verstärken oder Löschen menschlicher Qualitäten im Sinne der kommunikativen Resonanz: *Beziehungstypen,* die klug, *Sachtypen,* die tüchtig, und *Handlungstypen,* die herzlich sind, wirken verstärkend und motivierend auf ihre Mitarbeiter. Wie ist das zu erklären?

Persönliche Ausstrahlung ist eher eine Art Rückstrahlung, ein Widerspiegeln der positiven Fähigkeiten des Mitarbeiters. Nehmen wir beispielsweise an, ein Mitarbeiter macht Verbesserungsvorschläge und stößt bei seinem Vorgesetzten auf Interesse, so entsteht eine positive Resonanz: Der Mitarbeiter wird in seinem Denken bestärkt. Oder ein anderer engagiert sich für Umweltfragen, und auch sein Vorgesetzter ist bereit, in dieser Richtung etwas zu tun, so wird sich der Mitarbeiter weiter dafür einsetzen. Oder ein anderer legt Wert auf ein gutes Betriebsklima und sieht sich dann im Einklang mit seinem Chef, so wird er sich auch weiterhin darum bemühen.

Neue Unternehmenskultur besteht u. a. darin, dass man konsequent auf die Kompetenz der Mitarbeiter setzt. Dazu ist es notwendig, viele hierarchiefreie Inseln in den Unternehmen zu schaffen, wo es den Mitarbeitern möglich ist, frei von Angst vor negativen Auswirkungen auf die Karriere zu sprechen und zu handeln. Diese positive Grundhaltung zur Kompetenz der Mitarbeiter kommt etwa im Vorschlagswesen zur Geltung, das durch ein ausgeklügeltes Prämiensystem jeden motiviert, sich etwa Gedanken über die Verbesserung einzelner Produkte zu machen oder über Vorgänge in Fertigung, Vertrieb, Unfallverhütung und Kundendienst. Ein System, das Jahr für Jahr zu Einsparungen in Milliardenhöhe führt.

Umgekehrt: Interessierte Mitarbeiter, die ständig auf Desinteresse, engagierte Mitarbeiter, die immer wieder auf Resignation treffen, und freundliche Mitarbeiter, die auf Distanz und Kälte bei ihren Vorgesetzten stoßen, werden allmählich entmutigt. Ihre positive Einstellung wird gelöscht. Sie werden ihr Interesse, ihr Engagement und ihre sozialen Bedürfnisse weniger in ihrer Arbeit, sondern viel mehr in ihrem Privatleben verwirklichen.

Ich war früher immer wieder davon beeindruckt, wie kreativ Führungskräfte der unteren und mittleren Ebene in ihrer Freizeit sind, und davon enttäuscht, wie wenig ihre Kompetenz bei den oberen Führungskräften gefragt war. Und von den Vorständen, die ja die Geschäftspolitik bestimmen, hatte man den Eindruck, sie leben in einer Art Götterwelt. Folglich war es jedes Mal ein eindrucksvolles Ereignis, wenn sie sich zu besonderen Anlässen zeigten, ein paar leutselige Sätze von sich gaben und wieder nach oben in die Chefetage entschwanden.

Das Problem ist: Eine wenig entwickelte Persönlichkeit hat nur eine schmale Bandbreite möglicher Reaktionen und Verhaltensweisen. Die Führungskraft, die als *Beziehungstyp* nur gewinnend und liebenswürdig ist, gilt bei den Mitarbeitern oft als jemand, der nicht ernst zu nehmen ist. Sie verspricht mehr, als sie halten kann, mit Worten und mit ihrem Auftreten. Der *Sachtyp*, der als Führungskraft nur klug und gelassen ist, wird als jemand angesehen, der sich schlecht durchsetzen kann, zu wenig Verantwortung übernimmt und nicht zu seinen Leuten steht. Ist die Führungskraft ein *Handlungstyp*, der nur tüchtig und pflichtbewusst ist, so werden Mitarbeiter, die eigene Ideen haben, immer wieder frustriert werden und dem Vorgesetzten, der alles besser weiß, aus dem Weg gehen.

Nur eine einzige Qualität zu haben, ist für einen Menschen, der andere führen soll, zu wenig:

Ein unruhiger und konkurrierender *Beziehungstyp* »färbt« auf seine Mitarbeiter ab, bringt sie in Hektik und Konkurrenzverhalten. Ein zu lockerer *Sachtyp* verleitet seine Kollegen zu Nachlässigkeiten. Und ein fadengerader *Handlungstyp* verursacht überangepasstes und regelhaftes Verhalten. Die Unterschiede in der Persönlichkeitsentwicklung kann man in ihrer Wirkung mit verschieden großen Spiegeln vergleichen: Entwickelte Persönlichkeiten können in anderen mehr widerspiegeln als weniger entwickelte Menschen.

Löschen, das wissen wir, bedeutet Demotivation, führt zu psychischen Phänomenen wie emotionalem Ausbrennen, der inneren Kündigung und der Arbeitssucht. Emotionales Ausbrennen wurde besonders bei Menschen beobachtet, die in sozialen Berufen arbeiten oder sich sozial engagieren, beispielsweise bei Lehrern, Sozialarbeitern, Erziehern und Krankenschwestern. Sie geben ständig von ihren Gefühlen mehr an andere ab, als sie zurückbekommen. Das kann auch bei Müttern und Hausfrauen der Fall sein, die sich für ihre Familie aufopfern und lange Zeit nicht merken, wie sehr sie sich verausgaben und selbst zu kurz kommen.

Innere Kündigung ist ein Zustand resignativer Aggression, eine Mischung aus Unzufriedenheit, Enttäuschung und Wut, die sich nicht oder nur versteckt äußert. Man findet sie häufig bei Menschen, die zu gutmütig sind, zu viel einstecken, ohne sich zu wehren, und die sich nicht durchsetzen können. Oft werden sie dann auch noch übergangen oder benachteiligt – jedenfalls kommt es ihnen so vor. Dann sagen sich diese Menschen innerlich von allem los und tun nur noch das Notwendigste. In persönlichen Beziehungen entspricht das einem heimlichen Verlassen des Partners.

Wenn aus der Arbeitsfreude Arbeitswut oder Arbeitssucht wird, tut das weder der betreffenden Person noch der Arbeit oder dem Umfeld gut: So ein Verhalten hat zwanghafte, regelhafte und bürokratische Züge und bekommt leicht einen bestrafenden Charakter. Anfällig dafür sind Menschen, die sich nach Enttäuschungen in ihre Arbeit zurückziehen (oder besser: flüchten), um Ablenkung, Trost und Sicherheit zu finden. Ein solches Verhalten kann sich freilich immer mehr einschleifen, wenn sich diese Menschen vorbeugend Arbeit aufladen und damit eindecken wie Alkoholiker, denen der Stoff nicht ausgehen darf. Zu groß ist die Angst, in Situationen zu geraten, in denen – ohne Ablenkung durch Arbeit – Frust aufkommen könnte.

Emotionales Ausbrennen ist eine spezifische Gefahr für den *Beziehungstyp* und hängt eng mit seinem Persönlichkeitsbereich und seinen »Spielen« zusammen. Unbewusste Zweifel, dass er liebenswert sei, verleitet ihn dazu, sich selbst auszubeuten und ausbeuten zu lassen, umso mehr, je ausgeprägter seine Tendenz zu Macht- und Retter-Spielen ist. Und sie verwehren ihm auch die Einsicht in sein selbstschädigendes Tun. Aus Hunger nach Zuwendung kennt der *Beziehungstyp* kaum seine emotionalen Grenzen: Er gibt und gibt, aber bekommt selbst wenig zurück. Manche brennen immer mehr aus, werden physische und psychische Wracks, die Psychopharmaka brauchen, um durchzuhalten.

Der *Sachtyp* strapaziert seine Fähigkeit zu verstehen, seine Belastbarkeit, seine Geduld und Gutmütigkeit. Statt rechtzeitig enttäuscht oder ärgerlich zu reagieren und die Situation in seinem Sinne zu beeinflussen, strampelt er sich weiter ab – umso mehr, je lieber er Opfer- und Zuwendungs-Spiele inszeniert. Er reagiert keineswegs sachlich, sondern eher verwirrt, sucht bei sich selbst die Schuld und bringt sich in Situationen, in denen er verwundbar ist. Schließlich meint er, keinen anderen Ausweg mehr zu sehen als den, innerlich zu kündigen.

Der *Handlungstyp* sucht seine Identität und Sicherheit in der Arbeit, die ihm bei menschlichen Enttäuschungen (immer wieder) eine verlässliche Zuflucht ist. Seine Antreiber »Sei perfekt!« und/oder »Mach's perfekt!« und sein Hang zu Verfolger- und Identitäts-Spielen bestärken ihn darin. Je mehr seine Arbeit jenen »vorbeugenden« Charakter eines Rückzugs annimmt, desto größer ist für ihn die Gefahr, süchtig nach Arbeit zu werden.

Wie schützt man sich vor den Gefahren des Ausbrennens, der

inneren Kündigung und der Arbeitssucht? Zunächst einmal ist es erleichternd festzustellen, dass jeder Persönlichkeitstyp in der Regel nur für eine dieser Gefährdungen anfällig ist: der *Beziehungstyp* für das Ausbrennen, der *Sachtyp* für die innere Kündigung und der *Handlungstyp* für die Arbeitssucht. – Es ist ähnlich wie mit psychischen Erkrankungen. Sie sind typspezifisch.

Der *Beziehungstyp* kann sich von seiner Begeisterung auch in seiner Arbeit leiten lassen. Nun wird man vielleicht einwenden: »Wie ist so etwas möglich? Begeisterung ist doch eine Reaktion. Wie kann ich begeistert sein, wenn ich in Wirklichkeit frustriert bin?« Vielleicht, indem man die Begeisterung zur Bedingung macht: Entweder ich verändere das Was, suche mir also eine Arbeit, für die ich mich begeistern kann, oder ich verändere das Wie, setze neue Akzente in meiner Tätigkeit, verändere meine Zugangs- und Sichtweise.

Da es kaum allgemein gültige Rezepte dafür gibt, wie man sich begeistern kann in und für seine Arbeit, ist es wichtig, das selbst für sich herauszufinden: Was ist das, was schon einmal funktioniert hat? Bei mir (als *Abhängigkeits*-Typ) sind es die Reaktionen des anderen. Wenn ich mir vorstelle, dass ich mit einer Arbeit bei einem anderen eine positive Reaktion auslösen kann, motiviert mich das. Wenn immer wieder negative Reaktionen kommen oder, noch schlimmer, überhaupt keine Reaktion kommt, demotiviert mich das. Beim *Sorgen*-Typ könnte es die Vorstellung sein, etwas für die anderen zu tun, und zu sehen, dass ihnen das hilft, für den *Selbstzweifler* vermutlich die Aussicht, dass er mit sich zufrieden sein wird.

Für den *Beziehungstyp* ist es gut, nicht zu ehrgeizig und zu liebenswürdig zu sein. Er muss in die andere Richtung denken und sich allen Ernstes fragen: »Was könnten (und sollten) die anderen für sich selbst tun? Und was sollten sie für mich tun?« Und zudem darf er nicht unter allen Umständen seiner Devise gehorchen: »Mach's ihnen immer recht!« Unterstützende Maßnahmen sind für ihn: sich immer wieder zu entspannen, sich zu üben in Gelassenheit und im Loslassen und mit allen Sinnen das

Hier und Jetzt zu genießen. All dies steuert einem Ausbrennen entgegen.

Der *Sachtyp* sollte ein kraftvolles, energisches Leben führen. Auch bei ihm kommt es darauf an, dass er sich nicht durch Umstände und Menschen motivieren beziehungsweise frustrieren lässt, sondern dass er die Führung übernimmt. Egal, was ansteht, er sollte sich mit der festen Absicht engagieren, das Beste daraus zu machen. Wer innerlich kündigt, der hat meist schon geraume Zeit das Steuer aus der Hand gegeben, hat überwiegend reagiert statt agiert.

Wenn der *Sachtyp* ein kraftvolles Leben führt, dann ist das nicht eine Folge von glücklichen Umständen, sondern dann hat er sich dafür immer wieder selbst motiviert. Und er muss sich (immer wieder) davor hüten, seine Nachgiebigkeit, sein Verständnis und seine langmütige Geduld über Gebühr zu strapazieren und fällige Gespräche, Klarstellungen und Entscheidungen allzu lange vor sich herzuschieben. Besser ist es, die »Fürsorgepflicht« sich selbst gegenüber wahrzunehmen und deutliche, verantwortungsbewusste Entscheidungen zu treffen. Dabei sollte der *Sachtyp* sich darüber im Klaren sein, dass dies auch negative Konsequenzen haben darf. Denn aus ihnen kann man lernen und mit ihnen in der Regel besser leben als mit Resignation.

Die Entscheidung des *Handlungstyps* könnte sein, ein freudiges Leben zu führen. Dazu gehören Sympathie, Spontaneität, Humor und auch ein leichter, freier und spielerischer Umgang mit Situationen. Der *Handlungstyp* sollte tapfer der Versuchung widerstehen, immer wieder auf die Karte der Pflichterfüllung zu setzen.

Gute zwischenmenschliche Beziehungen haben für ihn Priorität, auch in der beruflichen Zusammenarbeit. Ein nachhaltig gestörtes Verhältnis zu Mitarbeitern, Kollegen oder Vorgesetzten ist für ihn ein besonders ernstes Problem, das auf der Gefühls- und Beziehungsebene zu lösen ist – und weniger auf der Handlungsebene. Der *Handlungstyp* muss sich vergegenwärtigen, dass es gesünder für ihn ist, sich auf schmerzliche Gefühle einzulassen, als langsam in einem rigiden Denken zu ersterben.

Auf der einen Seite tut es dem *Handlungstyp* gut, wenn er den »menschlichen Faktor« in seiner Berufstätigkeit realisieren kann. Doch gefährlich für ihn ist es, sich in dieser Hinsicht zu »prostituieren«. Die Gefahr besteht in allen Berufen, in denen sich die Grenzen zwischen beruflicher Fürsorge und privater Anteilnahme verwischen, in sozialen, pädagogischen, pflegerischen oder therapeutischen Berufen oder bei Tätigkeiten im Hotel- und Gaststättengewerbe und anderen Dienstleistungstätigkeiten.

KOLLEGEN, KOLLEGEN

Als Mitarbeiter möchte der *Beziehungstyp* positiv herausgefordert sein. Das ist für ihn die spezifische Anerkennung für gute Arbeit, Intelligenz oder Fachwissen und wirkungsvoller als ein gesprochenes Lob, besonders dann, wenn es in seinen Ohren wie eine konventionelle Höflichkeit klingt. Ein Vorgesetzter sollte sich also gegenüber einem *Beziehungstyp* unter seinen Mitarbeitern dieser typischen Eigenart bewusst sein. Freilich nimmt der *Beziehungstyp* auch die ausgesprochene Anerkennung gern an – solange sie nicht pauschal und vage daherkommt.

Echte und dauerhafte Motivation geht immer von den Schlüsselenergien aus: Der *Beziehungstyp* als Führungskraft ist gut beraten, wenn er sich in der Motivation seiner Mitarbeiter nicht so sehr auf seine kommunikativen (Grund-)Fähigkeiten verlässt, wenn er statt gewinnend aufzutreten besser zuhört und auf Klugheit und Verstand setzt. Seine hohen Ansprüche und die vordergründig freundliche, aber doch spürbar distanzierte Art überfordern besonders den *Sachtyp*, der dann entmutigt und enttäuscht reagiert und sich leise, aber sicher zurückzieht. Und wenn der *Beziehungstyp*-Chef gar die Star-Rolle spielt, fühlen sich seine Mitarbeiter zu Beifallklatschern degradiert.

Der dynamische *Beziehungstyp* demotiviert seine Kollegen dadurch, dass er sich ihnen gegenüber auf egozentrische Weise profilieren will. Abgesehen davon, dass er ihnen nicht richtig zuhört und eher emotional als gründlich durchdacht dagegen argumentiert, wird er sie in verantwortliche Tätigkeiten nicht mit einbeziehen und wichtige Aufgaben auch nicht an sie delegieren. Warum? Weil er Probleme damit hat, anspruchsvolle Aufgaben den Kollegen zu überlassen und dann Geduld und Gelassenheit für sie aufzubringen und einzusehen, dass auch andere Wege zum Ziel führen, die nicht richtig oder falsch, sondern allenfalls zweckmäßig oder unzweckmäßig für eine

Lösung sind. Die Stärken des dynamischen *Beziehungstyps* als Führungskraft liegen in seinen hohen Ansprüchen und damit in seinem Willen zur Leistung, seiner der Situation angemessenen Kontaktfähigkeit und Liebenswürdigkeit sowie seinen intellektuellen Fähigkeiten.

Der emotionale *Beziehungstyp* als Vorgesetzter macht seinen Mitarbeitern blumige Versprechungen, die freilich große Hoffnungen wecken, enttäuscht sie aber dann, wenn er sie nicht einhält, sondern ganz andere Entscheidungen trifft oder plötzlich distanziert und (über)kritisch reagiert. Er lässt sich von seiner Begeisterung mitreißen, legt seine Worte nicht auf die Goldwaage, und Mitarbeiter, die es genau nehmen mit dem, was sie sagen, sehen sich dann getäuscht. Er verliert ihr Vertrauen.

Die Stärken des emotionalen *Beziehungstyps* als Führungskraft liegen in seinem freundlichen, hilfsbereiten Wesen und seinem klaren, objektiven und folgerichtigen Denken. Seine Schwächen sind seine Tendenz, »retten« zu wollen, sowie die Tatsache, dass er übertrieben hilfsbereit zu viele Aufgaben selbst übernimmt und sich von seinen Mitarbeitern ausnützen lässt: Er muss lernen, rechtzeitig nein zu sagen, nicht ein kaltes, abweisendes Nein, sondern ein durchdachtes, klar begründetes.

Die lebendige, unkonventionelle und spielerische Art des *Beziehungstyps* kann besonders den *Handlungstyp* (als Kollegen) verunsichern. Mancher *Handlungstyp* reagiert darauf mit abwertenden Vorurteilen, ein anderer beruft sich vermehrt auf Regeln, Vorschriften und Zuständigkeiten. Dies wiederum ärgert den *Beziehungstyp*, der sich missverstanden und geschulmeistert fühlt. So entsteht ein angespanntes Verhältnis, unter dem beide leiden: der *Beziehungstyp* direkt emotional und erlebnisintensiv, der *Handlungstyp* eher indirekt, indem er sich (noch mehr) in seine Arbeit stürzt und hochkommende Emotionen damit abwehrt.

Das Verhältnis zwischen eher kontrollierten *Beziehungstypen* untereinander ist meist freundlich kollegial. Man kennt und anerkennt sich gegenseitig, ist jedoch voreinander wohlweislich auf der Hut. Man schenkt sich nichts im Konkurrenzkampf, verhält sich aber fair dem anderen gegenüber.

Das Verhältnis zwischen emotionalen und kontrollierten *Beziehungstypen* dagegen ist eher wechselhaft. Die größere emotionale Ausstrahlung des einen kann anziehend wirken auf den anderen, doch dessen etwas geringere intellektuelle Sorgfalt wird ihn eher ärgern. Umgekehrt erlebt der emotionale Typ den kontrollierten gelegentlich als überheblich, kühl und egozentrisch. Er weiß aber auch, dass dies oft Zeichen von Unsicherheit sind.

In der Arbeit verhalten sich *Sachtypen* zueinander meist pragmatisch, akzeptierend und locker. Beide haben einen realistischen Blick dafür, was der andere kann und was er leistet, und schauen eher anerkennend auf seine Stärken, können sich aber gegenseitig die typischen Schwächen auch böse ankreiden. Mangelndes Engagement, wenig Bereitschaft, Verantwortung zu übernehmen und Entscheidungen zu treffen, Faulheit und Feigheit – das sind Verhaltensweisen, für die sie kein Verständnis aufbringen.

Besonders der *Sachtyp* als Vorgesetzter sollte sich im Umgang mit einem *Sachtyp* unter seinen Mitarbeitern durch dessen Gutmütigkeit und bereitwillige Anpassung nicht täuschen lassen. Mancher *Sachtyp* macht einen dickfelligen Eindruck, ist aber in Wirklichkeit sehr verletzlich und braucht vor allem Anerkennung. Manche *Sachtypen* möchten in ihren Leistungen anerkannt werden, andere als Person. Man kann es daran erkennen, wie und womit sie sich selbst präsentieren, denn damit zeigen sie, was sie hören wollen: entweder »Das ist eine sehr gute Leistung!« oder »Sie sind für mich ein wertvoller und verlässlicher Mitarbeiter!«

Sachtypen neigen dazu, eigene Leistungen und Erfolge zu vergessen, doch kaum eine zutreffende Anerkennung. Verbale Anerkennung ist beim *Sachtyp* deswegen angebracht, weil er als geistiger »Wiederkäuer« sie später hervorholt und auf sich wirken lässt. Analog macht er es auch mit Kritik, die damit schlimmer und nachhaltiger bei ihm wirkt, als es beabsichtigt war. Manche *Sachtypen* können mit sachlicher Kritik gut umgehen, doch ganz schlecht damit, wenn sie auf der menschlichen Ebene angegriffen werden. Möglicherweise ist das bei den Untertypen verschieden. Denn ich habe auch schon erlebt, dass *Sachtypen* auf berechtigte Kritik ausgesprochen rachsüchtig reagiert haben. Dazu kommt, dass sich manche *Sachtypen* völlig überschätzen. Am besten, man klärt es mit ihnen im Vorfeld, wie man ihnen gegenübertreten soll, wenn man mit einer Leistung nicht einverstanden ist.

Schwierig ist der Umgang mit dem rebellischen *Sachtyp*. Er verfügt über ein fast unerschöpfliches Repertoire an Provokationsmitteln und -methoden, ohne sich dessen voll bewusst zu sein. Dabei ist er selbst sehr verletzlich und interpretiert die Reaktionen der anderen, den unvermeidlichen Ärger, als gegen ihn gerichtete Angriffe. Besonders wenn man als *Sachtyp* in vorgesetzter Position selbst rebellische Anteile in sich hat, ist es schwierig, rebellischem Verhalten der Kollegen mit der notwendigen Klarheit und gelassenen Konsequenz zu begegnen und weder zu viel hinzunehmen noch mit übertriebener Aggression darauf zu reagieren. Mir als *Sachtyp* hilft es, mich dem provokativen Verhalten innerlich voll und kraftvoll zuzuwenden. Gefährlich wird es, wenn ich es innerlich zu ignorieren versuche. Dann kann mich der sich ansammelnde Ärger zu überzogenen Reaktionen verleiten.

Seltener trifft man auf *Sachtypen,* deren unruhige und aggressive Dickfelligkeit krankhafte Züge angenommen hat. Sie können ihrer Umgebung penetrant auf die Nerven gehen, weil sie die Grenzen der Intimsphäre anderer ständig missachten und überschreiten. Obwohl auch sie verdeckt oder offen aggressives Verhalten zeigen, unterscheiden sie sich vom rebellischen *Sachtyp* dadurch, dass sie selbst kaum Leidensdruck empfinden. Sie haben sich in ihrem nüchternen Erkenntnisbereich fest verschanzt und lassen Gefühle einfach nicht zu. Dadurch merken sie nicht, dass sie anderen wehtun. Oft holen sie sich noch Bestärkung bei anderen, indem sie die Lacher auf ihre Seite bringen.

Appelle oder Gespräche, die sich an ihre Einsicht richten, bleiben weitgehend wirkungslos. Drehen manche *Beziehungs-*

typen einem geschickt die Worte im Mund herum, so machen diese psychopathischen *Sachtypen* das in ihrem Kopf – und zwar so schnell, dass man nicht mehr mitkommt. Logische Argumente sind deshalb ziemlich fruchtlos. Es bleibt oft nichts anderes übrig, als klare Verhaltensregeln mit ihnen zu vereinbaren, deren Missachtung dann zu empfindlichen Sanktionen führt.

Die Qualitäten des *Sachtyps* hängen eng mit seiner Persönlichkeitsentwicklung zusammen. Seine Schlüsselenergien im Handeln sind eigentlich die klassischen Führungseigenschaften: Verantwortung übernehmen und Kollegen für die Zusammenarbeit gewinnen, sie durch Zielsetzungen, Ansporn und Anerkennung motivieren.

Der unentwickelte *Sachtyp* hingegen macht zu wenig Gebrauch von seinem Handlungs-Ich. Dann fällt es ihm schwer, seine Mitarbeiter angemessen zu fordern und sich für sie einzusetzen. Er hat ein zu großes Harmoniebedürfnis, benützt seine Fähigkeiten dazu, sich selbst durchzulavieren, und ist immer ängstlich bemüht, nirgendwo anzuecken und sich bloß nicht festlegen zu müssen – während die Mitarbeiter freilich seine Führungsschwäche spüren und eventuell auch ausnützen.

Hat der *Sachtyp* ein schwach kultiviertes Handlungs-Ich, dann wird seine Rücksichtslosigkeit übertrieben hart und unnötig verletzend sein. Er meint dann, den »starken Mann« spielen zu müssen, verhält sich den Kollegen gegenüber unsensibel und distanzlos. Gleichzeitig fühlt er sich hintergangen oder missachtet und benimmt sich »wie ein Elefant im Porzellanladen«. Hinter allem steckt bei ihm meist eine Mischung aus Ich-Schwäche und einer gehörigen Portion unausgegorener Rebellion. Verständlich, dass er sich mit diesem ungeschickten Verhalten eine Menge Ärger zuzieht.

Beim *Sachtyp* darf man sich nicht durch seine Gutmütigkeit und Verträglichkeit täuschen lassen. Dahinter verbirgt sich häufig Unzufriedenheit, verletzter Stolz, angesammelte und unausgesprochene Kritik. Diese brisante Mischung kann in entscheidenden Momenten dann plötzlich hochgehen. Oder der *Sachtyp* kritisiert Vorgesetzte hinter deren Rücken und macht ihre Fähigkeiten und guten Absichten madig. Deshalb ist gerade bei ihm darauf zu achten, dass auf beiden Seiten mit offenen Karten gespielt wird.

Eine zu enge Führung ist dem entwickelten *Sachtyp* lästig, und ständige Einmischung in seinen Entscheidungsbereich kann ihn nachhaltig demotivieren. Er möchte selbständig und eigenverantwortlich auf partnerschaftlicher Ebene arbeiten können. Manchmal zeigt er autoritäres Verhalten oder fällt eigenmächtige Entscheidungen. Doch er korrigiert seine Fehler zumeist rasch, wenn man ihn in angemessener, eben vernünftiger und sachlicher Form darauf aufmerksam macht.

Als Führungskraft pflegt der entwickelte *Sachtyp* einen kooperativen Stil. Er sieht die Fähigkeiten seiner Kollegen genau und weiß sie richtig einzusetzen. Es fällt ihm nicht schwer, ihre Tüchtigkeit und Leistung neidlos anzuerkennen. Über die menschlichen Schwächen von anderen kann er großzügig hinwegsehen. Doch mit unfähigen Leuten hat er wenig Geduld. Das immer wieder mitleidvolle Helfen des *Beziehungstyps* ist ihm ebenso fremd wie die langmütige mütterliche oder väterliche Fürsorge des *Handlungstyps*. Doch es fällt ihm schwer, seine Mitarbeiter zu fordern, zu kontrollieren oder unpopuläre und unzweckmäßige Anweisungen an sie weiterzugeben, ohne sich gleich mit ihrem Ärger oder Unmut zu solidarisieren. Hier muss er immer wieder an sich arbeiten.

Die Zusammenarbeit mit *Handlungstypen* ist für ihn meist problemlos. Er schätzt ihre Qualitäten. Dass sie manchmal etwas schwerfällig und übergenau reagieren, stört ihn wenig. Die Art der Zusammenarbeit mit *Beziehungstypen* hängt sehr davon ab, ob sie ihn schätzen. Denn der *Beziehungstyp* will in seiner raschen und spontanen Art dem bedächtigeren *Sachtyp* gegenüber die überlegene Rolle einnehmen. Doch bei gegenseitiger Wertschätzung kann es zu einer sehr anregenden und befriedigenden Zusammenarbeit kommen.

Der unentwickelte *Handlungstyp* ist durch seine enge und

autoritäre Art schwer zu ertragen. Weil er zu einem kooperativen Führungsstil kaum imstande ist, stellt er für Unternehmen oft ein Problem dar, wenn eine flexible, aufgeschlossene Führung gefordert ist. Oder er verhält sich in für ihn neuen Situationen oft schwerfällig und bürokratisch und steht Veränderungen eher skeptisch gegenüber. So kam beispielsweise die Führungskraft einer Bausparkasse in Konflikt zwischen ihrer Loyalität gegenüber Vorstandsbeschlüssen und ihrem Bedenken gegenüber einem neuen Marketingkonzept, das neben neuen Formen des Bausparservice auch Versicherungen und Bankleistungen anbietet. Das passte nicht in ihr konservatives Bild von vertrauenswürdiger Arbeit zum Wohl des Kunden.

So werden sich *Handlungstypen* auch im Team gegenseitig in ihren konservativen Auffassungen bestärken und vereint an ihren Gewohnheiten festhalten, besonders dann, wenn ihnen das, was sie unter Kollegialität und Anständigkeit verstehen, gefährdet erscheint. Werden sie von der Institution, für die sie sich bisher eingesetzt haben, enttäuscht, kann ihr Denken reaktionäre Züge annehmen. Es wird dann beherrscht von Verbitterung und Vorurteilen.

Der entwickelte *Handlungstyp* ist dagegen angenehm und außerordentlich wertvoll als Chef. Seine wohltuende Art, Verantwortung zu übernehmen, seine Fürsorglichkeit und sein Humor lockern das Arbeitsklima auf, und er verhält sich überaus kollegial zu seinem Team. Er wird sich konsequent und nachdrücklich für moderne pädagogische, psychologische, medizinische oder organisatorische Verbesserungen und Ziele einsetzen.

Können *Handlungstypen* die stursten Betonköpfe sein, sind sie wiederum auch echte Revolutionäre, weil sie nicht nur träumen (wie manche *Beziehungstypen*) oder Sprechblasen absondern (wie manche *Sachtypen*), sondern »es machen«. Während die einen *Handlungstypen* sich für Ordnung, gutes Funktionieren, für Druck und Zwänge stark machen, setzen sich die anderen ebenso entschlossen für Freizügigkeit, Menschlichkeit und Lebensqualität (nicht nur am Arbeitsplatz) ein.

BEZIEHUNGSKISTEN: ANZIEHUNG, FASZINATION UND FALLEN

Man sagt zwar so leicht, dass sich Gegensätze anziehen, und das mag auch besonders für neue Kontakte zutreffend sein, doch ebenso häufig gilt: Gleich und gleich gesellt sich gern. So können wir in unseren Seminaren immer wieder beobachten, dass sich Teilnehmer vom selben Persönlichkeitstyp spontan nebeneinander setzen oder sich in Arbeitsgruppen zusammentun. Ohne über den eigenen Typ und den der anderen Bescheid zu wissen, reagieren Menschen deutlich auf Übereinstimmungen im Wesen, ziehen sich an und fühlen Sympathie und Vertrautheit.

Die meisten Menschen scheinen für diese Art Seelenverwandtschaft ein feines Gespür zu haben. Sie verstehen sich sofort, ohne viele Worte miteinander zu wechseln. Sie erleben zwischenmenschliche Situationen ähnlich, haben gleiche Vorlieben, Stärken und Schwächen, Neigungen und Abneigungen, Geschmacksrichtungen, Meinungen oder Maßstäbe, Ziele und Lebensgewohnheiten. Sie sprechen eine ähnliche Sprache, verbal und im Körperausdruck, benützen nicht nur dieselben Vokabeln, sondern gleichen sich auch in der Art, wie sie sprechen. Dasselbe gilt für ihre Gesten, ihre Körperhaltung und Mimik. Das Erstaunlichste ist, dass sie selbst im Körperbau und Aussehen häufig große Ähnlichkeit haben.

Wie viel schwerer haben es Menschen miteinander, die vom Persönlichkeitstyp her verschieden sind. Sie mögen vom anderen fasziniert sein, ihn gern haben, bewundern, vielleicht auch beneiden. Und doch empfinden sie ihn immer wieder rätselhaft und unverständlich, manchmal schockierend fern und fremd – wie von einem anderen Stern.

Vor allem jene Menschen, die auf eine positive Weise die eigenen Schlüsselfähigkeiten verkörpern, erscheinen oft besonders attraktiv: der *Sachtyp* für den *Beziehungstyp*, der *Beziehungstyp* für den *Handlungstyp* und der *Handlungstyp* für den *Sachtyp*.

Wenn Menschen verliebt sind, dann sehen sie die Welt und den Partner durch eine rosarote Brille. Erleben sie ihn aber Tag für Tag, stellen sie oft genug bestürzt fest, dass er nicht nur gegensätzlich handelt, fühlt und denkt, sondern dass auch seine Wertmaßstäbe grundsätzlich andere sind. Viele Menschen träumen deshalb davon (und halten meist auch eigensinnig an diesem Traum fest), dass alle Menschen gleich sind. Nun, die Realität ist freilich anders. Allerdings: Wenn alle Menschen sich ähnlich wären, würde das Leben viel an Reiz und Spannung verlieren, aber auch an Kummer und Leid. Besser ist es, erkennend, wissend und dann spielerisch diese zwischenmenschlichen Herausforderungen anzunehmen. Schließlich sind Gleich- und Andersartigsein unumstößliche Größen in unserem Lebensspiel, das wir gut oder schlecht spielen können.

Um es gleich vorweg zu sagen: Es gibt keine Traumkombination der Persönlichkeitstypen. Jede Verbindung hat ihre Vorzüge, ihre Chancen und ihre Problematik. Es mag sein, dass manche auf den ersten Blick glücklicher erscheinen als andere – aber eben nur auf den ersten Blick! Probleme und Schwierigkeiten zeigen sich, wie schon gesagt, meist später. Ob eine Beziehung liebevoll, interessant, kreativ und lebendig ist oder eher lieblos, langweilig, festgefahren und eintönig, wird auch bestimmt von der Persönlichkeitsentwicklung der Partner. Schließlich ist das individuelle psychische Wohlbefinden wichtig für das Gelingen und die Qualität einer Beziehung. Ob wir aufbauend oder zerstörerisch mit uns und den anderen umgehen, hängt von einer gesunden oder kranken, auch von einer eher liebesgesättigten oder liebeshungrigen Seele in uns ab; deshalb werden Harmonie und Wohlbefinden in einer Beziehung direkt davon beeinflusst.

Je nachdem, ob man den anderen leiden kann oder auch nicht, werden Ähnlichkeiten und Übereinstimmungen positiv oder negativ registriert und verbucht. In der Euphorie zu Anfang einer Beziehung fasst man Übereinstimmungen oft als

Bestätigung des eigenen Verhaltens auf und Gegensätze als reizvolle und willkommene neue Ergänzungen. Doch später können die typischen Verschiedenheiten in den unterschiedlichen Wertauffassungen zu Missverständnissen und Kränkungen Anlass geben: Wenn der *Beziehungstyp* zum Partner auf Distanz geht, um wieder zu sich selbst zu finden, kann der *Sachtyp* das als mangelndes Interesse (miss)verstehen. Dem *Sachtyp* dagegen wird sein Bedürfnis nach Anerkennung vielleicht als pure Wichtigtuerei ausgelegt, während der *Beziehungstyp* das fürsorgliche und ordnende Verhalten des *Handlungstyps* als unpersönliche Bevormundung empfinden kann.

In der anfänglichen ersten Verliebtheit wird vielleicht der kontrollierte Umgang des *Beziehungstyps* als Selbständigkeit ausgelegt und geschätzt, das harmoniebedürftige, distanzlose Verhalten des *Sachtyps* als Zärtlichkeit genossen und das ordnende, bestimmende Verhalten des *Handlungstyps* wohltuend als Fürsorglichkeit und Schutz empfunden. Doch wenn es uns nicht gut geht, können wir genau das gleiche Verhalten als egoistisch, als Anklammerung, Einengung und Beschneidung der eigenen Existenz interpretieren. Dann entstehen Probleme, die sich immer weiter zuspitzen, denn Vorwürfe erscheinen dem anderen unverständlich, ungerechtfertigt und unannehmbar, richten sie sich doch gegen das, was er als seine tiefste Wesensart erlebt. Und so fühlt sich der *Beziehungstyp* vereinnahmt und will sich befreien, der *Sachtyp* fühlt sich verlassen und versucht den anderen unter Druck zu setzen, und der *Handlungstyp* fühlt sich missachtet und wertet den anderen ab.

Jeder Persönlichkeitstyp hat auch seine typische Art, Beziehungen einzugehen, aufrechtzuerhalten oder abzubrechen. Der *Beziehungstyp* wird, solange er sich nicht vertrauensvoll auf eine Beziehung eingelassen hat, eine Liaison ebenso leicht wechseln, wie er gegen alle Vernunft auch an quälenden und destruktiven Beziehungen festhält, wenn er einmal tief innen ja gesagt hat. Dann wird der emotionale *Beziehungstyp* nach heftigen Gefühlsausbrüchen entweder zurückstecken oder große Zugeständnisse machen, um einen endgültigen Bruch zu vermeiden, während der kontrollierte Typ sich kühl, überlegen und vernünftig gibt oder nicht mehr mit dem anderen spricht.

Der *Sachtyp* reagiert stärker auf die Beziehungssignale des Partners, als ihm bewusst ist, lässt sich anlocken oder wegschicken. Der gutmütige Typ scheint unendlich geduldig zu sein, der selbstgefällige, eruptive Typ kann schnell explodieren, der wichtigtuerische bellt schon im Voraus, und es kommt nie zum großen Krach. Der weibliche *Sachtyp* wird seine Wunden lecken und mal abwarten. Entweder es gelingt ihr gedanklich, der Harmonie zuliebe weiter zu schlucken und gute Miene zu machen, oder sie kontert bei Gelegenheit vorwurfsvoll und unnachsichtig oder explodiert heftig, wenn sich genug bei ihr angesammelt hat. Doch sie wird die Verbindung selten so schlagartig beenden wie der grüblerische männliche Typ, der zu Anfang verständnisvoll reagiert, doch in der Reaktion dann konsequenter sein kann – wenn er sich dazu aufrafft. *Sachtypen* erleben Intimität in Beziehungen oft mehr auf der sinnlichen als auf der gefühlsmäßigen Ebene.

Der *Handlungstyp* sieht in einer Beziehung eine Vereinbarung, an die man sich hält. Und wenn der Partner es ermöglicht, das heißt, wenn er auf ähnliche Weise mit Gefühlen umgeht, sich weder zu wechselhaft *(Beziehungstyp)* noch zu zurückhaltend *(Sachtyp)* gibt, lässt er sich gefühlsmäßig auf sie ein. Bei Problemen wird er eher besonnen reagieren, also versuchen die Verbindung zu reparieren und sich mit dem Partner zu versöhnen – allerdings nicht so überschwänglich wie der *Beziehungstyp*. Der mag zwar Auseinandersetzungen prinzipiell auch nicht, doch er weicht ihnen nicht aus, und er kann je nach Temperament und gegen seinen eigentlichen Willen das schönste Porzellan so gründlich zerschlagen, dass es sich nicht mehr kleben lässt. Der *Handlungstyp* hält sich bei Auseinandersetzungen an Regeln, die ihm gültig oder ihm zustehend erscheinen. Sie erlauben dem Mann herumzubrüllen, während sie der Frau eine Dulderrolle zuweisen. Ihre Stimme klingt dann schulmeisterlich und etwas gepresster – doch sie ist hart im Nehmen.

Verlieben sich *Beziehungstypen* ineinander, dann ist ihre Love-Story wie ein klassischer Liebesroman: leidenschaftlich, gefühlsintensiv, emotional, romantisch, überschwänglich und verspielt, doch auch sensibel, störbar und manchmal sehr leidvoll. *Beziehungstypen* mangelt es gelegentlich an Realitätssinn, Pragmatismus und Gelassenheit dem Partner gegenüber. – Ein Beispiel ist das bewunderte, strahlend harmonische Liebespaar von nebenan, dessen Beziehung plötzlich an widrigen Umständen scheitert und zum Horrortrip wird: Die Liebe verkehrt sich in Hass und wird von beiden so theatralisch ausgelebt, dass die Fetzen fliegen.

Besonders die Beziehung zwischen dem männlichen kontrollierten Typ und dem weiblichen emotionalen Typ ist (hoch)brisant. Hier werden die Schwächen durch traditionelle Rollen noch verstärkt: Er spielt den egoistischen Macho, sie die launische Kind-Frau. Umgekehrt, wenn der Mann der Gefühlvollere und die Frau die Kontrolliertere ist, wirken die Charaktere mehr ausgleichend. Beide finden zu Gefühl und Verstand. Auch die gesellschaftlichen Veränderungen der letzten Jahrzehnte wirken positiv auf diese Beziehung: Frauen stehen heute zu klarem und konsequentem Denken, und Männer lernen, ihre Gefühle wahrzunehmen.

Treffen zwei vom kontrollierten Typ aufeinander, ist es möglich, dass sie sich wie Sportler an die Spielregeln halten oder sich ihr Konkurrenz- und Dominanzgehabe immer wieder in heftigen Kämpfen austobt. Bei zwei emotionalen *Beziehungstypen* besteht die Möglichkeit, dass sie liebevoll fürsorglich miteinander umgehen oder beide sich im helfenden Retten gegenseitig überbieten. In beiden Fällen hängt die Qualität der Beziehung wesentlich ab von ihrer menschlichen Reife – eine Mischung aus psychischer Stabilität, Persönlichkeitsentwicklung und Eigenständigkeit. Die Nachbarn werden es einfacher ausdrücken: sie seien Chaoten oder nette Leute, dumm oder klug.

Auch die Wogen der *beziehungstypischen* Begeisterung und die Lust, sich von ihr davontragen zu lassen und mehr Qualität im begehrten Partner zu entdecken (oder meist hineinzuphantasieren), als er in Wirklichkeit hat, bestimmen die Beziehung – analog verhält es sich mit der Bereitschaft zur überzogenen Kritik! Beide können sich zu kreativen Leistungen beflügeln, wundervolle nächtliche Highlights erleben, aber sich auch mit schneidender Schärfe gegenseitig die Seelen zerkratzen. Weil beide sich (vom Typ her) gut kennen, ähnliche Interessen, Bedürfnisse und Reaktionen haben, sind romantische Liebe, einfühlende Freundschaft und inniges Verstehen doch sehr wahrscheinlich.

Die Beziehung zwischen *Sachtyp* und *Sachtyp* verspricht gemeinsames behagliches Genießen und einen harmonischen, verständnisvollen Umgang miteinander. Sie verbindet oft eine zart aufblühende Liebe und inniges sinnliches Erleben. Sind jedoch einer der Partner oder beide zu sachlich, ängstlich oder egoistisch, kann die Beziehung unter einem Mangel an Lebendigkeit, Fürsorglichkeit und gezeigten Gefühlen leiden. Hinter einer harmonisch wirkenden Fassade freundlicher Unverbindlichkeit verbergen sich dann gut getarnt Unzufriedenheit, Verletzlichkeit, Verlustängste und versteckte Aggressionen.

Manche ziehen sich dann immer mehr zurück, andere werden immer vernünftiger und wieder andere innerlich unruhig und im Streit cholerisch. Ihre unbefriedigten Bedürfnisse, Enttäuschung und Wut packen sie in eine dicke Watteschicht aus geistiger Harmonie. Die Mitmenschen ahnen häufig nichts von der Unzufriedenheit, dem Hass und der Rebellion, die mancher *Sachtyp* mit sich herumträgt. – Für *Beziehungstypen* und *Handlungstypen*, die viel kommunikativer mit ihrem Ärger umgehen, gilt wohl das Wort vom »reinigenden Gewitter«. Für *Sachtypen* dagegen: »Stille Wasser gründen tief!« – im Schlechten wie im Guten.

Doch gerade *Sachtypen* können besonders rücksichtsvoll miteinander umgehen und sind darauf bedacht, auch im schlimmsten Krach den anderen nicht zu sehr zu verletzen. Sie mögen eine gleichberechtigte, partnerschaftliche Beziehung und können die Leistungen des anderen voll anerkennen. Wenn beide ins kraftvolle Wollen starten, übernehmen sie Verantwortung, sind fürsorglich und liebevoll zu ihrem Partner.

Ihre fatale Tendenz zu Opfer-Spielen kehrt sich dann ins Gegenteil: Sie zeigen eine große intuitive Begabung, das Richtige zum richtigen Zeitpunkt zu tun, und sind auf eine schöpferische Weise erfolgreich. Sie finden zu echter Autonomie, gehen dann auf den Partner zu und sagen ihm ihre Bedürfnisse, ohne aus übergroßer Abhängigkeit ständig Druck auf ihn ausüben zu müssen.

Die Beziehung zwischen *Handlungstyp* und *Handlungstyp* hat viel Power im gemeinsamen Machen. Die Beziehung kann tief emotional sein bis freundschaftlich, je nachdem wie weit sie ihre Schlüsselfähigkeiten schon verwirklicht haben. *Handlungstypen* »arbeiten« eher kameradschaftlich zusammen und zeigen – wenn überhaupt – ihre Gefühle offen und direkt anstatt allzu flirtend mit dem Partner umzugehen. Das kann ein *Handlungstyp* etwa so ausdrücken: »Wenn ich meinem Partner einmal gesagt habe, dass ich ihn liebe, dann weiß er das. Das muss ich dann nicht ständig wiederholen!« – Es kann aber auch passieren, dass sie vor lauter Arbeit zeitweilig ihr Beziehungsleben vergessen.

Wenn *Handlungstypen* nach heftigem Beziehungsstreben eine nach außen intakte und vorzeigbare Partnerschaft eingegangen sind, ist die Sache oft ein Leben lang o. k. Eine Partnerschaft ist für sie wie Gartenarbeit: Sie machen sie liebevoll und beständig, haben ihre stille Freude und ihren heimlichen Stolz daran, machen aber nicht viel Aufhebens darum. Dass Leidenschaft und Romantik (ein wenig) zu kurz kommen, ist ihnen nicht unlieb. Behagliche Ofenwärme ist ihnen lieber als lodernde Flammen, an denen man sich die Finger verbrennen könnte. *Handlungstypen* haben die längsten und stabilsten Beziehungen, die mit einer guten Portion Kameradschaft und gesundem Menschenverstand auch den einen oder anderen leidenschaftlichen Ausbruch gut überstehen.

Ihr Arbeitsethos und die oft suchtartige Tendenz zur Pflichterfüllung lässt manchen *Handlungstyp* rücksichtslos gegen sich selbst sein. Sie, die sich jahrzehntelang nie erlaubten, krank zu sein, erleiden dann häufiger als die anderen Persönlichkeitstypen unerwartet schwere Erkrankungen. Manche haben danach ihre Einstellung zum Leben grundlegend geändert, lassen sich nicht nur von Pflicht und Arbeit bestimmen, sondern gönnen sich zusammen mit dem Partner mehr Freude und Genuss.

Die Beziehung zwischen *Sachtyp* und *Beziehungstyp* kann für beide eine großartige Ergänzung und Bereicherung sein. Der *Sachtyp* wird durch das lebendige, überschwängliche und gefühlsbetonte Wesen des *Beziehungstyps* angezogen und mitgerissen. Und dem *Beziehungstyp* tut die Gelassenheit und Nachdenklichkeit des *Sachtyps* gut. Er bekommt von ihm ja »Erkenntnisfutter« und wird darum seine denkerischen Fähigkeiten neidlos bewundern.

Doch wenn es sich um wenig entwickelte Partner handelt, wird der *Beziehungstyp* zu wenig liebevoll und fürsorglich behandelt. Der *Sachtyp* gibt ihm nicht das Gefühl, etwas Besonderes zu sein, und lässt ihn gefühlsmäßig »ausbrennen«, weil er die emotionale Ebene meidet und »Gefühlsdinge« rationalisiert. Er ist hilfsbereit und verständnisvoll oder egoistisch und gefühllos. In beiden Fällen wird der *Beziehungstyp* irgendwann erkennen, dass ihm das überhaupt nicht gut tut.

Der *Sachtyp* leidet darunter, dass der *Beziehungstyp* seinen differenzierten Gedankengängen nicht folgen will oder kann und mit einem eher oberflächlichen »Ja, aber ...« seine Ausführungen abschneidet. Er setzt erneut zu Erklärungen an, doch wieder kommt ein »Ja, aber ...«. Dem *Sachtyp* kommt das vor, wie wenn sich jemand bei einem Spiel nicht an die Spielregeln hält. Es kommt ihm vor wie Verrat oder Missachtung oder schiere Ignoranz. Zugleich erlebt er es als einen Angriff auf seine Identität, sein Selbstbewusstsein und seine Selbstachtung, denn viele *Sachtypen* identifizieren sich mit Vernunft und Wahrheit.

Im Zusammenleben drängt er den *Beziehungstyp* in eine väterliche oder mütterliche Rolle, indem er sich hilflos, ungeschickt oder unaufmerksam gibt. Zuerst bewundert er den *Beziehungstyp* und deutet dessen Selbstkontrolle als Souveränität. Später sieht er darin Arroganz und leidet in der Rolle des Unterlegenen. Dann rebelliert er oder sucht Hilfe und Verständnis bei anderen, die er wieder bewundern kann – und drückt sich weiter vor Initiative, Verantwortung und einer klärenden Aussprache.

Diesen Zustand unterstützt der *Beziehungstyp* durch seine unbewusste Tendenz zu Macht- und Retter-Spielchen. Zu Anfang ist er angerührt von dem hilflosen und ungeschützten Verhalten des *Sachtyps.* Doch später wird er ihn wegen seiner laschen Art (seinem Opfer-Spiel) verachten und ihm bittere Vorhaltungen machen. Der *Sachtyp* reagiert darauf verwirrt, zieht sich zurück und fängt an zu mauern. Den heftigen Attacken des *Beziehungstyps* begegnet er vernünftig, schweigend oder mit endlosen Erklärungen und »wissenschaftlichen« Analysen, was den *Beziehungstyp* in schroffe Distanz oder hysterische Überreaktionen treibt.

Spitzt sich die Situation weiter zu, kann es dann zu einem seltsamen Showdown mit Rollentausch kommen: Der *Sachtyp* wird laut und cholerisch und schlägt mit harten Argumenten gnadenlos zu, während der *Beziehungstyp* mit schneidender Schärfe eiskalt und ruhig kontert und zur hilflosen Empörung seines Kontrahenten die Fakten so zurechtbiegt, wie er sie gerade braucht, um gut dazustehen.

Die Beziehung zwischen *Sachtyp* und *Beziehungstyp* stabilisiert sich, wenn der *Sachtyp* liebevolle Fürsorglichkeit zeigt und der *Beziehungstyp* seinen Verstand aktiviert. Verhält sich der *Sachtyp* klar und selbstverantwortlich, so entlastet dies den *Beziehungstyp,* der dann nicht in eine überkontrollierende und überfürsorgliche Rolle abdriftet. Er nimmt sich zurück, gewinnt an Gelassenheit, Genussfähigkeit und Realitätssinn, kann seinem Partner besser zuhören, in Ruhe über das Gehörte nachdenken und ihn mehr akzeptieren und als gleichwertig ansehen.

In der Beziehung zwischen *Beziehungstyp* und *Handlungstyp* kommen zwei recht gegensätzliche Charaktere zusammen. Gerade die Kombination männlicher *Handlungstyp* und weiblicher *Beziehungstyp* entspricht den traditionellen Rollen: Er ist tüchtig, bestimmend, fürsorglich; sie gefühlvoll, liebenswürdig und spontan.

Zunächst wird der *Beziehungstyp* beim *Handlungstyp* die Verlässlichkeit, Fürsorglichkeit und Großzügigkeit schätzen, besonders der weibliche, der sich nach turbulenten Beziehungskisten (endlich) Sicherheit und Geborgenheit erhofft. Umgekehrt ist der *Handlungstyp* fasziniert von der Spontaneität, Liebenswürdigkeit und Lebendigkeit des *Beziehungstyps.* Er verkörpert für ihn genau das, was ihm selbst am meisten fehlt: Gefühlsüberschwang, Herzlichkeit und Liebe. Tüchtig sind sie beide: der *Handlungstyp* auf seine beständige, solide und fleißige Art, der *Beziehungstyp,* weil er seinen eigenen hohen Ansprüchen gerecht werden will.

Probleme entstehen, wenn sich der *Beziehungstyp* durch die Unbeweglichkeit und Überfürsorglichkeit des *Handlungstyps* eingeengt fühlt, so als würde er mit seinem emotionalen Elan und seiner Begeisterungsfähigkeit immer wieder gegen eine Wand laufen. Den *Handlungstyp* irritieren die Ausbrüche und Kritik des *Beziehungstyps,* er klammert sich noch mehr an seine Rollen- und Moralvorstellungen oder flüchtet in die Arbeit und deckt sich damit zu. Er ist überzeugt, dass der *Beziehungstyp* »spinnt«, er hält ihn für weltfremd, arrogant oder unzuverlässig. Und er ist verärgert darüber, dass seine guten Ratschläge und sein wohlmeinendes Verhalten nicht ankommen und so gründlich missverstanden werden. Er versteht nicht, dass ihn der *Beziehungstyp* durchaus gern hat oder liebt, denn die Beständigkeit und Sicherheit des *Handlungstyps* erlauben ja manchem *Beziehungstyp* erst, seine Launen auszuleben.

Es ist für die Beziehung wesentlich konstruktiver, wenn sich der *Beziehungstyp* verständiger gibt und der *Handlungstyp* freier denkt und seine Emotionen zulässt. Der überschießende *Beziehungstyp* wird dadurch gelassener und vernünftiger, der *Handlungstyp* spontaner und einfühlsamer. Durch diese Entwicklung gehen die ursprünglichen positiven Eigenschaften keineswegs verloren, also weder die Tüchtigkeit des *Handlungstyps* noch die Sensibilität und Lebendigkeit des *Beziehungstyps.*

Die Beziehung zwischen einem kontrollierten *Beziehungstyp* und einem förmlichen *Handlungstyp* ist eine nach außen attraktive Beziehung. Es gilt sie nach innen zu vertiefen. Dazu ist für beide angesagt, sich auf den anderen einzulassen. Die Beziehung zwischen dem emotionalen *Beziehungstyp* und herzlichen *Handlungstyp* ist ein Duett der Gefühle, wenn der *Handlungstyp* nicht vor lauter Arbeitswut den *Beziehungstyp* vernachlässigt und der die festgefügten Meinungen des *Handlungstyps* irgendwie ignorieren kann.

Etwas schwieriger wird es bei den möglichen Kombinationen zwischen den unterschiedlichen Ausprägungen der beiden Typen. Es tut beiden gut, wenn der emotionalere dem anderen Zeit und Raum für dessen Gefühle lässt, damit er nicht emotional aus der Beziehung hinausgedrängt wird.

Dazu braucht keiner seine Gefühle zu kontrollieren. Er kann vermehrt in jene Aspekte des Erkennens gehen, die ihm gut tun, ins Denken, in die Sinne, Konzentration oder Gelassenheit.

Die Beziehung zwischen *Sachtyp* und *Handlungstyp* macht einen ausgeglichenen und soliden Eindruck. Der *Sachtyp* kann sich vertrauensvoll am *Handlungstyp* anlehnen (der ist ja da, wo der *Sachtyp* hin will), und der *Handlungstyp* schätzt die Klugheit und die Gelassenheit des *Sachtyps.* Es ist eher eine bestätigende (und weniger herausfordernde) Beziehung, besonders effizient als berufliche Verbindung oder bei der gemeinsamen Lösung von Aufgaben.

Gefahr besteht, dass diese Verbindung konventionell und langweilig wird. Im *Handlungstyp* wird eher die Seite des braven, angepassten Kindes vom Partner berührt und weniger die des lebendigen, freien Menschen. Und der *Sachtyp* zeigt neben dem eifrigen *Handlungstyp* wenig Lust, selbst initiativ sein Leben zu planen und aktiv zu gestalten. Der *Sachtyp* bremst den *Handlungstyp* im Gefühl und in seiner Leidenschaftlichkeit, der *Hand-*

lungstyp den *Sachtyp* in seiner erfrischend erfinderischen und zu Blödsinn aufgelegten Art. So wird's öd, und Anreize von außen gewinnen an Attraktivität: Das Verführerische verkörpert für beide häufig ein *Beziehungstyp!*

Vielleicht mehr noch als bei anderen Kombinationen hängt die Stimmigkeit der Beziehung von der Entwicklung beider Partner ab. Für den *Sachtyp* ist es wichtig, aktiv zu werden. Dabei darf er sich vom umtriebigen und willensstarken *Handlungstyp* nicht die Dinge aus der Hand nehmen lassen. Der zweite Schritt ist dann, sein introvertiertes und symbiotisches Beziehungsverhalten aufzugeben, sich (endlich) zu entfalten, Gefühle zu zeigen und kommunikativer und autonomer zu werden. Dann fällt es auch dem *Handlungstyp* leichter, seine Gefühle vom Moralin zu säubern. Diese Weichenstellung erlaubt ihm, sein Erleben zu genießen und seine Kreativität und Spontaneität zuzulassen.

Auch hier ist es für die Beziehung einfacher, wenn sich *Beziehungstyp* und *Handlungstyp* ähnlich sind, entweder beide Schaffer sind oder beide ein bisschen bequem. Kommen unterschiedliche Temperamente zusammen, kann es zu einer »Arbeitsteilung« kommen, die die Unterschiede zu Gegensätzen verschärft. Hier ist es klug, wenn beide gegensteuern, sich also der eine etwas zurücknimmt und der andere nach vorne geht. Sonst entsteht eine Situation, in der sie zwar ein gut funktionierendes Team bilden, doch eigentlich wenig oder keine Beziehung mehr stattfindet.

PERSÖNLICHKEIT ALS PROZESS

Man kann sich darauf beschränken, Menschen zu beobachten und ihre Merkmale und Eigenschaften zu beschreiben – so hat man es in den bisherigen Typologien gemacht, von Huter über Freud zu Riemann und Schirm, um nur einige zu nennen. Das ist interessant und aufschlussreich, aber doch eher Literatur als exakte Wissenschaft. Die Psychographie beschreibt den inneren Prozess und die »Stationen«, die eine Persönlichkeit geformt haben. Das nennen wir den »persönlichkeitstypischen Psycho-Code«.

Es begann mit einer Vermutung: Es gibt im Drama-Dreieck einen typischen Einstieg, ein typisches Vermeiden und ein typisches Ziel. Doch zuerst: Was ist das Drama-Dreieck? Es ist ein Modell der Transaktionsanalyse, von Stephen Karpman entwickelt. Er erhielt dafür 1972 den Eric-Berne-Gedächtnispreis. Man kann mit dem Drama-Dreieck Problemsituationen ausgezeichnet beschreiben. Immer wenn jemand Schwierigkeiten hat (sei es mit sich selbst oder mit anderen), können wir beobachten, dass er – und häufig auch die anderen – eine Rolle im Drama-Dreieck spielt. Diese Rollen sind: Retter, Opfer, Verfolger.

Der Retter leidet am so genannten »Helfer-Syndrom«, das heißt, er sieht überall potenzielle Opfer, die er meint retten zu

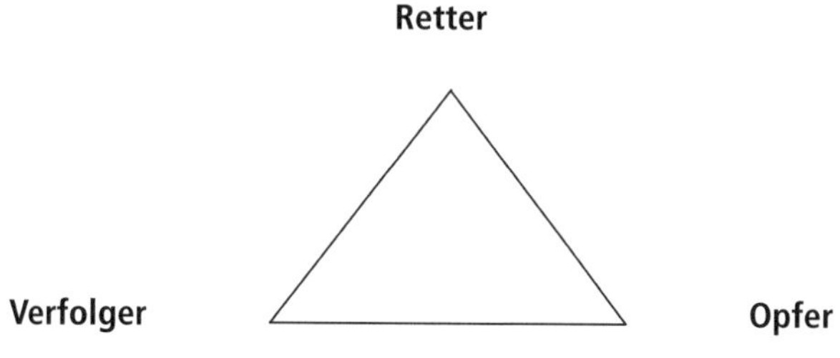

müssen. Retter sind etwa die überfürsorgliche Mutter, die ihren Kindern wenig zutraut, Ärzte oder Psychotherapeuten, die ihre Patienten oder Klienten kränker und unfähiger sehen, als sie de facto sind, und ihnen vermitteln, wie dringend sie auf ihre Hilfe angewiesen sind. Die Retter nehmen anderen ihr letztes bisschen Selbstbewusstsein und machen sie abhängig von ihrer Hilfe. Ein Beispiel dafür ist die frühere Art, Entwicklungshilfe zu leisten: Je mehr Hilfe man gab, desto schlechter erging es diesen Völkern, weil man vorhandene Ressourcen und Eigeninitiative zerstörte.

Was ist die Opfer-Position? Opfer spielt jemand, der sich hilflos gibt, der vermeidbare Fehler macht oder sich ungeschickt anstellt, damit andere ihm zu Hilfe kommen und ihn bedauern (oder kritisieren). Das sind Menschen, die ständig Probleme und Schwierigkeiten haben und so dafür sorgen, dass man sich Sorgen um sie macht oder sich über sie ärgert. Sie geraten häufiger in finanzielle Nöte, verlieren öfter ihren Arbeitsplatz, ihnen stößt eher ein Unglück zu als anderen. Sie werden betrogen, ausgenutzt oder ungerecht behandelt. Vom Opfer-Spieler sagt man: »Was ist das für ein Pechvogel!« Und der Opfer-Spieler fragt sich: »Warum passiert das immer wieder mir?«

Verfolger sind Menschen, die andere durch Moral, Regeln oder aus autoritären Instinkten heraus unterdrücken und einengen. Sie haben einen übertriebenen Sinn für Recht, Ordnung und Machtausübung und setzen ihn auch durch. Sie sind felsenfest davon überzeugt, dass sie Recht haben und ihnen das auch zusteht. Lebendige, vitale Gefühle und Bedürfnisse sind ihnen verdächtig. Man findet sie häufig in hierarchisch strukturierten Institutionen, denn hier haben sie viele Möglichkeiten, ihre Rolle auszuleben, etwa in der Kirche, bei der Polizei, der Gewerkschaft, in der Verwaltung, beim Militär etc. Da ein Verfolger-Spiel viele für eine Tugend halten, ist es weit weniger auffällig als das Retter- oder Opfer-Spiel.

Jede der drei Rollen kann jemand auch mit sich selbst spielen. Selbstretter sind jene, die meinen, sie müssten alles selbst machen, weil sie sich auf niemanden verlassen können; oder Menschen, die sich mit ausgefallenen Diäten, der heilsamen Wirkung von Edelsteinen, Blüten und ätherischen Ölen »am Leben halten«. Es sind Menschen, die überaus hohe Leistungen von sich selbst fordern oder meinen, sie müssten ihre Persönlichkeit »veredeln« mit musischen Tätigkeiten und spirituellen Praktiken.

Ein Opfer-Spiel mit sich selbst spielt jemand, der sich als unfähig und minderwertig betrachtet. Er lässt es sich bewusst schlecht gehen – vermutlich in der kindlichen Erwartung, dass dann irgendjemand kommt und lieb zu ihm ist. Ein solches Verhalten kann in eine Depression münden.

Spielt jemand ein Verfolger-Spiel mit sich selbst, dann markiert er zum Beispiel den »harten Typ« oder spielt den Helden, oder er hat den Anspruch an sich, alle anderen zu übertreffen an Hilfsbereitschaft, Edelmut und Rechtschaffenheit.

Was ist nun das Persönlichkeitstypische am Drama-Dreieck? Jeder Persönlichkeitstyp bevorzugt eine der drei Rollen: der *Beziehungstyp* die Retter-Rolle, der *Sachtyp* die Opfer- und der *Handlungstyp* die Verfolger-Rolle.

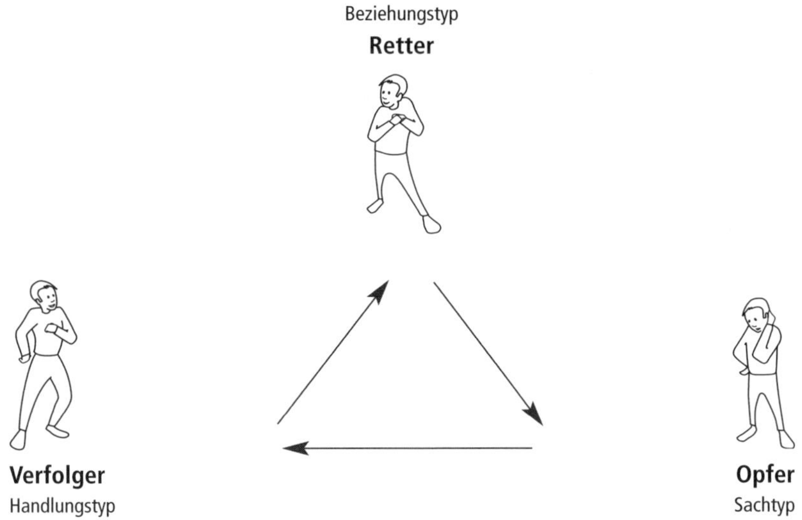

Der *Beziehungstyp* als Selbstretter glaubt, er müsse stark, brillant, der Beste sein, und verhält sich daher oft kritisch, misstrauisch und egozentrisch. Der *Beziehungstyp* als Fremdretter dagegen bemüht sich, immer liebenswürdig zu sein, und opfert sich für andere auf. Er ist betont gefällig und sucht bewusst Menschen, denen es schlechter geht – damit er sie retten und sich selbst dann besser fühlen kann.

Der *Sachtyp* tendiert dazu, das hilflose oder das rebellische Opfer zu spielen. Er macht (vermeidbare) Fehler, vergisst etwas, wirkt schusselig und selbstvergessen, brav und ängstlich oder egoistisch und aufsässig, tritt wichtigtuerisch auf, diskutiert und polemisiert gern. Opfer-Spieler sind nicht ungefährlich, weil sie andere in ihre Spiele mit hineinziehen und ihnen schaden können. Das gilt vor allem für solche Opfer-Spieler, die anfänglich sich und ihre Möglichkeiten überschätzen.

Manche *Handlungstypen* spielen den autoritären Verfolger. Sie machen sich in Hierarchien abhängig von anderen und andere von sich. Alte Institutionen sind für sie geeignete Rückzugsgebiete. Andere *Handlungstypen* bevorzugen Regeln, Normen und Moralvorstellungen für ihre Verfolgerspiele. Dabei geben sie vor, dass sie es gut meinen mit dem anderen. Wieder andere lieben es, ihre Überlegenheit auszuspielen.

Die Verbindungslinien zwischen den einzelnen Positionen auf der Grafik haben zweierlei Bedeutung: erstens zeigen sie, dass die drei Positionen zusammenspielen, das heißt, ein Retter braucht ein Opfer, ruft aber auch Verfolger auf den Plan, die meinen, dass er die anderen verwöhne. Das Opfer sucht einen Retter und findet in der Regel einen Verfolger, der ihm eins draufgibt. Und der Verfolger sucht Opfer, hat es aber auch mit Rettern zu tun und streitet sich mit ihnen herum, ob Härte oder Hilfe weiterführen.

Zweitens hat man bald festgestellt, dass wir nicht immer in einer Rolle bleiben, sondern gewissermaßen im Drama-Dreieck herumlaufen. Unseren Beobachtungen nach geschieht das in einer ganz bestimmten Richtung, nämlich im Uhrzeigersinn, und zwar so, dass der Retter – um nicht selbst zum Opfer zu werden – als Verfolger endet, während das Opfer die Verfolger-Position nach Möglichkeit meidet und in die Retter- oder Selbstretter-Rolle schlüpft; der Verfolger schließlich übergeht die Retter-Position und wird zum Opfer.

Für die Beschreibung der Persönlichkeitstypen als Prozess ist folgende Beobachtung wichtig: Es gibt für jeden Typ eine Lieblingsrolle, und es gibt das typische Vermeiden der jeweils zweiten Position: Der Retter fürchtet nichts mehr, als selbst in die Opfer-Rolle zu kommen, denn er ist ja ein Macht-Spieler, und die hilflose Situation eines Opfers macht ihm Angst. Das Opfer tut sich ganz besonders schwer mit der Verfolger-Rolle: Da müsste es nämlich konsequent sein, Verantwortung übernehmen und sich anderen gegenüber durchsetzen. Das jedoch ist etwas, das das Opfer scheut und das ja auch seine Opfer-Rolle ausmacht. Und der Verfolger kommt schlecht mit der Retter-Rolle zurecht, denn Mitleid erscheint ihm unangebracht und als Gefühlsduselei.

Da auch die gesunde Persönlichkeit durch diese Prozesse charakterisiert wird, allerdings so, dass sie die zweite Position nicht vermeidet, sondern anstrebt, war es nahe liegend, die Rollen des Drama-Dreiecks durch die drei Ichs unserer Psyche zu ersetzen. An die Retter-Position tritt das Beziehungs-Ich, an die Opfer-Position das Erkenntnis-Ich und an die Verfolger-Position das Handlungs-Ich:

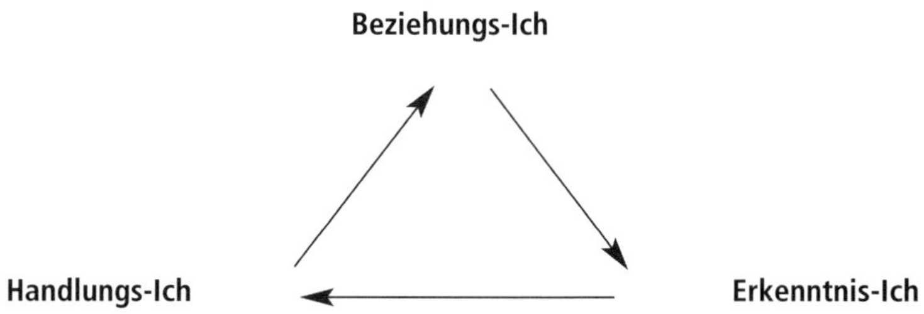

Wir sagten schon: Unsere drei Ich-Bausteine sind spezialisiert auf die drei Lebensbereiche Fühlen, Denken und Handeln. Diese Bereiche sind eigengesetzlich, das heißt, sie sind so verschieden voneinander wie ein Kind, das einen anlacht, wie jemand, der mit ernstem Gesicht über etwas nachdenkt, oder wie ein Handwerker, der seine Arbeit verrichtet. Ich habe diese drei Lebensbereiche 1976 beschrieben, als ich noch nichts von Eric Berne und seinen drei Ich-Zuständen wusste. Erst nach und nach sind mir die Zusammenhänge zwischen den drei Lebensbereichen, den drei Ichs und den drei Grundtypen der Persönlichkeiten klar geworden.

Dann erkannte ich, dass neben Fühlen, Denken und Handeln sich auch die Zeitdimensionen Vergangenheit, Gegenwart und Zukunft den drei Lebensbereichen und Persönlichkeitstypen zuordnen lassen.

Fühlen ist auf die *Gegenwart* gerichtet: Liebevolle Gefühle sind etwas sehr Gegenwärtiges. Ich fühle *jetzt*, bin *jetzt* traurig oder glücklich oder froh, und wenn ich liebe, so liebe ich *jetzt*. Das Beziehungs-Ich lebt, geht auf in der Gegenwart, und darum sind Kinder, die noch viel im Beziehungs-Ich zu Hause sind, so hingegeben an das Gegenwärtige, sind glücklicher oder unglücklicher als die Erwachsenen, die viel mehr Vergangenem nachhängen oder Zukünftiges planen.

Denken ist auf die *Vergangenheit* bezogen: Nachrichten, Erkenntnisse und Wissen beziehen sich immer auf etwas, das bereits da ist. Selbst wenn wir daraus auf Zukünftiges schließen, leitet es sich von Entwicklungen aus der Vergangenheit her. Ein Beispiel ist die Zeitung: Sie berichtet fast ausschließlich von vergangenem Geschehen – abgesehen vom Wetterbericht und Veranstaltungsankündigungen.

Handeln ist immer auf die *Zukunft* bezogen: Wenn man handelt, will man etwas verändern oder herstellen, also etwas erreichen, das jetzt noch nicht existiert oder so ist, wie man es haben möchte. Wer ins Auto steigt und den Motor startet, will in der Regel irgendwohin fahren. Man handelt nicht nur »um zu«, wie Martin Heidegger sagte, also zweckmäßig, sondern auch »im Hinblick auf etwas«, das heißt zielorientiert und damit zukunftsorientiert.

In das Psychographie-Dreieck übertragen:

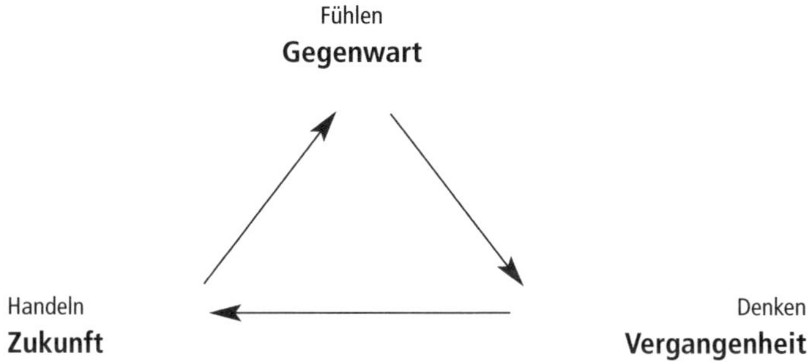

Über die Vergangenheit kann ich nachdenken, doch ich kann nicht mehr in ihr handeln. Man kann geschehene Dinge nun einmal nicht mehr ungeschehen machen. Umgekehrt: Auf die Zukunft hin kann ich zwar handeln, sie einplanen oder verplanen, doch sie verschließt sich dem Erkennen. Wer Börsengeschäfte macht, weiß, wie leicht sich auch Fachleute mit ihren Prognosen irren können. Und ob wir Vergangenes nachvollziehen oder uns Künftiges ausmalen, unser Erleben ist immer fühlbar gegenwärtig.

Für die Grunderfahrungen der Persönlichkeitstypen ergeben sich daraus interessante Erlebensvarianten: Wenn der *Beziehungstyp* gut drauf ist, lebt, fühlt und macht er seine Erfahrungen intensiv in der (flüchtigen) Gegenwart und hat sich darum in seiner Spontaneität etwas Kindliches bewahrt. Das hat den verblüffenden Nebeneffekt, dass Menschen dieses Persönlichkeitstyps für ihr Alter bemerkenswert jung aussehen.

Seine (Beziehungs-)Gefühle halten den *Beziehungstyp* aber auch in der Gegenwart fest, denn seine positiven und negativen

Emotionen sind seine momentane, aktuelle »Wahrheit« und durch ihre gegenwärtige Präsenz für ihn wirkungsmächtiger als bei den anderen Typen. Er kann sich nicht so leicht wie der *Sachtyp* aus schmerzlichen Gefühlen ins neutrale Erkennen zurückziehen oder wie der *Handlungstyp* auf das zukunftsorientierte Handeln. Das erklärt auch, warum der abgelehnte *Beziehungstyp* existenziell so dumpf oder dramatisch leidet, dass er sogar Todeswünsche hegt. Gefangen in seinen gegenwärtigen Gefühlen, vermag er schwer zu realisieren, dass auch früher sein Schmerz vergangen ist und dass er bald seine Situation viel positiver erleben wird.

Der *Sachtyp* lernt aus Vergangenem. Er wird tatsächlich durch Schaden klug. Doch er vernachlässigt seine zukünftigen Perspektiven. Dadurch fehlt es ihm an Motivationen, beflügelnden Hoffnungen und kraftvollen Energien. So wirkt er unschlüssig, schlaff und antriebslos, weiß oft nicht, was er will, setzt sich keine Ziele und trifft auch zu wenig Vorsorge. Die andere Variante ist, dass er sich unrealistisch optimistische Ziele setzt und dann möglicherweise scheitert.

Der *Handlungstyp* arbeitet für die Zukunft und sichert sich dabei doppelt und dreifach ab. Doch dadurch vernachlässigt er die Gegenwart und sein gefühlsmäßiges Erleben, kurz: Er arbeitet zu viel und lebt zu wenig. Seine Identität ist fremdbestimmt, denn statt auf seine Bedürfnisse zu achten, übernimmt er vorgegebene Interpretationen und (Vor-)Urteile, nach denen er sich und andere beurteilt. Umgekehrt: Seine positive Grundhaltung (»Was vorbei ist, ist vorbei!«) lässt den *Handlungstyp* nach einem Streit schnell versöhnlich sein. Indem er selbst leicht vergibt und vergisst, setzt er einen guten Neuanfang.

Diesen typischen Schwächen der Persönlichkeitstypen wirken die Schlüsselenergien entgegen: Der *Beziehungstyp* erkennt, beginnt aktuelle und zurückliegende Erfahrungen genau und bewusst zu registrieren und festzuhalten, konsequent zu durchdenken und neue Perspektiven für sich zu gewinnen. Er lernt dann aus Vergangenem, kann so Realitäten besser akzeptieren, findet darin Halt für sein Ich und seine Gefühle. Sein (zukünftiges) Handeln wird individueller und qualitativ hochwertiger. Die rasante Kurve seiner emotionalen Höhenflüge verläuft nun sanfter, und das bewahrt ihn vor dem allzu tiefen Fall.

Der *Sachtyp* geht ins Handlungs-Ich, verwirklicht sich, setzt sich klare Ziele, gewinnt an Entschlusskraft und Tatkraft und gestaltet aktiv und erfolgreich sein Leben und seine Zukunft. In seinem (gegenwärtigen) Beziehungsverhalten wird er selbstbestimmter, fürsorglicher und gefühlvoller werden. Er ist immer häufiger erfüllt von einem kraftvollen Lebensgefühl.

Der *Handlungstyp* lernt durch Sympathie, sich auf seine Gefühle einzulassen und ihnen nachzugeben – und sie nicht mehr moralisierend zu übergehen. Er wird das (gegenwärtige) Leben mehr lieben und genießen. Das kann im Einzelfall zu großen Spannungen führen, weil er dann seine Fesseln radikal und leidenschaftlich sprengt – so wie im Fall der bislang biederen Mutter, Ehe- und Hausfrau, die ihre Familie völlig vor den Kopf stößt, weil sie entdeckt hat, was Leben tatsächlich heißt und ihren Erlebnishunger handlungstypisch stillt.

PSYCHO-SPIELE

Psycho-Spiele lassen sich in ihrer Strategie und in ihrem Ablauf mit Hilfe des Psychographie-Dreiecks genau beschreiben. Eric Berne hatte sie eher literarisch beschrieben. Der Retter benützt zunächst sein Beziehungs-Ich, um andere einzuladen, meidet das Erkenntnis-Ich und endet im abwertenden Handlungs-Ich. Jemand, der den Retter spielt, gibt sich liebenswürdig und einfühlend, blendet Beobachtung und Denken aus, überschwemmt den anderen mit mitleidvollen Gefühlen und handelt aus diesen sentimentalen Impulsen heraus.

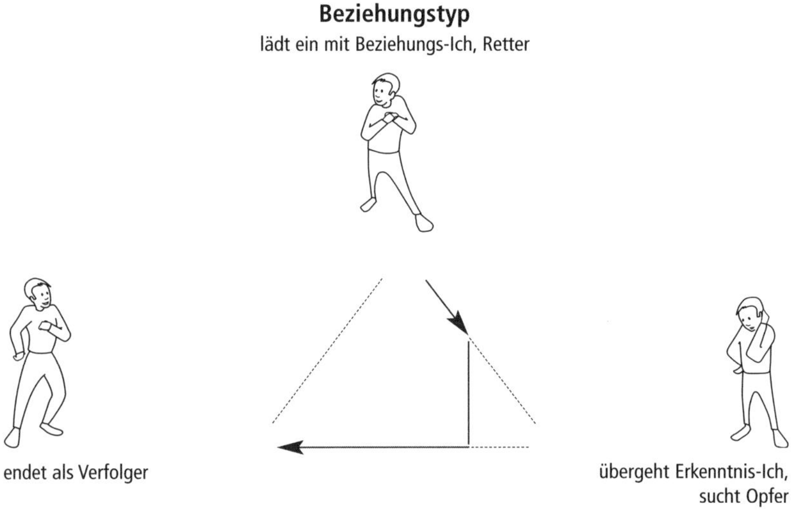

Das Opfer beginnt im Erkenntnis-Ich und zeigt sich unsicher, hilflos oder wichtigtuerisch, vermeidet das Handlungs-Ich und endet im erschrockenen Beziehungs-Ich. Es gibt sich zunächst einsichtig, objektiv, sachlich, vermeidet aber zu handeln. Ein Beispiel ist jemand, der einen Vortrag zu halten hat, sich jedoch nicht richtig darauf vorbereitet oder sein Manuskript zu Hause vergisst. Er bringt sich durch das Nicht-Handeln in eine Opfersituation und endet schließlich im Beziehungs-Ich, das heißt im Selbstmitleid: »Wie konnte mir das nur passieren?«

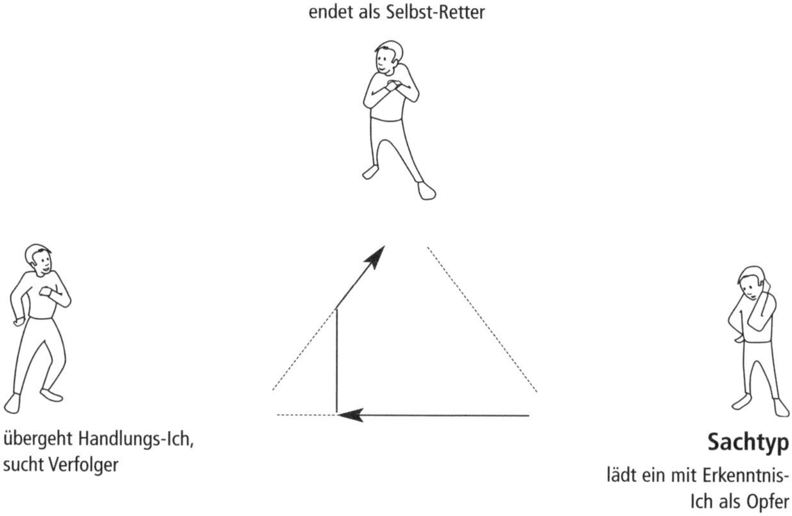

Der Verfolger stützt sich auf sein Handlungs-Ich. Er gibt sich großzügig und fürsorglich. Die Bösen sind die anderen. Da er seine Gefühle und das Einfühlungsvermögen ausblendet, setzt er am Ende des Spiels emotionslos seine Regeln (oder Befehle) durch. Doch gewöhnlich bekommt er für sein Verhalten von den anderen keinen Beifall. Er endet schließlich im Erkenntnis-Ich, aber seine Devise wird sein: »Ich hab es doch nur gut gemeint!«

Psycho-Spiele werden nach folgendem Muster begonnen: Der *Beziehungstyp* lädt andere mit seinen Beziehungsqualitäten zum Spiel ein, indem er unrealistische Hoffnungen im Bereich Beziehung weckt; der *Sachtyp* mit seinen Erkenntnisfähigkeiten, indem er übertriebenes Verständnis im Bereich Erkennen zeigt;

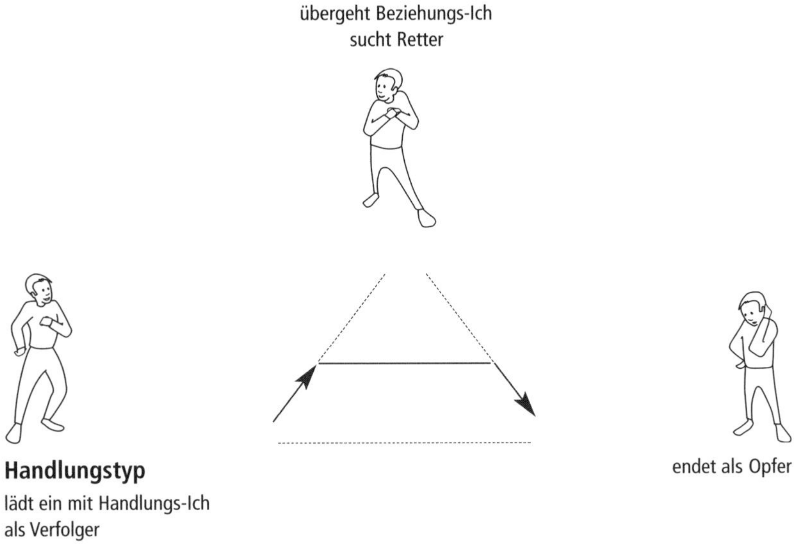

und der *Handlungstyp* mit seinem Handlungstalent, indem er Großzügigkeit im Bereich Handeln vortäuscht. Und weil alle drei kompetent in ihren Persönlichkeitsbereichen auftreten, ist ihrer Einladung so schwer zu widerstehen.

Während des Spiels beutet jeder Persönlichkeitstyp seine Mitspieler dort aus, wo er selbst Defizite hat, das heißt, der *Beziehungstyp* lässt seine Mitspieler für sich denken, der *Sachtyp* andere die Verantwortung für sich übernehmen und handeln, und der *Handlungstyp* lässt andere für sich fühlen. Doch damit tut sich keiner der Spieler selbst einen Gefallen, denn er handelt gegen seine Schlüsselenergien und sein unterbewusstes Wertesystem: Der *Beziehungstyp* will erkennen, der *Sachtyp* erfolgreich sein und der *Handlungstyp* selbst fühlen und Sympathie erleben.

Der Spieler betrügt sich also selbst und fühlt sich um das betrogen, was ihm am wertvollsten ist: der *Beziehungstyp* um den Schlüssel Erkennen, der *Sachtyp* um den Schlüssel Erfolg und der *Handlungstyp* um den Schlüssel Sympathie. All dies läuft unbewusst oder halb bewusst ab. Auf der bewussten Ebene meint der *Beziehungstyp* noch immer, liebenswürdig zu sein, der

Sachtyp gutmütig, und der *Handlungstyp* ist nach wie vor vom eigenen Wohlwollen überzeugt.

Doch die Stimmung des Spielers (und bald auch die seiner Mitspieler) schlägt noch vor Erreichen des Spielziels überraschend um. Hat er erst die anderen zum Mitspielen gebracht, so bestraft er sie jetzt, indem er einen schnellen Wechsel von Rolle und Ich-Zustand macht: Wenn der *Beziehungstyp* nämlich vom Beziehungs-Ich direkt ins Handlungs-Ich springt, ändert er damit auch die Spielregeln. Unbewusst macht er sich dabei die völlig unterschiedlichen Bedingungen dieser Bereiche zunutze. Hat er sich zunächst freundlich und einladend auf der Beziehungsebene gegeben und eine entsprechende Belohnung durchblicken lassen, so tut er nach dem Ich-Zustandswechsel so, als sei es ihm immer nur um etwas auf der Handlungsebene gegangen. Hinter seinem verführerischen Lächeln lauern jetzt Frust oder auch Schadenfreude.

Der *Sachtyp* signalisierte zu Spielbeginn noch, dass die Regeln für den Bereich Erkennen gelten, und genoss die Fürsorglichkeit der Mitspieler. Doch nach dem Wechsel wirft er ihnen vor, dass sie sich, gemessen an den Regeln des Bereichs Beziehung, ihm gegenüber lieblos und egoistisch verhalten hätten.

Der *Handlungstyp* gab sich zunächst großzügig und fürsorglich. Die Mitspieler nahmen dieses Angebot dankbar an, und der *Handlungstyp* sonnte sich in Zuwendung. Doch dann, wenn er das Versprechen »Großzügigkeit« einlösen soll, kehrt er sein einschränkendes, pseudo-realistisches Denken hervor und konfrontiert die Mitspieler mit einem klaren Nein – es geht leider nicht, weil ...!

Schließlich ist auch das Ende des Spiels typisch: Das Spiel des *Beziehungstyps* endet im Handeln. Er strebt Macht, Überlegenheit und eine (Pseudo-)Souveränität an. Dabei zählen für ihn auch Spielgewinne aus unfairem Verhalten.

Die Spielziele des *Sachtyps* liegen im Bereich Beziehung: negative Zuwendung, Mitleid und verärgerte Reaktionen der Mitspieler, Selbstvorwürfe und eine (Pseudo-)Autonomie durch einen Rückzug voller Ressentiments.

Die Spielziele des *Handlungstyps* liegen im Erkennen: Bestätigung seiner Vorurteile und ein (Pseudo-)Identitätsgewinn durch die Identifikation mit der Rolle des Selbstgerechten – Undank ist der Welt Lohn!

Es werden Spielziele angestrebt, das heißt, der Spieler begnügt sich mit etwas, das »so aussieht als ob«: der *Beziehungstyp* beispielsweise mit guten Zeugnissen statt echter Leistung, der *Sachtyp* mit erzwungenem Mitleid statt spontaner Sympathie, der *Handlungstyp* mit Image statt Persönlichkeit.

Alle diese Spielziele werden den Bedingungen des jeweiligen Bereichs nicht gerecht: Im Handeln sollte es dem *Beziehungstyp* nicht darum gehen, sich unentbehrlich zu machen und einen persönlichen Sieg zu erringen, oder um eine Leistung, die so aussieht, als ob sie etwas ganz Besonderes wäre. Im Bereich Beziehung sollte es für den *Sachtyp* nicht erstrebenswert sein, dem anderen ein schlechtes Gewissen zu machen, Mitleid auszulösen oder andere besonders zu beeindrucken. Und im Bereich Erkennen sollte es für den *Handlungstyp* nicht darum gehen, Recht zu haben, bei allen geschätzt oder ein »toller Typ« zu sein. Doch sieht man sich in seinem Bekanntenkreis um, stellt man fest, dass viele viel Energie in diese Spielziele investieren und nicht einmal merken, wie sie sich selbst und anderen damit schaden. (Eine ausführliche Beschreibung der Psycho-Spiele finden Sie in: Friedmann, Die drei Persönlichkeitstypen und ihre Lebensstrategien, S. 63 f.)

Was sind die Alternativen zu den Psycho-Spielen? Welche Möglichkeiten haben wir, uns davor zu schützen, in Spiele verwickelt zu werden oder in die eigene Lieblingsrolle einzusteigen – der *Beziehungstyp* in seine Retter-Rolle, der *Sachtyp* in seine Opfer-Rolle und der *Handlungstyp* in seine Verfolger-Rolle? Oder wie können wir notfalls wieder aus den Spielrollen aussteigen beziehungsweise andere dazu motivieren, aus ihrer Rolle herauszukommen – sofern sie dazu bereit sind? Tatsächlich wollen manche um keinen Preis ihre Rolle verlassen und werden ziemlich sauer oder aggressiv, wenn andere nicht willens sind mitzuspielen. Die Antwort wird Sie nicht überraschen: Es ist die Realisierung der Schlüsselenergien.

Wer realitätsbezogen denkt, Zusammenhänge erkennt, interessiert, begeistert, konzentriert und entspannt ist, hat keine Veranlassung, die Retter-Rolle zu spielen. Wenn er jemandem hilft, dann gibt er allenfalls Hilfe zur Selbsthilfe, aber er rettet nicht!

Wenn jemand weiß und sagt, was er will, sich auch dafür einsetzt, auf sich selbst aufpasst, eine aktive Haltung einnimmt, für andere und mit anderen zusammenarbeitet, kann er nicht gleichzeitig in einer Opfer-Haltung sein. Das eine schließt das andere aus. Und wer mitfühlend und einfühlend ist, lebendig, voller Lebensfreude und Humor, kann nicht gleichzeitig den Verfolger spielen.

Das Drama-Dreieck und die Spielanalyse stammen aus einer Zeit, in der man problemorientiert dachte. Da glaubte man, wenn ein Problem erst richtig verstanden wäre, so hätte man es bereits gelöst. Ich habe dann die Psycho-Spiele 1990 persönlichkeitstypisch weiter differenziert. Doch ich stellte in diesem Zusammenhang auch fest, dass allein das Wissen über Psycho-Spiele wenig hilft, um diese Spiele zu stoppen, aus ihnen herauszukommen oder sie zu vermeiden.

Heute denkt und arbeitet man lösungsorientiert. Man hat die Erfahrung gemacht, dass die Konzentration auf Lösungen um vieles erfolgreicher ist als die Beschäftigung mit Problemen. Dabei hat man viele Zugänge zu Lösungen gefunden. Hier drei Möglichkeiten: erstens über Ausnahmen, zweitens über Ziele, drittens über hypothetische Lösungen. Ausnahmen sind Situationen oder Zeiten, in denen der beklagte Sachverhalt nicht oder nur abgeschwächt auftritt. Ziele sind das, was jemand erreichen möchte. Und hypothetische Lösungen sind Bilder und Vorstellungen, wie die Lösung aussehen könnte.

Sicher ist Ihnen aufgefallen, dass dies etwas mit den drei Ichs und ihren spezifischen Zeitdimensionen zu tun hat. Aus den verschiedenen Zugangsmöglichkeiten zu Lösungen lassen sich persönlichkeitstypische Lösungsansätze ableiten:

Ausnahmen (und frühere Erfolge) liegen in der Vergangenheit. Sie müssen jedoch erkannt und genau analysiert werden, um als Lösungsansatz benutzt werden zu können. Hier ist das Erkenntnis-Ich gefordert, und hier liegen die Schlüsselenergien des *Beziehungstyps* – also sollte er sich besonders seine früheren Erfolge und Ausnahmen ansehen, sie analysieren und daraus Lösungsstrategien entwickeln.

Ziele liegen in der Zukunft. Sie müssen definiert werden, erfordern Planung, Entscheidungen und Verantwortung. Sie aktivieren Handlungs-Ich-Energien: die Schlüsselenergien des *Sachtyps.* Ihm tut es besonders gut, wenn er Entscheidungen trifft, wenn er weiß, was er will.

Hypothetische Lösungen haben etwas Spielerisches, und die (vorweggenommene, gelungene) Zukunft wird für die Gegenwart bedeutsam. Stellen Sie sich vor, ein Wunder wäre geschehen und Ihr Problem ist gelöst! Was hätte sich verändert, wie anders würde Ihre Situation aussehen, und wie würden Sie sich fühlen? Geben Sie dieser Fantasie viel Raum. Denken Sie genau nach. Sie stellen Veränderungen fest. Welche würden sich am ehesten und leichtesten realisieren lassen? Fangen Sie damit an! Damit wird Ihr spontanes Beziehungs-Ich angesprochen, die Schlüsselenergie des *Handlungstyps.* Warten Sie nicht auf morgen, sondern erlauben Sie sich schon jetzt, sich wohl zu fühlen.

So wie man persönlichkeitstypisch ein Problemverhalten aufzeigen kann – etwa wenn ein *Beziehungstyp* übermäßig konkurriert oder es allen recht machen möchte oder meint, er müsse etwas ganz Besonderes sein, wenn ein *Sachtyp* sich angeberisch, schattenhaft oder angepasst verhält, ein *Handlungstyp* autoritär, regelhaft oder übertrieben rechtschaffen ist –, so gibt es durch die Schlüsselenergien ebenso ein persönlichkeitstypisches Lösungsverhalten:

Dann verhält sich der *Beziehungstyp* sachlich, hört interessiert zu, fragt nach und lässt sich mit allen Sinnen auf die objektive Wirklichkeit ein. Er ruht in sich, denkt klar und konsequent auf eine subjektive Weise, indem er seine eigenen Bedürfnisse und Interessen mit einbezieht.

Der *Sachtyp* handelt kollegial, entwickelt Teamgeist und unterstützt andere. Er stellt sich in den Dienst gemeinsamer Ziele. Und der allzu brave oder zurückgenommene Typ lernt sich zu behaupten und entwickelt einen gesunden Egoismus. Er übernimmt für sich Verantwortung und gewinnt an Profil, wirkt kraft- und schwungvoll.

Der *Handlungstyp* verhält sich jetzt einfühlsam, weich und herzlich. Er kann mit anderen miterleben, sich mitfreuen und mitleiden und ihnen erlauben, ihre eigenen Lebenserfahrungen zu machen. Er wird spontan sein und dafür sorgen, dass er seine Bedürfnisse realisiert, Spaß und Lebensfreude findet und gesund lebt.

Wenn der *Beziehungstyp* Vertrauen und Liebe spürt und ins Erkennen geht, wird er kaum mehr Spiele inszenieren. *Sachtypen,* die selbstbewusst und tatkräftig sind, sind für Spiele ebenfalls weniger anfällig. Und auch der *Handlungstyp* ist weniger »spielfreudig«, je nachdem, wie großzügig und liebevoll er oder sie mit sich und anderen umgeht.

PSYCHOGRAPHISCHE LÖSUNGEN

Was ist das Mittel gegen Armut? Banal geantwortet, dass man genügend Geld hat. Doch wie kommt man zu Geld? Gewöhnlich dadurch, dass man arbeitet, etwas für andere macht. Das heißt, von der Armut kommt man nicht direkt zum Geld, sondern über einen Umweg, der mit Geld zunächst gar nichts zu tun hat. Ähnlich ist es bestellt, wenn man in seine Schlüsselfähigkeiten kommen möchte. Wenn es einem schon gut geht, wenn also der *Beziehungstyp* voller Selbstvertrauen, der *Sachtyp* selbstbewusst und der *Handlungstyp* selbstsicher ist, ist der Schritt in die Schlüsselfähigkeiten einfach. Doch es wird schwierig, wenn man sich in einem Zustand der »psychischen Armut« befindet.

Dieses Bild ist allerdings für die Psyche etwas irreführend. Menschen, denen es schlecht geht, sind eher in der Situation eines Reichen, der aus irgendwelchen Gründen keinen Zugang zu seinem Vermögen hat. Stellen Sie sich folgendes Szenario vor: Ein Reicher wird überfallen, verletzt, wird irgendwo mit leeren Taschen gefunden, kann sich an nichts erinnern, weiß nicht, wer und was er ist. Jemand, dem es schlecht geht, ist diesem Reichen vergleichbar, er hat momentan keinen Zugang zu seinem psychischen Vermögen, zu seinen Ressourcen.

Das Wissen, dass in den Schlüsselfähigkeiten die Lösung liegt, hilft jemandem, dem es schlecht geht, nicht unbedingt weiter, denn es ist für ihn so, als ob der Zugang zu ihnen verschlossen wäre und er keinen Schlüssel hätte. Wie kann man ihm, wie kann er sich helfen? Im letzten Kapitel wurden drei Methoden aus der lösungsorientierten Therapie genannt. Nehmen wir das Beispiel: die Lösungsleitlinie »Ziele«. Sich Ziele setzen ist wirksam. Doch zum einen hängt die Wirkung von der Qualität der Zielsetzung ab – sind die Ziele positiv formuliert, attraktiv, realistisch, konkret und bekömmlich? Und zum anderen müssen

Ziele mit Energie »gefüttert« werden, brauchen Zeit, »heranzuwachsen« und »wirkungskräftig« zu werden.[1]

Das Hauptproblem dabei ist, dass diese einfachen Methoden von Laien und leider auch von Fachleuten in ihren Wirkungen weit unterschätzt werden. Dann hat man wenig Zutrauen etwa zu der Arbeit mit Zielen, lässt sich nicht wirklich darauf ein, investiert keine oder kaum Zeit und Energie, schöpft die Möglichkeiten nicht aus, die darin liegen, und bringt sich oder seine Klienten um die guten Erfahrungen. Das Gleiche gilt für die Arbeit mit Lösungsfilmen oder mit Ausnahmen. Auch hier hängt die Wirkung ab von der Qualität der Arbeit, Lösungsfilme etwa sollen vom Gefühl ausgehen und im Jetzt stattfinden. Wer sie in die Zukunft verlegt, sich auf die Inhalte konzentriert oder sie analysiert, schwächt ihre Wirkung stark ab.

Und bei Ausnahmen, also der Erinnerung an Situationen, in denen es besser ging oder etwas gelungen ist im Hinblick auf das gewünschte Ziel, genügt es nicht, sich diese Situationen zu vergegenwärtigen. Jetzt kommt es darauf an, ganz genau herauszuarbeiten, was man selbst zu dem Gelingen beigetragen und wie man es gemacht hat. Natürlich ist es o.k., dass man es recht und schlecht macht und trotzdem ganz ordentliche Ergebnisse einfährt. Es ist, wie wenn jemand anfängt Tennis zu spielen. Er wird stolz und zufrieden damit sein, den Ball überhaupt ins gegnerische Feld zu bringen. Doch wenn er Könner spielen sieht, wird ihm klar, was man aus diesem Spiel machen kann.

Um gerade dann in seine Schlüsselfähigkeiten zu kommen, wenn es einem schlecht geht, ist es vor allem wichtig, seinen Weg aus der typspezifischen Falle zu kennen. Die Sache wird dadurch leichter, dass sich jeder auf eine der drei Fallen »spezialisiert« hat. Wir haben sie als *Abhängigkeits*-Falle, *Sorgen*-Falle und *Selbstzweifler*-Falle beschrieben. Da es sich um Untertypen

[1] Näheres über die Arbeit mit Zielen, Ausnahmen und Lösungsfilmen in: Dietmar Friedmann, ILP – Integrierte Lösungsorientierte Psychologie

handelt, finden sich alle drei Fallen bei allen drei Grundtypen. Für den *Abhängigkeits*-Typ gilt das Motto: Besinne dich auf dich: »Ich bin die Lösung!« Für den *Sorgen*-Typ gilt die Losung: »Sorge nicht, lebe!« Und für den *Selbstzweifler* heißt es: »Geh nach vorne, gestalte dein Leben!«

Es sieht so aus, dass in der Falle die nicht zugänglichen und dadurch nicht gelebten Schlüsselfähigkeiten negativ erlebt werden. Bei den *Beziehungstypen* vergleicht sich der *Abhängigkeits*-Typ ständig mit dem anderen, der *Sorgen*-Typ vergisst Ich und Sein, und der *Selbstzweifler* nimmt sich negativ wahr. Das sind alles Aspekte des Erkenntnis-Ichs, doch eben unerfreuliche. Bei den *Sachtypen* fühlt sich der *Abhängigkeits*-Typ so, als ob der andere über ihn bestimmen würde, der *Sorgen*-Typ fürchtet zu versagen und der *Selbstzweifler* meint, dass die anderen seine Arbeit kritisieren. Auch das sind Themen seiner Schlüsselfähigkeit Handeln, doch solche, die belasten. Die *Handlungstypen* erleben ihre Schlüsselfähigkeiten des Beziehungs-Ichs negativ, der *Abhängigkeits*-Typ fühlt sich angegriffen oder belästigt, der *Sorgen*-Typ fühlt sich selbst nicht, und der *Selbstzweifler* provoziert andere gefühlsmäßig.

Wichtiger ist jedoch die Frage: Welche Aspekte der Schlüsselfähigkeiten sind für jeden besonders wertvoll und welche Möglichkeiten gibt es, sie zu realisieren? Allgemein sind die Schlüsselfähigkeiten des *Beziehungstyps (BT)* Aspekte des Erkennens. Dabei handelt es sich ja nicht nur um das Denken und die mentalen Steuerungen oder Programme, die wir im Laufe unseres Lebens gelernt haben und ständig benützen, es geht auch um das Wahrnehmen, also die Tätigkeit der Sinne, und um das Ich.

Für den *Abhängigkeits*-Typ (BT-Dreier)[1] kommt es darauf an, dass er sich selbst wahrnimmt, sein Ich und Sein. Ihm sollte man beispielsweise empfehlen zu meditieren. Für den *Sorgen*-Typ (BT-Zweier) ist es wertvoll, in die Sinne zu gehen, zu sehen, zu hören, zu empfinden. Sinneswahrnehmungen oder -empfin-

[1] BT-Dreier meint: Beziehungstyp, Enneagrammtyp 3.

dungen sind etwas Gegenwärtiges. Ihm tut es gut, die Natur zu spüren und mit allen Sinnen zu genießen. Für den *Selbstzweifler* (BT-Vierer) ist zielorientiertes und strategisches Denken besonders hilfreich. Er muss einen Weg sehen. Damit kann er sein Leben planen und gestalten. Er könnte sich hinsetzen und niederschreiben, was er will und wie er es verwirklichen kann.

Beim *Beziehungstyp* werden die lösungsorientierten Methoden nicht immer ausreichen, um ihm den Weg in seine Schlüsselfähigkeiten zu bahnen. Das Denken kann man noch relativ leicht ändern, schwieriger wird es mit den Programmen, die man in der Kindheit erworben hat. In der ILP[1] unterscheiden wir zwischen Glaubenssätzen, Erwartungshaltungen und Identitäten.[2] Wir verfügen heute über das Wissen und die methodischen Kompetenzen, die einschränkenden Programme durch erlaubende zu ersetzen.

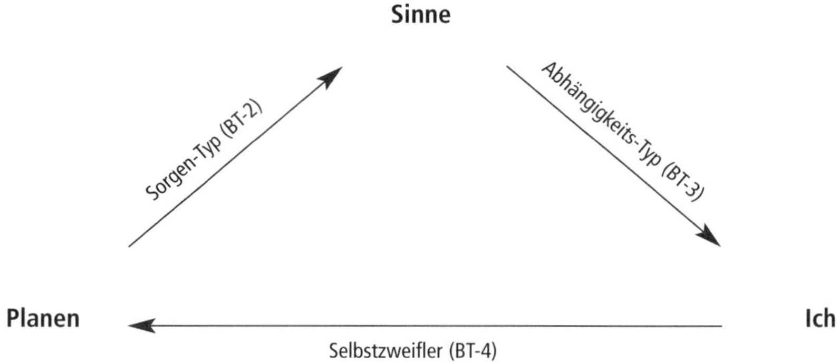

Die drei ***Beziehungstypen*** und ihre Schlüsselfähigkeiten

---

[1] ILP = Integrierte Lösungsorientierte Psychologie/Psychotherapie, beschrieben in: Dietmar Friedmann, ILP – Integrierte Lösungsorientierte Psychologie

[2] Der *Abhängigkeits*-Typ sollte die Programme zu seiner Identität überprüfen und eventuell ändern, der *Selbstzweifler* die seiner Glaubenssätze und der *Sorgentyp* die seiner Erwartungshaltungen.

Die Schlüsselfähigkeiten des *Sachtyps* sind das Handeln. Auch das hat unterschiedliche Aspekte. Die wichtigsten sind die Ziele, das Handeln selbst in der Form des Zusammenarbeitens und das Können. Ziele bedeutet hier nicht so sehr die Zielformulierung und die notwendigen Strategien wie beim *Beziehungstyp,* sondern mehr das entschiedene Wollen, die Entschlossenheit und die Bereitschaft, Verantwortung zu übernehmen, dafür einzustehen, was man vorhat.

Dem *Abhängigkeits*-Typ (ST-Fünfer)[1] tut es gut, sich auf sein Können zu besinnen. Das stärkt ihn und gibt ihm Rückhalt. Methodisch ist es die lösungsorientierte Arbeit mit den »Ausnahmen«, dem, was schon gelungen ist in seinem Leben.[2] Für den *Sorgen*-Typ (ST-Siebener), der zu riskanten Alleingängen neigt, ist es wichtig, mit anderen zusammenzuarbeiten, Vorhaben mit ihnen zu besprechen und Risiken abzuwägen. Methodisch unterstützen ihn besonders die Lösungsfilme, die ihn ins Gefühl bringen. Der *Selbstzweifler* (ST-Sechser) sollte sich immer wieder seine Ziele klar machen und sie »aufladen« mit

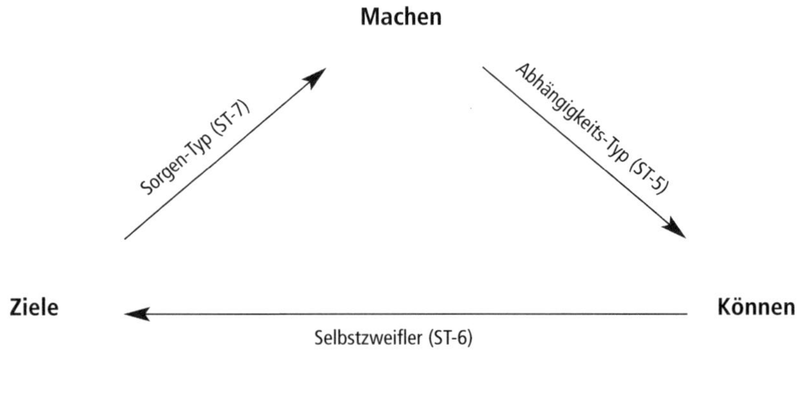

Die drei ***Sachtypen*** und ihre Schlüsselfähigkeiten

---

[1] ST-Fünfer meint: Sachtyp, Enneagrammtyp 5.

[2] Ausnahmen im Hinblick auf Problemerleben.

Begeisterung. Für ihn sind besonders die Empfehlungen von Arthur L. Williams nützlich (›Das Prinzip Gewinnen‹), der wohl selbst ein Sechser ist.

Die Schlüsselfähigkeiten des *Handlungstyps* liegen im Erleben des Beziehungs-Ichs. Das wird mit Fühlen nur unvollständig beschrieben. Das Thema Beziehung, obwohl unendlich viel darüber geredet und geschrieben wird, ist immer noch ein geheimnisvolles Thema. Das hängt damit zusammen, dass unsere neuzeitliche abendländische Kultur geprägt ist von Vernunft und Denken. Und doch ist Beziehung nicht einfach das Gegenteil von Vernunft, etwas Chaotisches, Zufälliges oder Irrationales. Auch sie hat ihre verlässlichen Gesetzmäßigkeiten, ihre spezielle Kausalität.

Was sind die drei wichtigsten Themen des Bereiches Beziehung? Es ist das Fühlen selbst, Sympathie oder Liebe. Dann sind es die Themen Integration und Projektion – was erlebe ich von meinen emotionalen Energien als zu mir gehörig und was als

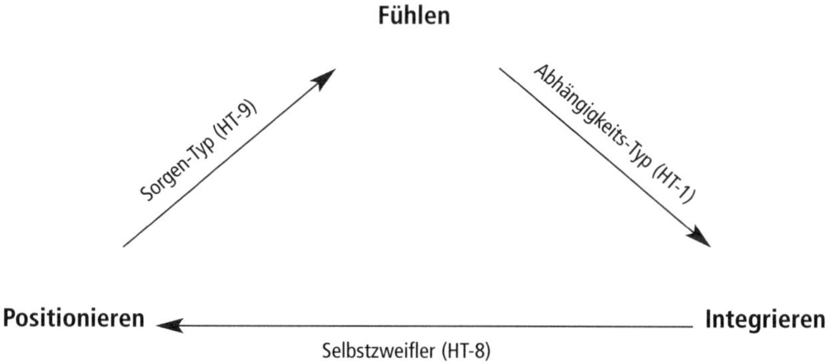

Die drei ***Handlungstypen*** und ihre Schlüsselfähigkeiten

fremd? Und schließlich das Thema der Positionierung – welche Position nehme ich energetisch ein, fühle ich mich verantwortlich für etwas oder lasse ich anderen die Verantwortung?

Der *Abhängigkeits*-Typ bei den *Handlungstypen*, der Einser, meint ja, er müsse übermäßig perfekt sein. Dadurch wird der andere automatisch fehlerhaft. Das ist eine psychische Gesetzmäßigkeit. Je größer die Anstrengungen werden, die er unternimmt, um untadelig und vorbildlich zu sein, desto mehr muss er von seinem Seelenleben und -reichtum verdrängen, abspalten von sich und auf andere projizieren. Doch nicht gelebte Energien werden negativ und wenden sich gegen ihn. Dann leidet er immer mehr unter dem anderen und unter dem Leben. Das kann das Leben sinnlos und ihn krank machen.

Die Erfahrung, dass im Leid die Lösungsenergie enthalten ist, dass Leid in einem ganz direkten Sinne die Medizin enthält, die der Leidende braucht, um wieder heil, ganz und gesund zu werden, psychisch und physisch, ist eine wertvolle und wunderbare Entdeckung. Es bedeutet, dass das »Böse«, oder wie immer es erlebt und genannt wird, nicht vernichtet werden darf oder kann, sondern integriert werden muss. Psychisch gesehen gibt es kein »Böses« an sich, die Erfahrungen der Reintegration bestätigen ausnahmslos, dass es in Wirklichkeit deutlich positive Energien sind.

Wie kann der *Abhängigkeits*-Typ (HT-Einser) das Leidauslösende in seinem Leben reintegrieren, gewissermaßen den verlorenen Sohn annehmen und zurückgewinnen? Der erste Schritt ist, dass er seinen Perfektionismus reduziert, sein Schwarzweiß-Denken differenziert und seine Besserwisserei aufgibt. Dazu muss er aufhören, in Kategorien zu denken, wie zum Beispiel gut und böse, richtig und falsch, für mich und gegen mich usw. Dieses Denken trägt dazu bei, Teile von sich abzuspalten und zu verdrängen.

Perls, der Vater der Gestalttherapie, benützte die Methode der Identifikation: das zu *sein*, was einem zu schaffen macht. Er hat es besonders in der Traumarbeit angewandt. Wenn etwa jemand geträumt hatte, er wäre von einem wilden Tier verfolgt worden, so sollte er in die Gestalt des Tieres hineingehen und das Tier von innen her erleben. Dann verwandelt sich das Erleben, und der Betroffene macht eine positive Erfahrung. In dem, was ihm im Traum Angst gemacht hat, sind Energien verborgen, die er gerade jetzt in seinem Leben brauchen kann. Das kann etwas Liebevolles und Zugewandtes sein – häufig bei Träumen wie oben. Oder etwas Kraftvolles oder auch Beruhigendes. Ich habe Hunderte von Traumarbeiten durchgeführt. Wenn es den Klienten gelungen ist, in das Angstmachende hineinzugehen, haben sie immer eine befreiende und erfüllende Erfahrung gemacht.

In der ILP benützen wir eine andere Methode, um die im Leid enthaltene Lösungsenergie zu gewinnen und für die Problemlösung einzusetzen. Indem die Klienten ihr Leid mit in die Therapie bringen, bringen sie, ohne sich dessen bewusst zu sein, gleichzeitig ihre eigene Hausapotheke mit: das Leid, das mit dem Problem verknüpft ist, weswegen sie gekommen sind, aber auch noch andere Quellen des Leids, alles, was sie ärgert, belastet, stört in ihrem Leben. Was wir anwenden, ist eine psychologische »Recycling-Methode«: Je mehr Leid wir zusammenbekommen, desto mehr Lösungsenergie steht uns zur Verfügung.[1]

Ein anderer Aspekt des Beziehungsverhaltens ist das Positionieren. Der *Selbstzweifler* (HT-Achter), der auch der Boss genannt wird, hat die Neigung, den »tollen Typ« zu mimen, was immer »toll« für ihn bedeutet. Da er unerschrocken und energievoll ist, gelingt ihm das auch. Doch er nimmt fast immer die gleiche Position ein. Das ist etwas eintönig und macht ihn arm an kommunikativen Möglichkeiten. Es ist so, als ob ein Handwerker nur ein einziges Werkzeug hätte und dem Kunden sagen würde: »Tut mir leid, ich kann nur hämmern!«

Interessanter ist es, wenn man unterschiedlichen Menschen oder Situationen auch unterschiedlich begegnen kann. So hatte Milton Erickson, den viele für den Vater der modernen Psychotherapie halten, den Anspruch, für jeden Klienten eine eigene Therapie zu erfinden. Wie ist das möglich? Er begegnete seinen

---

[1] Näheres in: Dietmar Friedmann, ILP – Integrierte Lösungsorientierte Psychologie

Patienten in ihrer Art. Das brachte sie aus ihrem Konzept, d. h. ihrer krank machenden Fixierung. Wenn nötig, bewerkstelligte er dies über Dritte. Ein kleines Beispiel: Ein Junge trödelte unendlich beim Essen. Die Mutter bekam den Auftrag, für ihn Pfannkuchen zu backen, doch nur alle viertel Stunde einen. Das ärgerte den Jungen so, dass er sie anschrie, sie solle sich beeilen, und zügig zu essen begann.

Es gibt verschiedene Methoden, die hilfreich sind, dem anderen in seiner Art zu begegnen. Das Pacen wurde schon behandelt. Man spiegelt den anderen, indem man ähnliche Worte benützt, eine ähnliche Haltung oder einen ähnlichen Gesichtsausdruck annimmt. Über das äußere Sich-Angleichen kommt man auch innerlich auf die gleiche Wellenlänge. Eleganter und wirksamer ist, wenn man in die gleiche Energie geht. Das ist insofern einfach, da wir ja das Äquivalent in uns tragen: Haben wir es mit einem *Beziehungstyp* zu tun, gehen wir in das eigene Beziehungs-Ich, bei einem *Sachtyp* ins eigene Erkenntnis-Ich und bei einem *Handlungstyp* ins Handlungs-Ich.

Eine genauere Methode ist das so genannte Tit For Tat, eine spezielle Vorgehensweise der lösungsorientierten Beratung, die darauf abzielt, das Verhalten des anderen bewusst aufzunehmen und in ähnlicher Form positiv zu spiegeln. Diese Methode eignet sich besonders dann, wenn jemand Spiele inszeniert oder in seiner Falle steckt. Einem Retter-Spieler begegnet man dann hilfsbereit, einem Opfer-Spieler eher untätig abwartend und einem Verfolger-Spieler sportlich-kämpferisch. Mit dem *Abhängigkeits*-Typ kann man zugewandt umgehen, mit dem *Sorgen*-Typ fürsorglich und mit dem *Selbstzweifler* selbstreflektiv. Für Achter, die Sinn für Selbstdarstellung haben, Auseinandersetzungen lieben und meist über ein schauspielerisches Talent verfügen, müsste ein derart reiches Repertoire an wirksamen Verhaltensmöglichkeiten reizvoll sein.

Für den *Sorgen*-Typ (HT-Neuner) kommt es vor allem darauf an, ins Gefühl zu kommen. Das fällt ihm nicht leicht. Und mir fällt auch keine therapeutische Methode ein, die ihm direkt dabei helfen könnte. Für ihn ist »Lebenskunst« angesagt. Das »Sorge nicht, lebe!« gilt es praktisch zu verwirklichen. Dazu muss er lernen, auf seine Gefühle und Bedürfnisse zu hören, sich Zeit zu nehmen für die Beziehung zu anderen und zu sich selbst, und dies nicht handelnd zu erledigen, sondern sich gefühlsmäßig darauf einzulassen.

Damit dem Neuner das gelingt, muss er speziell das »Sorge nicht!« beachten und künftig die *anderen* machen lassen. Dazu kann er sie ja motivieren. Möglich, dass er die Leere, die er dann in sich spürt, eine gewisse Zeit aushalten muss. Oder dass Dinge, die ihm wertvoll sind, sich verändern oder sogar auseinander brechen – eine Freundschaft, eine Gruppe. Damit etwas Neues, Lebendiges entstehen kann, muss manches Alte vergehen.

PERSÖNLICHKEITSTYP UND GESUNDHEIT

Für Menschen, die krank sind und wieder gesund werden möchten, oder die gesund sind und es auch bleiben wollen, gibt es eine gute, Erfolg versprechende Botschaft: »Sorgen Sie dafür, dass Sie intensiv und konsequent Ihre Schlüsselenergien leben!« Wenn Sie zu den Menschen gehören, die selten oder nie krank sind, machen Sie das vermutlich intuitiv. Wenn sie öfter krank sind, betrachten Sie es als Chance, etwas in Ihrem Leben zu verändern, indem Sie eine neue Seite darin aufschlagen. Für den *Beziehungstyp* heißt die Überschrift für diese Seite: »Entdecke die Qualitäten deines Erkenntnis-Ichs!« Für den *Sachtyp* lautet sie: »Aktiviere die kraftvollen Energien deines Handlungs-Ichs!« Und für den *Handlungstyp*: »Finde zur Spontaneität und Lebensfreude deines Beziehungs-Ichs zurück!« Welche Aspekte Ihrer Schlüsselfähigkeiten für Sie besonders wertvoll sind und wie Sie aus Ihrer typspezifischen Falle herauskommen, wurde in den vorausgehenden Kapiteln beschrieben.

Dieser psychosomatische Ansatz wird durch Erkenntnisse der alternativen Medizin bestätigt. So beschäftigte sich Samuel Hahnemann, der Vater der Homöopathie, zwischen 1816 und 1835 mit der Frage, warum es bei chronischen Krankheiten trotz gut gewählter Arznei zu keiner dauerhaften Heilung kommt. Er entdeckte den Zusammenhang zwischen drei Typen chronischer Krankheiten und den ihnen entsprechenden Schwächen in der Persönlichkeitsentwicklung. Da er die Geist- und Gemütssymptome nicht als Ursachen, sondern als Auswirkungen dieser Krankheiten sah, blieb ihm der psychosomatische Zugang versperrt. Er suchte die Erklärung in verdeckt chronischen Krankheiten, die durch viele Generationen hindurch vererbt und modifiziert wurden.

Aus heutiger Sicht ist es viel näher liegend, die Gründe für mangelhafte Erfolge ärztlicher Bemühungen bei chronischen und schweren Krankheiten im psychosomatischen Bereich zu suchen. Psychische Fehlhaltungen oder Störungen schlagen ins Somatische durch und machen alle ärztlichen Heilungsversuche auf Dauer zunichte.

Nach dem Modell der Psychographie sind es die zu wenig gelebten Schlüsselenergien. Zum einen fehlen dem Organismus diese lebensfördernden Energien, zum anderen verwandeln sich nicht gelebte Energien in destruktive Kräfte, die sich gegen die eigene Person richten und sie krank machen – psychisch wie somatisch. Dem *Sachtyp* fehlen dann die gesunden und dynamischen Energien seines Handlungs-Ichs. Ihm mangelt es an aktivierender Lebenskraft und seinem Verhalten an Entschlossenheit und Tatkraft, stattdessen fühlt er sich müde, erschöpft, unruhig und bedrückt.

Dafür möchte ich ein Beispiel bringen. Mein Vater war dieser Persönlichkeitstyp. Für meine Mutter und mich war er immer der Mann hinter der Zeitung, wo er sich wohl versteckte. Er war auf eine seltsame Weise präsent – und doch wieder nicht. Ein Leben lang hatte er brav das gemacht, was ihm gesagt wurde. Doch vier, fünf Jahre vor seinem Tod geschah mit ihm eine merkwürdige, wahrscheinlich durch eine Demenz bedingte Veränderung. Für kurze Momente erst, die sich dann immer mehr dehnten und schließlich zu Stunden wurden, entluden sich angestaute Wut und Aggressionen gegen den (dominanten) Ehepartner. Mein Vater hatte keine Bevormundung und keine Demütigung vergessen. Es war eine Tragödie, und ich denke, dass dieses hemmungslose Abrechnen am raschen Tod meiner Mutter mit schuld war. – Typisch? Immerhin eine Möglichkeit, wie sich nicht gelebtes Leben in Destruktivität verwandeln kann.

Dem *Beziehungstyp* fehlt es an der entspannenden Ruhe seines Erkenntnis-Ichs, der Gelassenheit und dem In-sich-Ruhen und Mit-sich-eins-Sein, die ebenso seinem Körper wie seiner Psyche wohl tun. Stattdessen erlebt er sich getrieben und zerrissen von Hektik und nervöser Unruhe.

Und dem *Handlungstyp* fehlt die lebendige Freude seines Beziehungs-Ichs, fehlen Mitgefühl und Sympathie. Statt dass Leib und Seele davon durchpulst werden, verspannt und verkrampft er sich und reagiert gereizt, aggressiv, gefühllos und mechanisch. – Es ist leicht nachvollziehbar, wie sich diese negativen Energien schädigend auf die Funktion der Organe und die Gesundheit allgemein auswirken.

Bei den homöopathischen Beschreibungen der drei chronischen Krankheiten durch Hahnemann wird deutlich, dass es sich bei den Patienten um recht wenig entwickelte Persönlichkeiten handelt, die ihre Schlüsselenergien kaum leben. Dem einen fehlt es an Energie, dem anderen an Gelassenheit und dem dritten an Mitgefühl. Das sind die typischen Fehlhaltungen der drei Persönlichkeitstypen, des *Sach-, Beziehungs-* und *Handlungstyps.* Die Beobachtungen in der Homöopathie bestätigen unsere These, dass der Mangel dieser lebenserhaltenden Energien und ihre Verkehrung ins Destruktive persönlichkeitstypische Krankheiten auslösen und begünstigen können. Auf der psychischen Ebene finden wir beim *Sachtyp* Minderwertigkeits-, Angst- und Schuldgefühle, beim *Beziehungstyp* Realitätsangst, Selbstkritik und Egozentrik und beim *Handlungstyp* Arbeitssucht, Härte und Engstirnigkeit.

Sie können aus dem, was fehlt, selbst auf den entsprechenden Grundtyp zurückschließen. Versuchen Sie es! Einer der drei Krankheitstypen wird in der Homöopathie so beschrieben:

Wesen und Leiden dieser chronisch Kranken sind durch Schwäche, Reaktionsmangel und -hemmung gekennzeichnet. Diese Patienten sind schnell erschöpft, schwächlich und sehr erkältungsanfällig. Selbst leichte Speisen liegen ihnen schwer im Magen. Sie halten sich nicht aufrecht, bewegen sich langsam und sind schnell ermüdet. Sie zeigen wenig Selbstvertrauen, wirken unentschlossen, ertragen keine Konflikte und Spannungen und wählen den Weg des geringsten Widerstandes. Fehlende Schnelligkeit in den Bewegungen wird durch Nachdenken und Meditieren ersetzt. Ihr »Schicksal« ertragen sie mit einer Mischung aus Unzufriedenheit und Gottergebenheit.

Sie fühlen sich oft einsam, verlassen und reagieren häufig gekränkt. Oft plagen sie Angst- und Schuldgefühle, oder sie versinken in Selbstmitleid. Verzagt, kleinmütig und gelangweilt ziehen sie sich zurück und haben ein starkes Verlangen, sich oft und lange auszuruhen. Sie wirken ernst, nehmen sich alles zu Herzen. Sie sind geduldig und gelegentlich etwas vergesslich.

Positiv wird angemerkt, dass sie andere mit Respekt behandeln, in ihren Ausdrucksformen sanft und milde sind, außerdem zugängliche, vertrauens- und glaubwürdige Menschen, auch, dass sie in ihren Grenzen bleiben und sich vor Exzessen hüten. Ihre wichtigste Kraftquelle wird darin gesehen, dass sie konstant und ausdauernd sind, was sich allerdings auch in einer gewissen Sturheit und Hartnäckigkeit zeigen kann. Doch ihnen wird Tiefgang bescheinigt. Sie brauchen zwar viel Zeit, um etwas zustande zu bringen, dafür erzielen sie jedoch dauerhafte Ergebnisse.

Haben Sie den Persönlichkeitstyp wiedererkannt? In unserem Modell entspricht das dem wenig entwickelten *Sachtyp,* der die kraftvollen Energien seines Handlungs-Ichs meidet, sich stattdessen eher passiv und erwartungsvoll verhält und dann zu Opfer- und Zuwendungs-Spielen neigt. Da er sein Leben nicht zielbewusst und tatkräftig genug gestaltet, bekommt er selten das, was er sich erhofft. Seine Misserfolge werden ihn umso mehr deprimieren, weil sie seinem erfolgsorientierten Wertesystem widersprechen. Er wird sich bedauern, die Schuld bei anderen oder den Umständen suchen und seine Unzufriedenheit unter dem Mantel des rebellischen Aufbegehrens oder der weisen Bedürfnislosigkeit verstecken.

Der zweite Typ wird als sehr kommunikativ, überschwänglich und veränderlich in seinen Gefühlen geschildert. Er schwankt zwischen Lachen und Weinen, Freude und Trauer, wird rasch zornig, wobei sein Ärger meist schnell wieder verraucht. Sein Auftreten ist theatralisch, was durch auffallende Gestik und Mimik unterstrichen wird. Er legt großen Wert auf das eigene Aussehen. Er kann viel Liebe geben und sie deutlich zeigen. Der meist fröhliche und ausgelassene, extravertierte und umgängliche Mensch feiert gerne und genießt es, im Mittelpunkt zu stehen.

Im Handeln ist er eilig und überstürzt, unruhig und ungeduldig. Vieles wird nur oberflächlich ausgeführt. Der persönliche Ehrgeiz treibt ihn immer weiter nach vorne. Er ist der klassische Gewinner, der überall Vorteile zu haben scheint, im Beruf, in der Liebe, im Spiel. Auf intellektueller Ebene wird er überflutet von Ideenreichtum. Er kann sich schwer konzentrieren, ist hypersensibel, leicht erregbar und neigt zu Schwindeleien.

Kein Zweifel – diese Beschreibung entspricht dem wenig entwickelten *Beziehungstyp,* der vom Gefühl direkt ins Handeln springt und dabei sein Erkenntnis-Ich übergeht. Dadurch wirkt sein Verhalten impulsiv und ein wenig chaotisch, und er neigt zu Macht- und Retter-Spielen. Typisch für ihn sind das Helfer-Syndrom und die Gefahr des emotionalen Ausbrennens. Für ihn kommt es darauf an, dass er sich die Qualitäten seines Erkenntnis-Ichs zunutze macht. Dadurch gewinnt er an Gelassenheit und Klarheit, an Realitätsbezug und gedanklicher Konsequenz.

Wir haben uns bisher sehr eng an die Ausführungen von Ulrich Fischer gehalten, der die chronischen »Miasmen« Hahnemanns beschreibt. Bei der Charakterisierung des dritten Typus unterläuft ihm jedoch, wie wir meinen, ein folgenreicher Fehler, indem er Qualitäten, die nach unserer Auffassung eindeutig dem *Handlungstyp* zugehören, dem *Beziehungstyp* zuordnet. Dadurch fehlt der dritten Charakteristik das Kraftvolle, Verantwortungsbewusste und Fürsorgliche dieser Persönlichkeit, und es bleiben nur Destruktivität, Streitlust, Grausamkeit und Unmenschlichkeit übrig.

Das ist jedoch selbst für den chronisch Kranken ein Zerrbild seiner Persönlichkeit, auch wenn in der Beschreibung noch der unentwickelte *Handlungstyp* erkennbar ist, der sein Beziehungs-Ich mit seinem Einfühlungsvermögen, seiner liebevollen Gefühlswärme und spontanen Lebendigkeit völlig vernachlässigt hat. Seine Heilung liegt darin, diese Energien wieder zum Strömen zu bringen und sich an seinem Leben zu erfreuen.

Für die Psychosomatik bedeutet die Erkenntnis, dass gelebte oder vernachlässigte Schlüsselenergien in einem engen Zusammenhang mit Gesundheit oder Krankheit stehen, einen großen Schritt nach vorne. Tausende von wissenschaftlichen Untersuchungen zur Psychosomatik zeigen, welch großen Einfluss die Psyche darauf hat, ob und dass Menschen krank werden und vorzeitig sterben oder gesund bleiben bis ins hohe Alter beziehungsweise bei schweren Krankheiten wieder gesund werden.

So hat jemand, der gesund lebt und gut mit sich umgeht, eine etwa zwanzigfach bessere Chance, über das 80. Lebensjahr hinaus gesund zu bleiben, als jemand, der dies nicht tut. In einer prospektiven Studie (1973 bis 1998) wurde bei den Teilnehmern, die 1998 zwischen 75 und 85 Jahre alt waren, festgestellt, dass von denen, die besonders gesund gelebt hatten und gut mit sich umgegangen waren, etwa 85% noch lebten, davon die meisten gesund. Von denen, die dies nicht getan hatten, lebten noch 5%, davon die meisten krank. Von den 346 Personen, die am schlechtesten mit sich umgegangen waren, lebten nur noch zwei und beide waren krank. Aus der Teilnehmergruppe mit den schlechtesten Aussichten machten 68 Personen ein Autonomie-Training. Sie erreichten nach 25 Jahren ebenso gute Ergebnisse wie jene, die gut mit sich umgingen. Ihre Chancen hatten sich um ein Vielfaches verbessert.[1]

Grossarth-Maticek, der diese umfangreichen und genauen Untersuchungen durchführte, konnte auch bestätigen, dass Krankheiten typspezifisch sind. So haben *Abhängigkeits*-Typen ein höheres Risiko, an Krebs zu erkranken, während *Sorgen*-Typen häufiger einen Herzinfarkt erleiden. Der *Selbstzweifler* scheint stärker zu chronischen Krankheiten zu neigen.[2] Diese

---

[1] Genaue Zahlen in: Grossarth-Maticek, Selbstregulation, Autonomie und Gesundheit, de Gruyter, S. 272.

[2] ebenda, Typ I: Krebs Mortalität 41,8% und 46,2%; Typ II: Herzinfarkt Mortalität 51% und 42,6%; S. 123 und S. 204.

Risiken können durch ein Autonomie-Training nachweislich deutlich reduziert[1] und die Chancen, gesund zu bleiben, verbessert werden.

Das wichtigste Ergebnis dieser wissenschaftlichen Untersuchungen ist, dass der psychische Faktor in seiner Wirkung allen anderen überlegen ist. Jemand, der in dem einen oder anderen Punkt körperlich ungesund lebt, hat trotzdem bessere Chancen, gesund zu bleiben, wenn er psychisch gut mit sich umgeht, als jemand, der zwar gesund lebt, doch schlecht mit sich umgeht. Selbst ausgeprägte physische Risikofaktoren wie Rauchen, übermäßiger Alkoholkonsum, Fehlernährung, Bluthochdruck usw. änderten an diesem Ergebnis nichts. Allerdings verbesserten sich die Chancen durch gutes Mit-sich-Umgehen für die Gruppe ohne Risikofaktoren um das Zwölffache.[2]

In ein, zwei Jahrzehnten wird es in der Medizin selbstverständlich sein, dass lösungsorientierte Therapien und ein Autonomie-Training vorbeugend und heilend eingesetzt werden. Menschen werden weniger krank sein oder rascher wieder gesund werden. Trotz der zusätzlichen Investitionen in eine moderne Psychotherapie könnten gut ein Drittel der jetzigen Kosten für Gesundheit eingespart werden. Doch bis es so weit ist, empfiehlt es sich, selbst initiativ zu werden – die Möglichkeiten stehen schon heute zur Verfügung.

---

[1] ebenda, S. 127, S. 191.

[2] ebenda, S. 236.

LITERATUREMPFEHLUNGEN UND INFORMATIONEN

De Shazer, S.: *Wege der erfolgreichen Kurztherapie,* Stuttgart: Klett-Cotta 1989.

Friedmann, D.: *Die drei Persönlichkeitstypen und ihre Lebensstrategien. Wissenschaftliche und praktische Menschenkenntnis,* Darmstadt: Wissenschaftliche Buchgesellschaft/Primus Verlag 2000.

Friedmann, D.: *Die transzendentalen Bedingungen oder das dialektische Verhältnis von Emanzipation, Identität und Erkenntnis und seine Konsequenzen für eine Neukonzeption der Schule,* Diss., Heidelberg 1976.

Friedmann, D.: *ILP – Integrierte Lösungsorientierte Psychologie,* Darmstadt: Wissenschaftliche Buchgesellschaft/Primus Verlag 2004.

Fritz, K.: *Ein Sternenmantel voll Vertrauen,* München: dtv 1999.

Fritz, K.: *So verstehen wir uns,* München: dtv 2003.

Grossarth-Maticek, R.: *Selbstregulation, Autonomie und Gesundheit,* Berlin, New York: de Gruyter 2003.

Haley, J.: *Die Psychotherapie Milton H. Ericksons, 4. Aufl.,* München: Pfeiffer 1996.

Hirsch, H. (Hrsg.): *Rosa Luxemburg in Selbstzeugnissen und Bilddokumenten,* Reinbek: Rowohlt 1969.

Luxemburg, R.: *Gesammelte Briefe, Bd. 5,* Berlin: Dietz 1984.

Palmer, H.: *Das Enneagramm in Liebe und Arbeit,* München: Droemer Knaur 1995.

Rogers, Carl R.: *Entwicklung der Persönlichkeit. Psychotherapie aus der Sicht eines Therapeuten, 15. Aufl.,* Stuttgart: Klett-Cotta 2004.

Williams, A. L.: *Das Prinzip Gewinnen: Tun Sie alles, was Sie tun können, und Sie werden alles erreichen!,* München: mvg 1991.

Zeigt, J. (1992): *Meine Stimme begleitet Sie überall: Ein Lehrseminar mit Milton H. Erickson,* Stuttgart: Klett-Cotta 1992.

Informationen zur Ausbildung in Psychographie, Autonomie-Training und Integrierter Lösungsorientierter Psychologie finden Sie unter: www.ilp-Fachschulen.de, www. ilp-Fachschule.ch und www. therapieausbildung.de.

ZU DEN AUTOREN

Dr. Dietmar Friedmann, Jahrgang 1937, studierte in Stuttgart und Heidelberg Pädagogik, Erziehungswissenschaft, Psychologie und Philosophie. Er gilt als Entwickler der Psychographie, einer prozessorientierten Persönlichkeitstypologie und der Integrierten Lösungsorientierten Psychotherapie. Zu diesen Themen erschienen mehrere Bücher, u. a. „ILP Integrierte Lösungsorientierte Psychologie“ (2004).

E-Mail:
dr-friedmann@web.de

Dr. Klaus Fritz, Jahrgang 1946, studierte in München Soziologie, Psychologie und Philosophie. Diplom in Soziologie und Promotion in Philosophie mit einer Arbeit über den amerikanischen Philosophen Herbert Feigl. Seit 1977 Filmemacher für ARD und ZDF, danach 1991 freier Lektor und Journalist, seit 1996 zudem Berater und Referent im sozialen Projektmanagement. Zahlreiche Veröffentlichungen in verschiedenen Sprachen. Dr. Klaus Fritz lebt heute in Baden-Baden.

E-Mail:
dr.klausfritz@tele2.de